Anne Abendroth

Wandern für die Seele in und um Berlin

20 Wohlfühlwege

Droste Verlag

ALLE WANDERUNGEN AUF EINEN BLICK

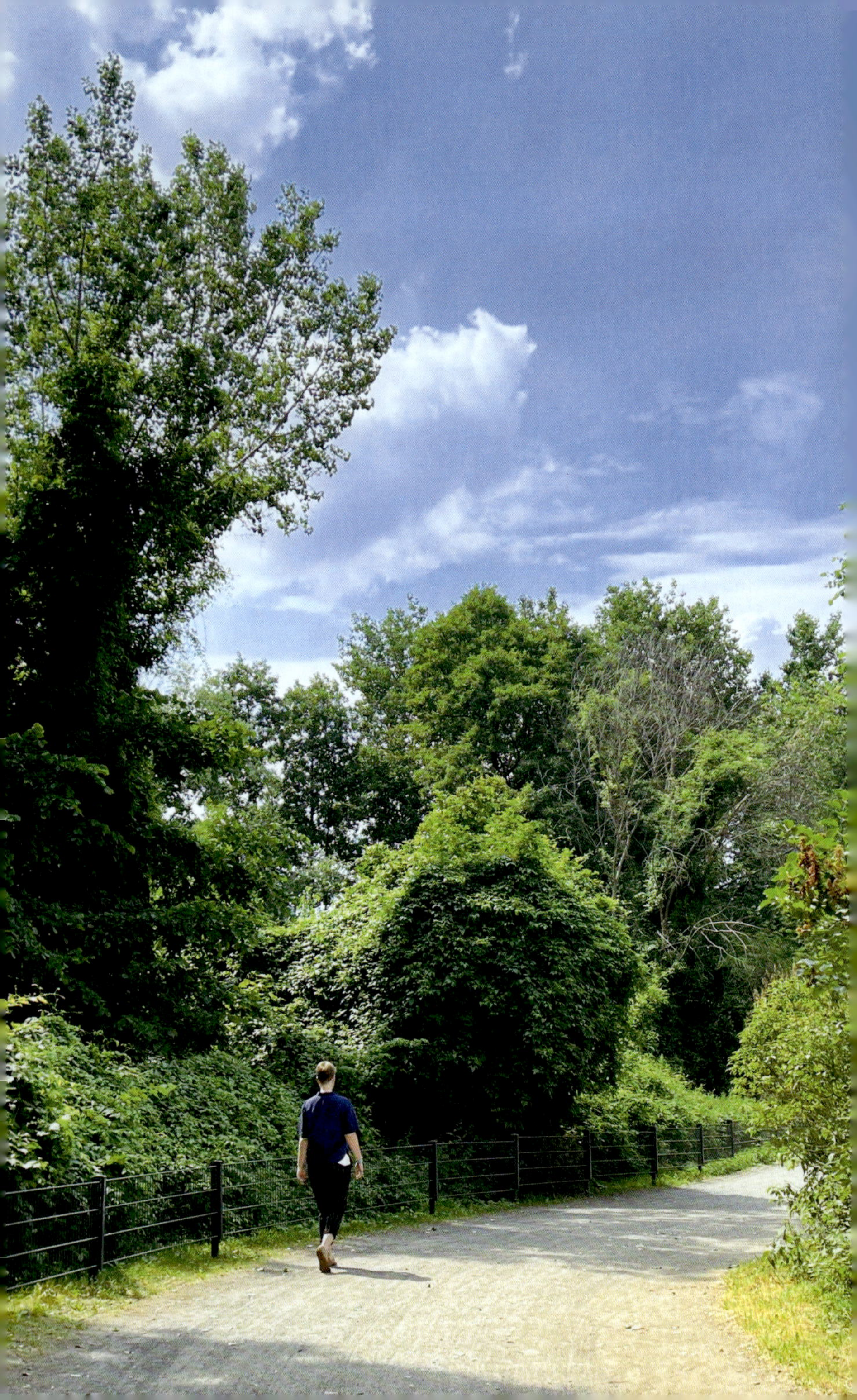

Liebe Draußenmenschen,

als ich vor vielen Jahren als echte Thüringer Pflanze nach Berlin kam, wollte ich vor allem eines: das Großstadtleben in vollen Zügen genießen! Ich habe die bewaldeten Berge meiner Heimat kaum vermisst, konnte ich doch jetzt jeden Tag in einer anderen gemütlichen Kneipe sitzen, Cappuccino in Straßencafés schlürfen und durch die Clubs tanzen.

Sehr schnell stellte ich aber auch fest, dass sich das Leben in einer der grünsten Großstädte Europas auch in den zahlreichen Parks oder an den glitzernden Seen der Umgebung abspielt, die meist nur eine kurze Bahnfahrt entfernt liegen.

Und so entdeckte ich die vielfältige Stadtnatur und die luftig-lichten Wälder, die mit ihren hohen Kiefern auf sandigem Grund im Sommer so herrlich nach Urlaub am Meer duften. Ich stromerte über Rieselfelder und stibitzte Äpfel auf Streuobstwiesen. Und ich kletterte auf Berge. Dass diese kaum die 100-Meter-Marke überschreiten, störte mich wenig, lag mir doch von ihren Gipfeln mein geliebtes Berlin zu Füßen.

Die grüne Umgebung unserer Hauptstadt eignet sich ganz wunderbar zum Wandern. Gönnen also auch Sie sich eine Auszeit vom pulsierenden Mittendrin und entdecken Sie mit mir auf 20 entschleunigenden Touren die natürliche Schönheit in und um Berlin.

Ich wünsche Ihnen viel Freude beim Erkunden!

Anne Abendroth

NATUR-INFO

KULTUR-INFO

TOUREN-/EVENT-INFO

GENUSS-INFO

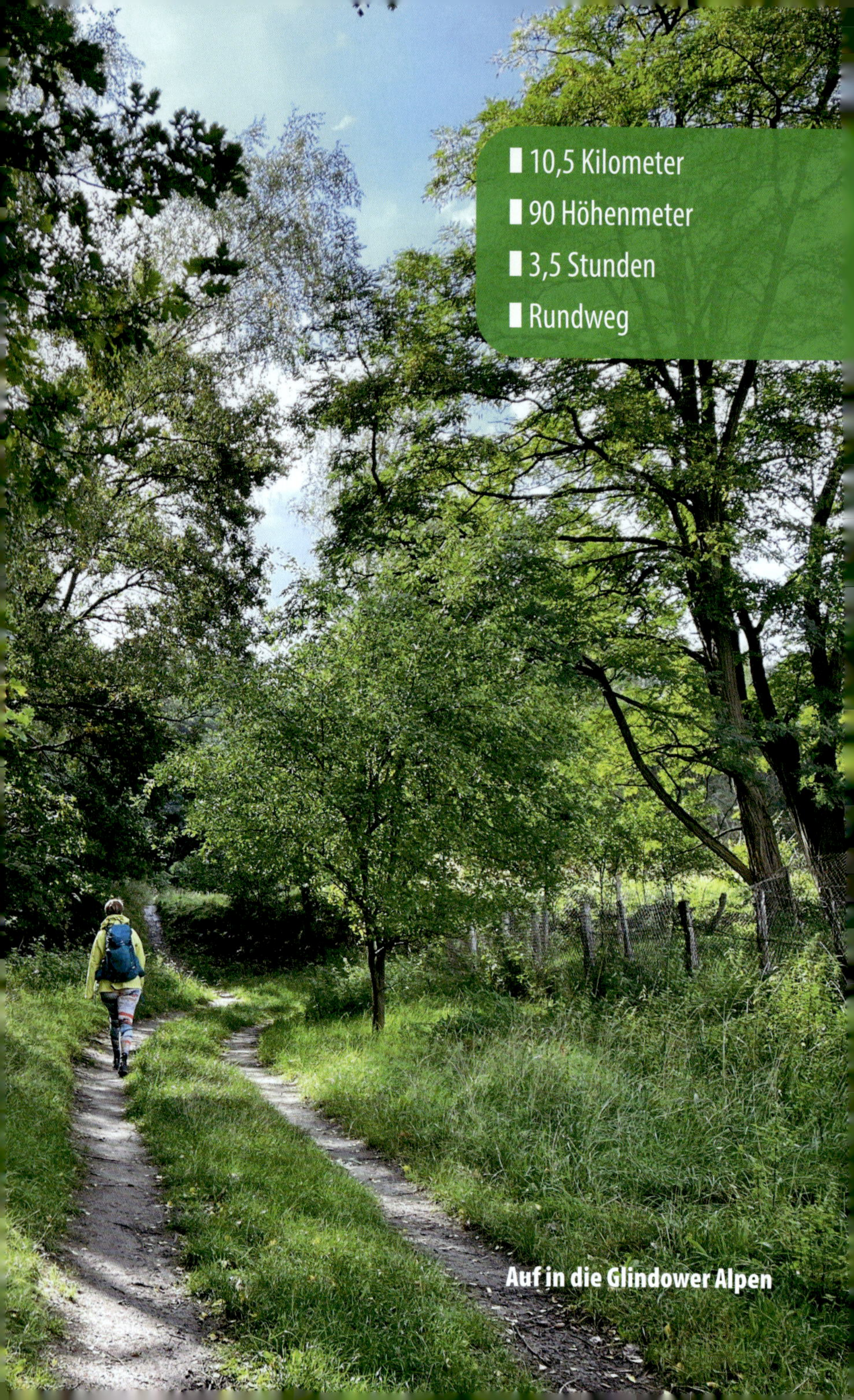

- 10,5 Kilometer
- 90 Höhenmeter
- 3,5 Stunden
- Rundweg

Auf in die Glindower Alpen

Alpenluft royal

Glindower Alpen und Schloss Petzow

Wir beginnen unsere Tour an der Bushaltestelle **Alpenstraße** und gehen über den Kreisverkehr in die gleichnamige Straße. Nach rund 300 Metern biegen wir rechts in einen schmalen Teerweg ab. Bald passieren wir eine Schranke und endlich weicht der Asphalt einem Wiesenwanderweg, der von saftigem Gras und hochgewachsenen Laubbäumen gesäumt wird. An einer Lichtung erreichen wir einen Wegweiser, der nach rechts in Richtung **Grubenteich** weist. Dann mal los! Vor uns liegt ein Weg, der in leichtem Auf und Ab durch den leuchtend grünen Buchenwald führt. Das für Brandenburg eher untypische Höhenprofil der **Glindower Alpen** ist das Ergebnis jahrelangen Tonabbaus, die recht stattlichen Erhebungen der ehemaligen Abraumhalden dienen uns heute als berlinnahes Kraxelgebiet ohne lange Anfahrt in den alpinen Süden.

Wir folgen dem Wanderweg mit der weiß-grünen Markierung einige Stufen hinunter und erreichen den **Grubenteich,** an dessen Ufer eine Pausenbank steht. Die Vögel zwitschern und obwohl es leicht zu regnen beginnt, sitzen wir hier gemütlich unter den dichten Baumkronen. Weiter geht's entlang des Seeufers, bis wir uns an einer Weggabelung links halten und leicht bergauf gehen. Wir erreichen eine in den Hang gebaute Treppe. Oben angekommen verzweigt sich der Weg mehrfach. Wir halten uns rechts und folgen der weiß-grünen Markierung am Baumstamm. Zugegebenermaßen haben wir den großsprecherischen Namen Glindower Alpen zunächst belächelt. Die steilen Auf- und Abstiege haben es jedoch ganz schön in sich und

*Der Name des Ortes **Glindow** leitet sich von dem slawischen Wort* glina *ab, welches so viel wie „Ton" oder „Lehm" bedeutet, und zeigt, wie wichtig dieser Rohstoff der Ziegelproduktion schon seit Jahrhunderten für diese Region ist.*

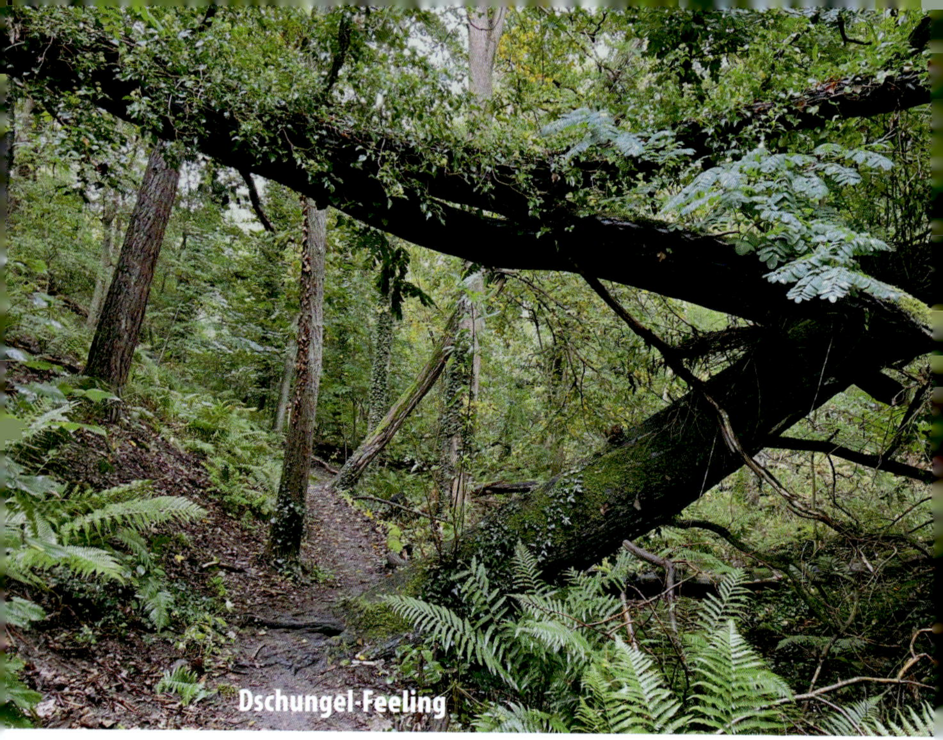

wir schnaufen uns voran. Im weiteren Verlauf des Weges fühlen wir uns dann endgültig, als wären wir in einem anderen Land und nicht mehr im vertrauten Brandenburg. Die als Totholz liegen gelassenen Bäume überspannen den Weg wie natürliche Torbögen und sind mit allerlei Pflanzen bewachsen. Der Pfad wirkt wie ein naturbelassener, tropischer Abenteuerspielplatz. Hinter einer wackeligen Brücke aus Rundhölzern geht es wieder über Treppenstufen nach oben. An der nächsten Kreuzung halten wir uns leicht rechts in Richtung **Hexenpfuhl** und treffen bald auf einen breiteren Waldweg, auf dem wir rechts abbiegen. Wir befinden uns nun nicht mehr auf dem weiß-grünen Weg, sondern folgen den rot-weißen Markierungen. Als wir um eine kleine Kurve biegen, steht er plötzlich vor uns: der perfekte, knorrige Kletterbaum. Wir wissen gar nicht, wo wir zuerst hinschauen sollen. Aus nur einer Wurzel erheben sich fünf oder mehr Stammabzweigungen. Die sogenannte **Kaiserlinde** ❶ macht ihrem Namen alle Ehre.

Für die Seele

Wir wandern über alpin anmutende Wege und durch tropische Gefilde bis an die Ostseedünen des Nordens, ohne Brandenburg auch nur ein einziges Mal zu verlassen.

Nach gut 300 Metern kommen wir an eine Treppe, die uns in ein schmales Bachtal bringt.

Auf einer urigen Brücke mit Rundhölzern aus Ästen und vermoosten Baumstämmen überqueren wir das Rinnsal und klettern über die Stufen auf der anderen Seite wieder steil nach oben. Und die Kraxelei geht weiter. Auch kurz nach dem kleinen **Hexenpfuhl** folgt ein recht knackiger Anstieg über Treppen und Wurzeln, der uns noch mal so richtig aus der Puste bringt.

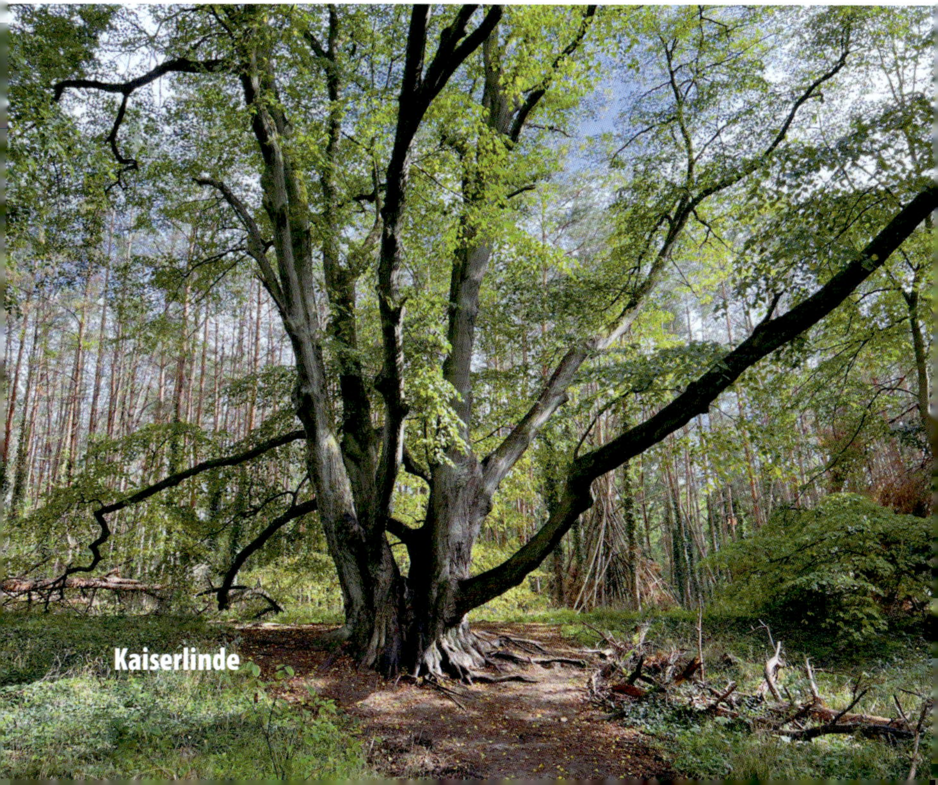

Kaiserlinde

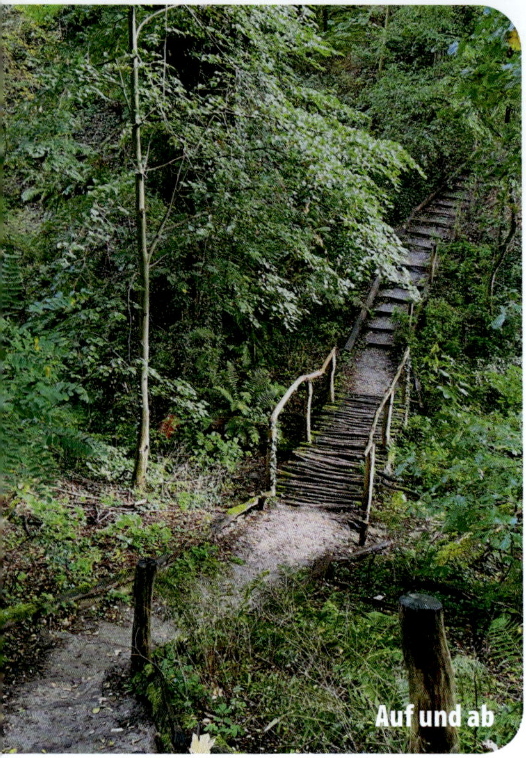

Kraxelnd verlassen wir das Naturschutzgebiet und erreichen einen breiten, lichten Waldweg, auf dem wir nach links abbiegen, um weiterhin den rot-weißen Markierungen zu folgen.

Der Weg führt uns an einer Wiese vorbei, die wir jedoch rechts liegen lassen. Wir wandern weiter, bis wir einen anderen Waldweg erreichen, auf dem wir zunächst rechts abbiegen, jedoch bei nächster Gelegenheit dem breiteren Pfad nach links folgen. Nun öffnet sich endgültig unser Blick auf die Felder. Nach dem dichten Dschungel müssen sich unsere Augen erst mal an die Freifläche und den Weitblick gewöhnen.

Unser Weg führt uns weiter am Waldrand entlang. Schließlich lassen wir das Feld hinter uns und gehen geradeaus, vorbei an stattlichen Birken und einem dichten Kiefernwäldchen. Immer wieder sehen wir auch alte Obstbäume, die hier vereinzelt am Wegesrand stehen. Wahrscheinlich sind dies die Reste einer alten **Streuobstwiese,** wie sie hier in der Gegend um Werder häufig zu finden sind.

An der nächsten Wegbiegung entdecken wir einen großen Stein, der ein schönes Pausenplätzchen bietet. Nach einer kurzen Rast halten wir uns am Stein links und erreichen nach 300 Metern einen Wegweiser, der uns nach rechts zum Schloss Petzow leitet. Wir treffen auf die ersten Häuser von Petzow und sehen schon bald den Glindower See durch die Bäume glitzern. Hier kann man im **Forellenhof** ❷ einkehren und sich mit Fischbrötchen, frisch gebackenen Kuchen und anderen

*Die Region Werder ist für ihre Obstweine bekannt. Jedes Jahr um den 1. Mai herum findet deshalb in der Stadt und auf den umliegenden Obstplantagen das beliebte **Baumblütenfest** statt. Dabei lassen sich neben den leckeren Weinen auch viele kulturelle Highlights genießen.*

Leckereien stärken. Wir biegen jedoch rechts ab. Kurz nach einem Parkplatz überqueren wir die Fercher Straße und gehen im Uhrzeigersinn um den kleinen **Haussee,** der zur Parkanlage des Petzower Schlosses gehört.

Wir passieren das **alte Waschhaus** mit dem Petzower **Heimatmuseum ❸.** Kurz danach erblicken wir am Ende des Hanges das Petzower Schloss, das heute wieder in Privatbesitz ist und als Wohnhaus genutzt wird. Auf der anderen Seite des Sees angekommen, verzweigt sich der Weg und führt scharf links hinauf zum Schloss und leicht links zu einem Aussichtspunkt mit herrlichem **Blick über den Schwielowsee ❹.** Wir machen natürlich einen Abstecher zum Aussichtspunkt, bevor wir zum Schloss hinaufgehen. Wir erreichen das **Schloss,** biegen aber zunächst rechts ab, weil wir wissen wollen, wohin der schmale Pfad führt. Der kleine Abstecher bringt uns zur **Anlegestelle der Weißen Flotte Potsdam ❺,** von dem langen Steg aus können wir noch einmal den ganzen Schwielowsee überblicken. Wir machen uns auf

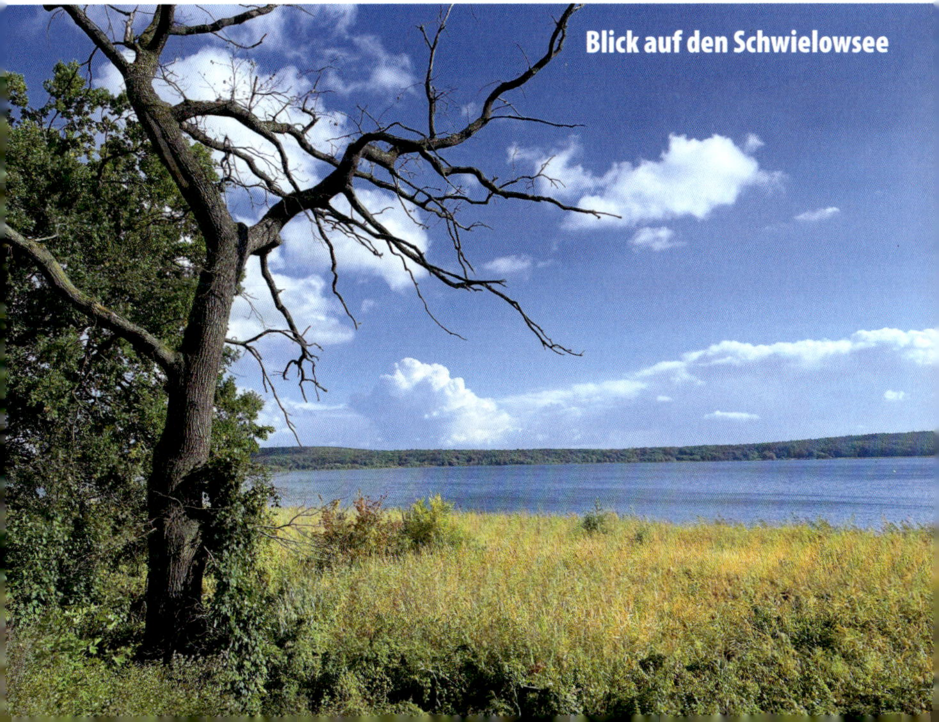
Blick auf den Schwielowsee

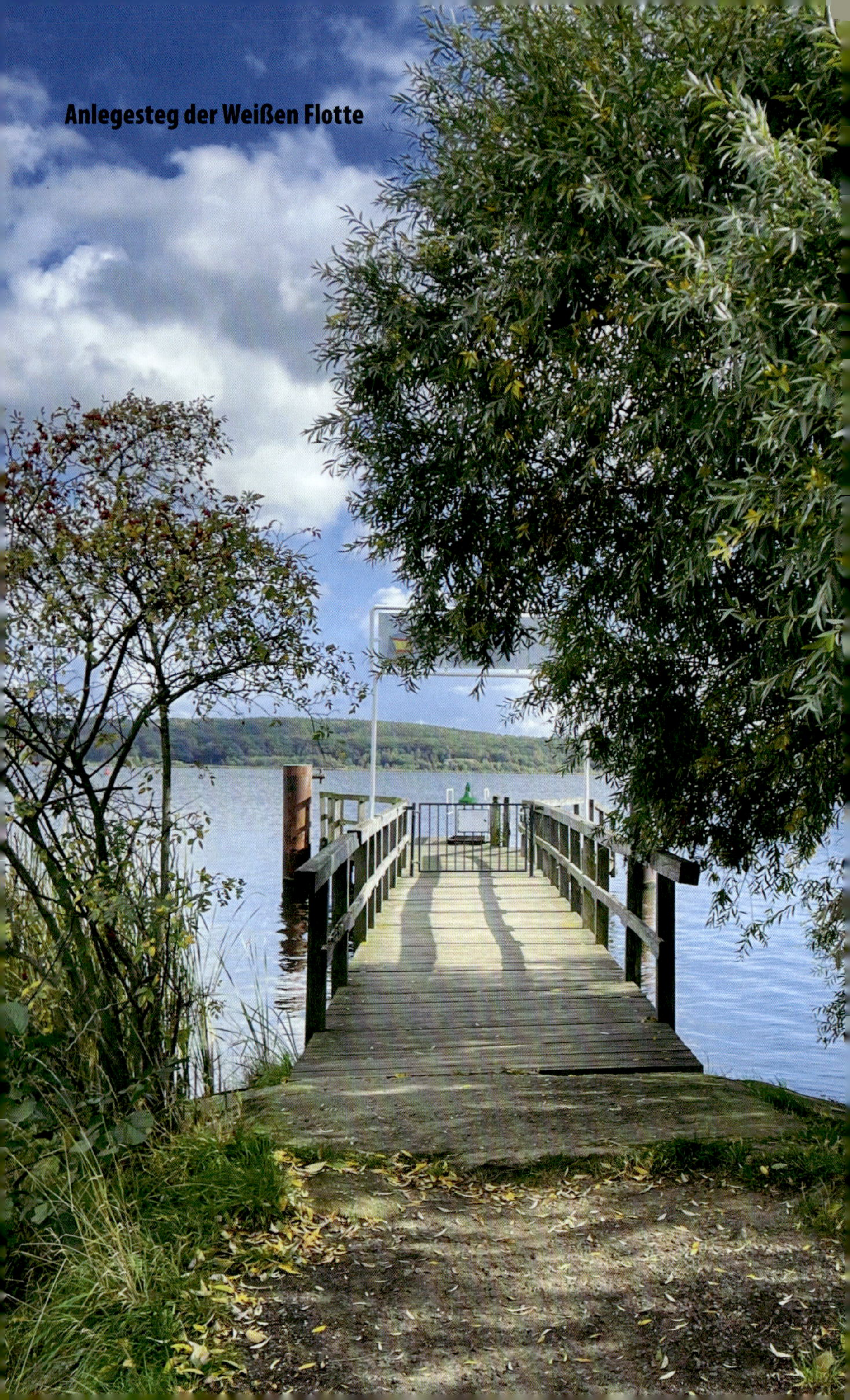

Anlegesteg der Weißen Flotte

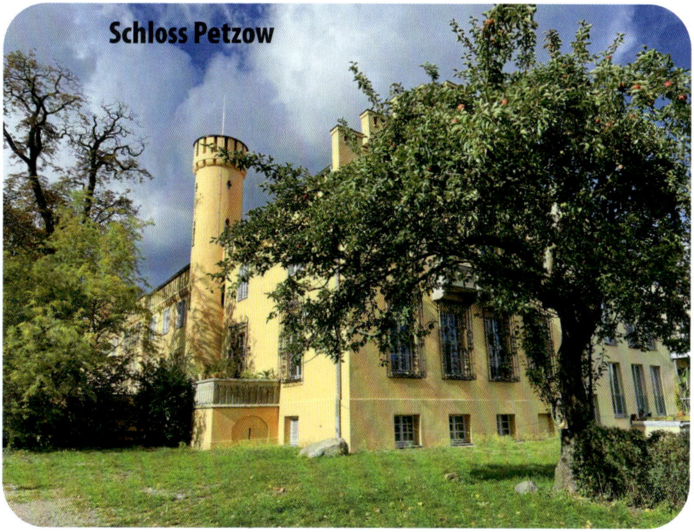

den Rückweg und gehen geradeaus am **Schloss Petzow** ❻ vorbei. Hier bietet sich ein weiterer Abstecher an: zum **Schlossgarten** ❼. Weil der Schlossgarten nicht immer geöffnet ist, sollte man sich auf jeden Fall vorher über seine Öffnungszeiten informieren. Uns zieht es aber mehr zum **Café Drei Kähne** ❽ mit seinem schönen Garten, um dort zu verweilen. Nach einer gemütlichen Einkehr mit mexikanischem Kaffee und delikaten Empanadas gehen wir vorbei an der urigen **Gaststätte Fontaneklause** ❾, queren eine kleine Straße und laufen zur **Petzower Schinkelkirche** ❿. Wer mag, kann hier auch den Kirchturm besteigen, von dem man eine schöne Aussicht über die gesamte Seenlandschaft hat.

Von der Kirche ist es nicht mehr weit bis zu dem uns schon bekannten Parkplatz. Hier gehen wir wieder rechts Richtung Forellenhof. Dort angekommen, folgen wir dem Wegweiser Glindower Alpen links in die Straße Am Rüsterhorn, von der wir zuvor in den Ort gekommen sind. Nach 250 Metern halten wir uns rechts. Ein Schild weist uns hier den Weg zum Ziegeleimuseum. Nach gut 600 Metern kommen wir an eine Abzwei-

*Das **Schloss Petzow** und die dazugehörigen Gebäude wurden 1825 in einem Stilmix aus italienischem Kastell und englischem Tudorstil nach Plänen des berühmten preußischen Baumeisters Schinkel errichtet und 1838 um den weit angelegten Gutspark ergänzt.*

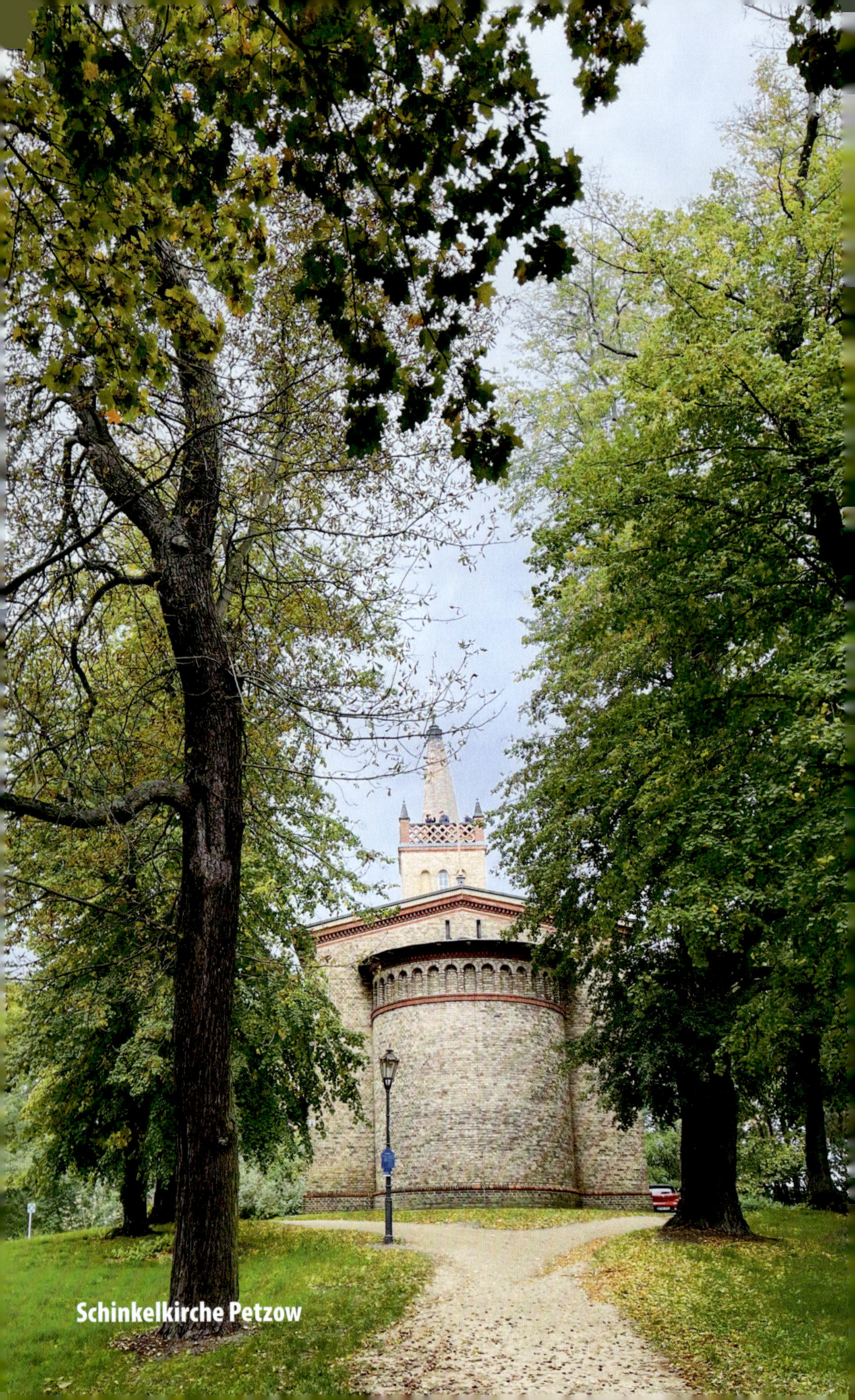
Schinkelkirche Petzow

gung, der wir rechts folgen und unseren Weg entlang des Ufers des Glindower Sees fortsetzen. Nachdem wir das **Rüsterhorn** passiert haben, erreichen wir wieder den geteerten Weg, der am Ufer entlangführt und dem wir für weitere 500 Meter folgen, bevor wir links in die Alpenstraße abbiegen und uns zurück in Richtung Glindower Alpen begeben. Schon von Weitem können wir den schmucken **Backsteinturm** sehen, in dem das **Märkische Ziegeleimuseum ⓫** untergebracht ist.

Wir gehen rechts am Turm vorbei. Schon nach wenigen Metern verlassen wir die Hauptstraße und biegen nach links in einen Sandweg ein. Bei nächster Gelegenheit folgen wir dem Weg nach rechts und treffen wieder auf den rot-weiß markierten Wanderweg. Wir gehen jedoch noch nicht in den Wald hinein, sondern entlang der **Kleingartenanlage Am Alpenrand.** Nach kurzer Zeit treffen wir auf einen grün-weiß markierten Weg und sehen schon die Treppen, die uns wieder hoch in die Glindower Alpen führen. Am **Belvedere ⓬** gibt es ein schönes **Hüttchen** zum Pausieren und besonders in der

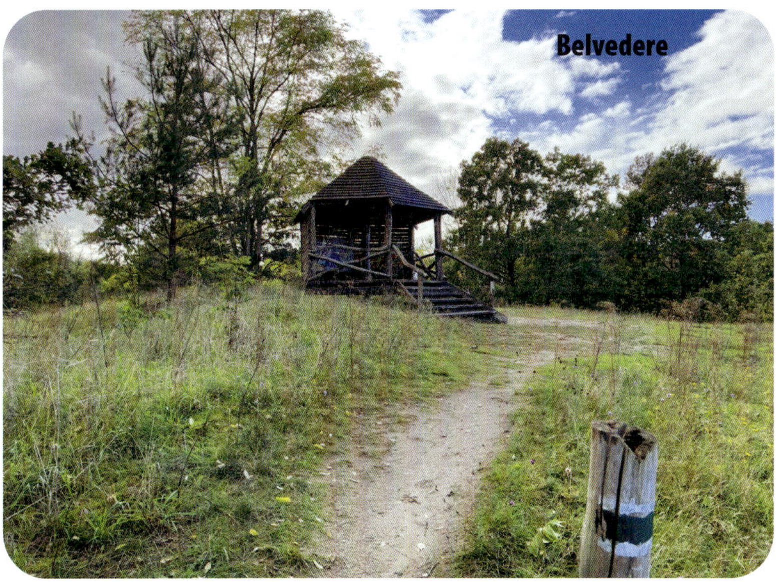
Belvedere

blattfreien Jahreszeit kann man hier die Gegend von oben bewundern. Nach einer kurzen Pause folgen wir dem Weg am Häuschen vorbei weiter geradeaus. Wir durchwandern eine **große Sandgrube,** die uns gefühlsmäßig von den Alpen direkt an die weißen Ostseestrände im Norden katapultiert. Am anderen Ende der Grube geht es noch ein letztes Mal hinein in den Wald. Schließlich treffen wir auf einen Querweg, wo uns eine blau-weiße Markierung den Weg nach rechts weist. Bergab gelangen wir wieder an unseren Ausgangspunkt, an dem wir zu Beginn der Tour Richtung Grubensee abgebogen sind. Wir erreichen nach kurzer Zeit die Schranke und an der Straße biegen wir links ab. Nun sind es nur noch 300 Meter bis zur Bushaltestelle.

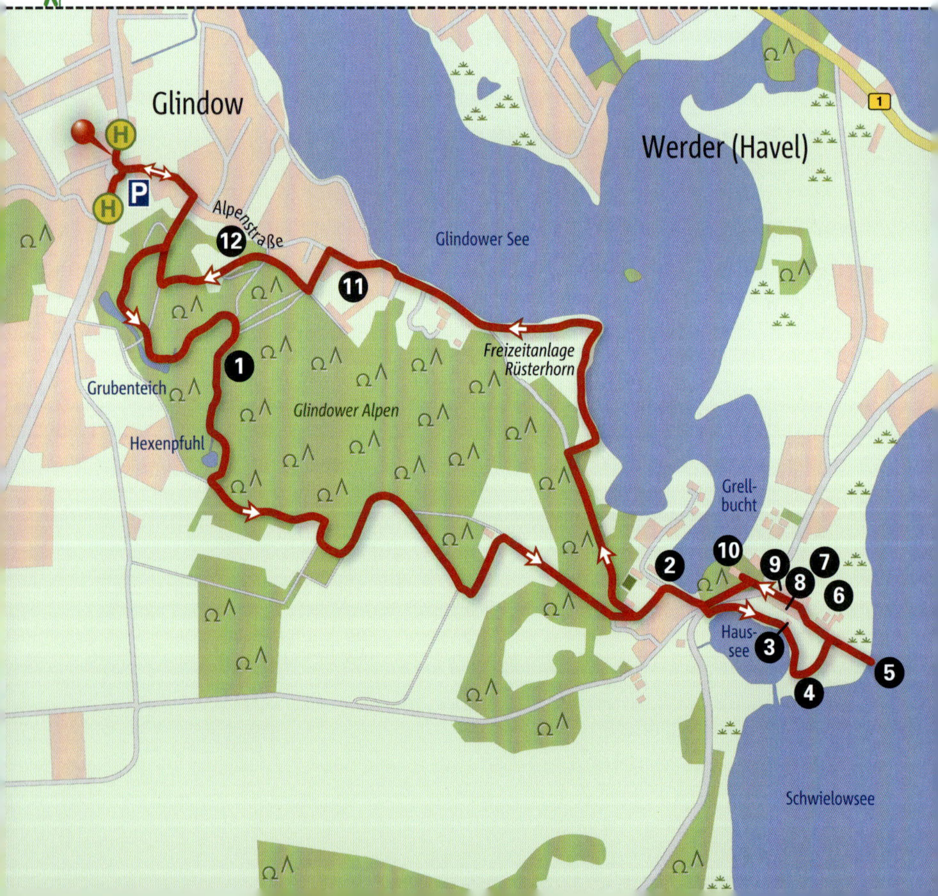

Entspannung ★★★★☆

Genuss ★★★★☆

Romantik ★★★☆☆

WIE & WANN:
Breite Wiesen-, Wald- und Feldwege, aber auch schmale, zum Teil steile Wurzelpfade, welche bei Eis und Glätte im Winter eher nicht zu empfehlen sind. Einige Passagen erfordern Trittsicherheit!

HIN & WEG:
Auto: Parkmöglichkeiten an der Alpenstraße (kurz hinter dem Kreisverkehr), Glindow, 14542 Werder (Havel) (GPS: 52.357940, 12.910463)
ÖPNV: RE1 bis Bahnhof Werder (Havel), dann Bus 633/641 bis Haltestelle Glindow/Alpenstraße

ESSEN & ENTSPANNEN:
Forellenhof am Schloss Petzow ❷ Grelle 14, 14542 Werder (Havel), www.forellenhof-schloss-petzow.de
Café Drei Kähne ❽ Zelterstraße 4 C, 14542 Werder (Havel), www.schlossgarten-petzow.de/cafe-drei-kaehne (nur Mai bis Oktober)
Gaststätte Fontaneklause ❾ Zelterstraße 2, 14542 Werder (Havel), Tel. (0 33 27) 4 23 44, www.fontane-klause-restaurant-werder.eatbu.com

ENTDECKEN & ERLEBEN:
Kaiserlinde ❶
Heimatmuseum im Alten Waschhaus ❸ Fercher Straße 50 b, 14542 Werder (Havel) OT Petzow, www.petzow-online.de/index.php/petzow/das-waschhaus
Aussichtspunkt Schwielowsee ❹ **Steg/Anlegestelle „Weiße Flotte“** ❺
Schloss Petzow ❻
Schlossgarten Petzow ❼ Zelterstraße 4 C, 14542 Werder (Havel) OT Petzow, www.schlossgarten-petzow.de
Schinkelkirche Petzow ❿
Ziegeleimuseum mit Turm ⓫ Alpenstraße 44, 14542 Werder (Havel) OT Glindow, www.ziegeleimuseum-glindow.de
Aussicht Belvedere mit Rasthütte ⓬

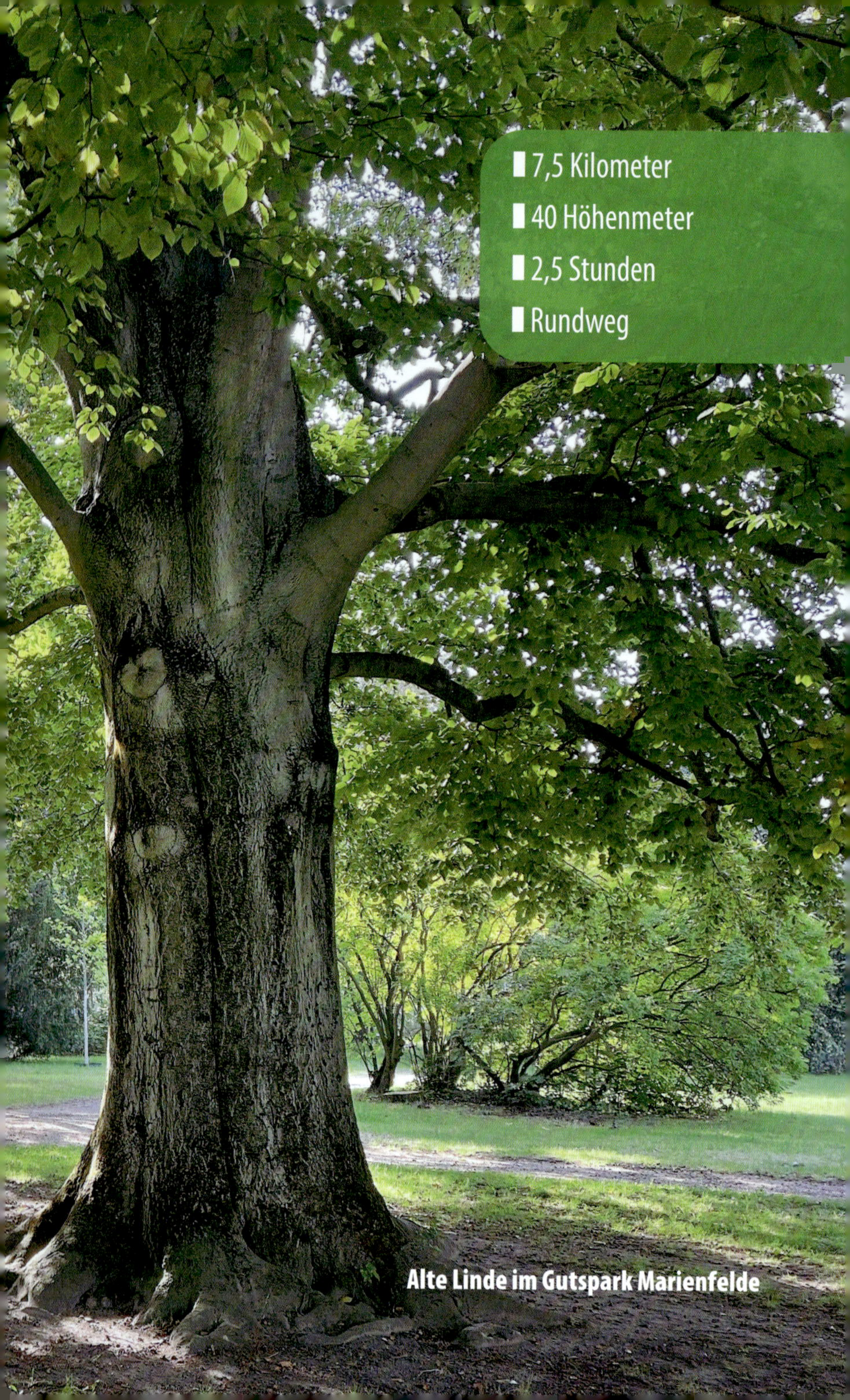

Alte Linde im Gutspark Marienfelde

Dorfromantik

Streifzüge durch Marienfelde

Wir verlassen den S-Bahnhof Buckower Chaussee und biegen links in die gleichnamige Straße ein, die zunächst durch ein kleines Industriegebiet führt und kurze Zeit später zum **Nahmitzer Damm** wird. Nach gut 500 Metern erreichen wir den Eingang zum **Gutspark Marienfelde** ❶ an der Kreuzung Nahmitzer Damm/ Motzener Straße. Wir betreten das Parkgelände und verschwinden direkt unter den Bäumen, welche die Geräusche der belebten Straße dämpfen. An der ersten Weggabelung halten wir uns links, um kurz darauf bei nächster Gelegenheit rechts tiefer in den Park einzudringen, den wir diagonal durchqueren.

Nach etwa 200 Metern sehen wir schon eine weiße Fassade durch das Grün der Bäume blitzen. Wir gehen links an einer prächtigen Linde vorbei und erreichen das Gutshaus **Marienfelde** ❷. Vor dem Haus befindet

*Der **Gutspark Marienfelde** wurde 1850 vom damaligen Gutsbesitzer Adolf Kiepert angelegt, doch bereits seit 1929 gehören der Park und das Gutshaus der Stadt Berlin. Heute wird das ehemalige Rittergut vom Bundesinstitut für Risikobewertung genutzt.*

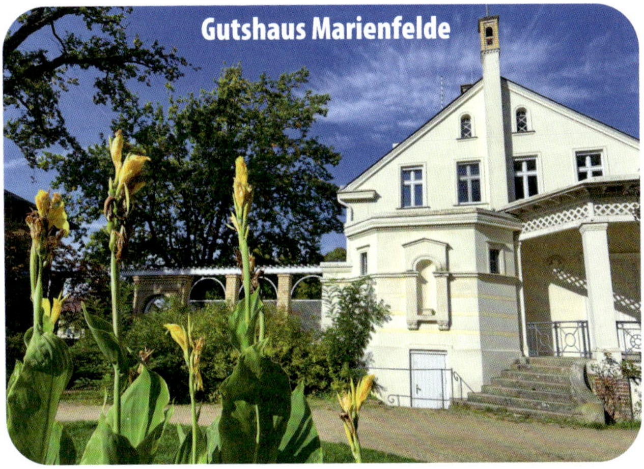
Gutshaus Marienfelde

sich ein kleiner, sorgfältig angelegter **Schmuckgarten** mit einem Brunnen, neben dem die Canna in leuchtendem Gelb blühen. Weiter geht's rechts an dem ehemaligen Rittergut vorbei. Wir betreten nun die Alt-Marienfelder Dorfidylle und bestaunen wie Zeitreisende die alten Höfe und hübschen, denkmalgeschützten Häuschen. Wir folgen der gepflasterten **Dorfstraße** nach links und passieren den **Gasthof Zur Grünen Linde ❸.** Hier kann man an den Wochenenden einkehren und sich herzhaft-bürgerliche Küche schmecken lassen. Schräg gegenüber wartet ein wahres Highlight auf uns. Als eine der ältesten Kirchen Berlins thront die **Dorfkirche Marienfelde ❹** auf dem Dorfanger.

*Die spätromanische **Dorfkirche Marienfelde** wurde zwischen 1220 und 1240 aus Feldsteinen errichtet. Mit seinen stellenweise fast 2 Meter dicken Mauern und dem stolzen Turm diente das Gotteshaus vermutlich auch als Wehrkirche.*

Wir sind beeindruckt von diesem Ort mit seinem romantischen Dorfweiher. So viel Idylle lässt uns glatt vergessen, dass wir uns noch immer innerhalb der Berliner Stadtgrenzen bewegen. Nach einer kurzen Pause auf einer der Bänke auf dem Dorfanger folgen wir der Straße **Alt-Marienfelde,** bis wir nach gut 300 Metern die große **Marienfelder Allee** erreichen, die nach wenigen Metern auf die **Friedrichsfelder Straße** trifft. Diese über-

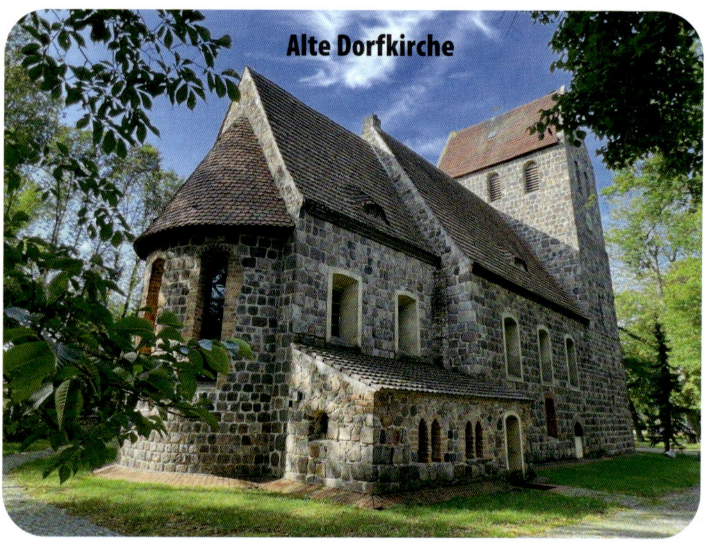

Alte Dorfkirche

Für die Seele

Wir erleben idyllische Dorfstimmung und tauchen in jahrhundertealte Geschichte ein, bevor wir den Alpengipfel im Freizeitpark Marienfelde erklimmen.

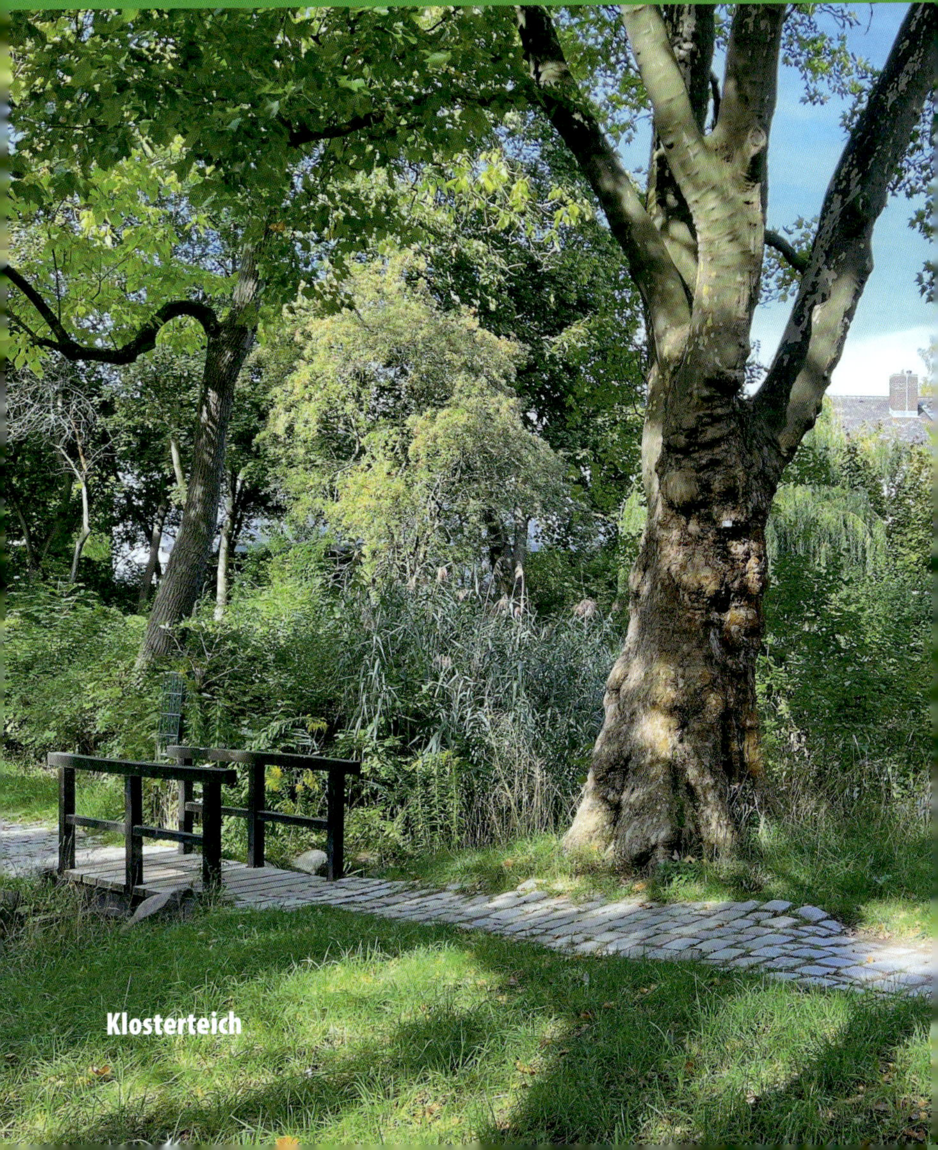

Klosterteich

queren wir und gehen geradeaus in die **Dr.-Jacobsohn-Promenade.** Der grüne Rad- und Fußweg führt zwischen Wohnhäusern hindurch. Wir verlassen den Weg jedoch schon nach knapp 200 Metern und biegen zum **Klosterteich** ⑤ ab. Wir schlendern am Ufer entlang und beobachten an einer kleinen Brücke ein paar Entenbabys, die sich im Schilf tummeln. Nach einer halben Runde um den Teich kommen wir wieder auf die **Dr.-Jacobsohn-Promenade.** Dieser folgen wir jedoch nicht weiter nach rechts, sondern gehen geradeaus über die Promenade, um ein Tor zwischen den Häusern zu passieren. Wir befinden uns nun auf einem Abschnitt des Jakobsweges mit seiner charakteristischen Muschelmarkierung, auf den man in Deutschland immer wieder trifft, sogar hier in einer Neubausiedlung am Rande Berlins. Eine andere nützliche Markierung ist die Nummer 5 auf blau-weißem Grund. Sie gehört zu einem der **Grünen Hauptwege Berlins,** die sich über das gesamte Stadtgebiet erstrecken.

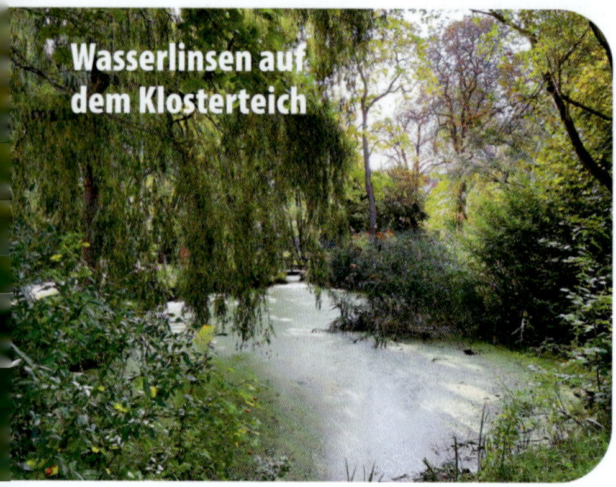
Wasserlinsen auf dem Klosterteich

Wir folgen dem Hauptweg Nummer 5 durch die parkähnlichen Innenhöfe der Wohnsiedlung. Nach knapp 500 Metern erreichen wir die **Hildburghauser Straße** und setzen unsere Wanderung auf der anderen Seite geradeaus fort. Die Natur, die uns hier zwischen den Wohnhäusern umgibt, ist von und für Menschen angelegt. Den Stadtplanern ist es gelungen, selbst in dieser Betonwüste mehrere wunderschöne, grüne Inseln zu schaffen. Vögel zwitschern vergnügt und Eichhörnchen hüpfen umher. Gut gelaunt gehen wir weiter geradeaus und folgen auch hier weiter den Schildern. Zu Nummer 5 hat sich jetzt noch der Hauptweg 15 hinzugesellt. Es gibt ab und zu kurze Wegvariationen, die aber immer wieder zusammenführen. Wir orientieren

*Die **Grünen Hauptwege Berlins** sind ein Gemeinschaftsprojekt verschiedener Initiatoren und sollen zum Spazieren und Entdecken einladen. In den letzten Jahren sind 20 markierte Wanderwege entstanden, die durch die grünen Korridore der Stadt führen.*

uns der Einfachheit halber an dem schmalen, gepflasterten Weg. Schließlich überqueren wir den **Tirschenreuther Ring** und erreichen nach weiteren 300 Metern die **Marienfelder Allee.** Auf der gegenüberliegenden Straßenseite entscheiden wir uns für die linke der beiden Wegoptionen und gehen auf einem schmalen Graspfad in leichten Kurven bergauf. Wir umrunden so den 64 Meter hohen **Schlehenberg** und genießen das Grün, das uns hier voll umfängt.

Am Nistgebiet der Zauneidechsen entlang halten wir uns rechts und gehen nun wieder leicht bergab. Zwischen den Bäumen hindurch haben wir einen Blick über die Häuser Berlins. Auch hier folgen wir den vertrauten Hauptwegen Nummer 5 und 15 und erreichen nach rund 300 Metern den kreisförmigen **Platz am Diedersdorfer Weg.** Hier überqueren wir die Straße und betreten den **Freizeitpark Marienfelde.**

Auch wenn es der Name vermuten lässt, hier gibt es weder Achterbahnen noch Kettenkarussells, sondern

*Wie die meisten Erhebungen Berlins wurde auch der **Schlehenberg** aus Kriegstrümmern aufgeschichtet. Er war in den 1960er-Jahren Standort für eine US-amerikanische Abhörstation, was ihm den Spitznamen „Amiberg" oder „Radarberg" einbrachte.*

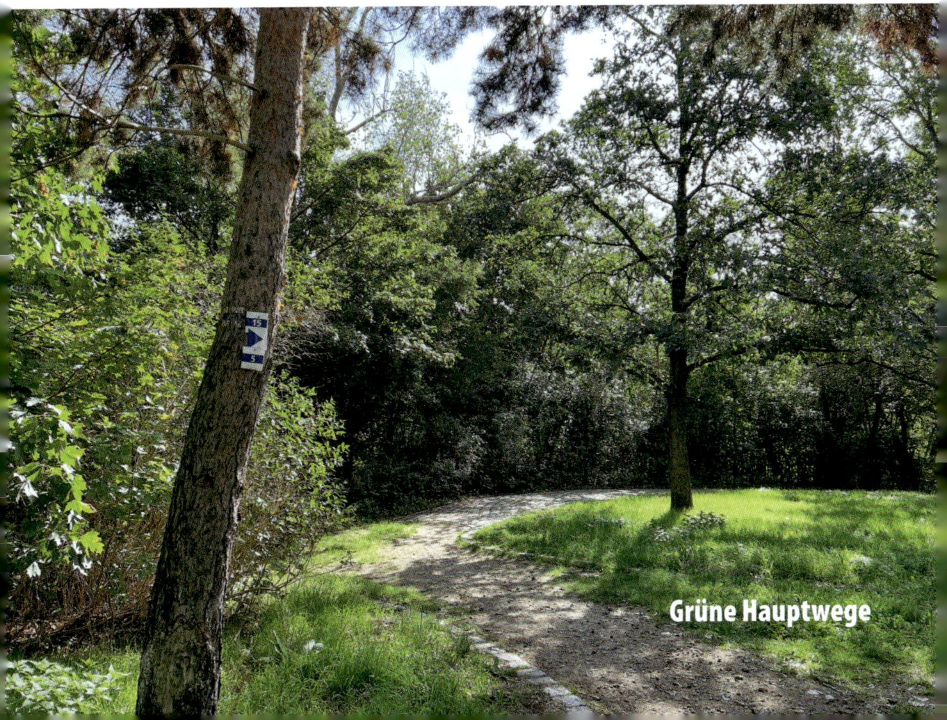

Grüne Hauptwege

eine ganz andere Attraktion: einen waschechten Brandenburger Alpengipfel. Doch zunächst stoßen wir auf das kleine **Naturwachthaus** ❻, das über die Berliner Wanderwege und den Naturerlebnispfad Marienfelde informiert. Wir suchen uns jedoch unseren eigenen Weg, lassen das Naturwachthaus rechts liegen und gehen geradeaus weiter, bis wir auf einen breiteren Sandweg treffen. Diesem folgen wir nur einige Meter und biegen auf Höhe des **Wechselkrötenteichs** rechts in den mit Kopfstein gepflasterten Weg ein. Kurz hinter einem Info-Schild bringt uns ein schmaler Pfad zu einem **Rastplatz** ❼ mit Pavillon und einer großen Bank.

Naturwachthaus

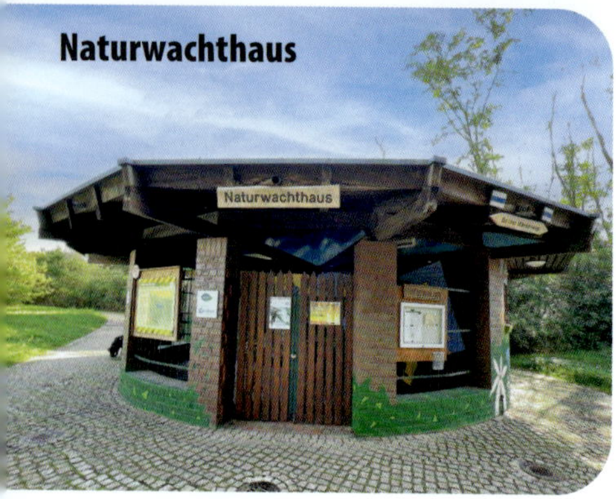

Blick vom Alpengipfel

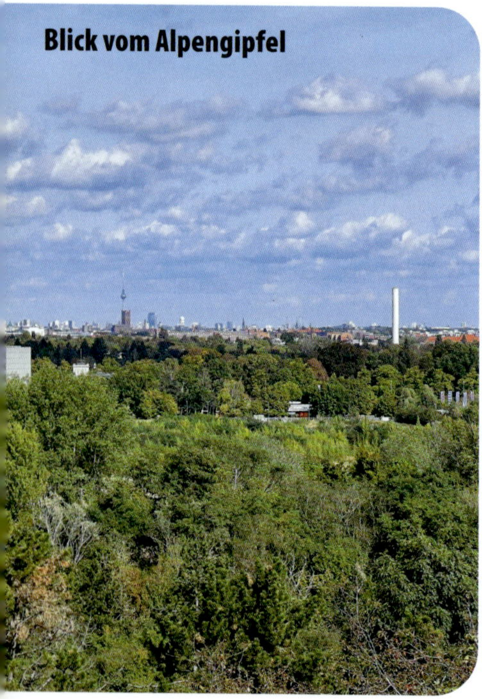

Wir gehen nun weiter geradeaus auf dem gepflasterten Weg, der leicht bergan führt, und bewegen uns in Richtung des „alpinen" Gipfels. Der Pflasterweg wird schon bald wieder zum Sandweg und verläuft in leichten Kurven zwischen Hagebutten- und Holundersträuchern. Vorbei an einer hübsch gelegenen **Pausenbank** erreichen wir eine offene Wiese, auf der sich der Weg in mehrere Richtungen verzweigt. Wir folgen dem schmalen Pfad geradeaus hinauf auf den Berg. Eine in den Hügel gehauene Treppe bringt uns schließlich auf eine Art Hochebene mit saftig grünen Gräsern und Sträuchern. Uns zieht es bis ganz nach oben, deshalb folgen wir dem schmalen Pfad, der weiter bergauf zur ersehnten **Aussichtsplattform Alpengipfel** ❽ führt. Und tatsächlich: Auch wenn wir uns hier auf einer Höhe von nicht einmal 70 Metern befinden, liegt uns Berlin wahrlich zu Füßen. Wir haben einen fantastischen Blick über Berlins Mitte mit dem Fernsehturm als Wahrzeichen. Wir verlassen die kleine Anhöhe in Richtung der Wiese und folgen dem Weg nach links, wo uns bald ein schmaler Pfad wieder bergabwärts bringt. Nach einem kurzen Abstieg treffen wir wieder auf einen **breiteren Sandweg,** dem wir nach links folgen.

Immer wieder kommen wir an schönen Plätzen vorbei, an denen man pausieren kann. An der nächsten **Wegkreuzung** biegen wir rechts ab und laufen vorbei an einer eingezäunten Messeinrichtung, bis wir nach wenigen Metern erneut auf einen **Sandweg** stoßen. Hier biegen wir links ab und wandern in einem weiten Linksbogen geradeaus weiter. Wir bleiben auf dem mal sandigen, mal gepflasterten, breiten Weg, der uns weiter durch den Freizeitpark Marienfelde zu einem **Quer-**

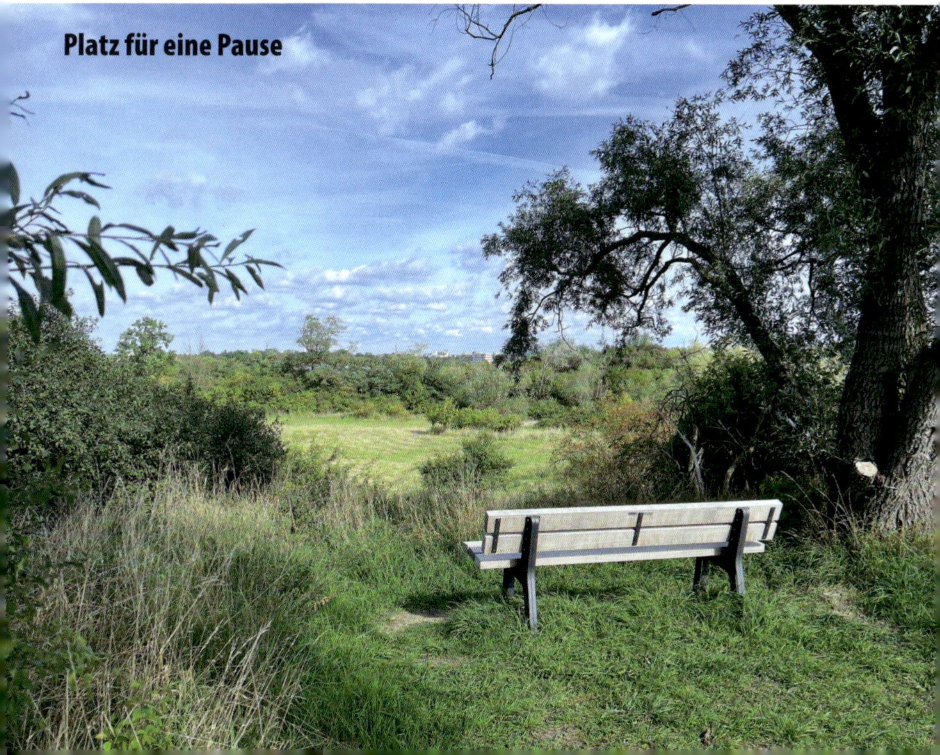

Platz für eine Pause

weg führt, wo wir rechts abbiegen und bergab bis zu einem grünen Metallzaun gehen. Dieser umschließt einen kleinen, mit Schilf bewachsenen Teich. Hier biegen wir zunächst links ab, halten uns dann aber sofort wieder rechts und laufen auf einem angenehmen Weg unter Bäumen hindurch, vorbei an einem Birkenhain, bis wir nach etwa 300 Metern an eine breite **Holzbrücke über den Königsgraben** gelangen. Ein schmaler Pfad führt uns um den **Freseteich** herum und nach wenigen Metern hat uns die Stadt endgültig wieder. Wir treffen auf die **Motzener Straße** und sind wieder am Beginn unserer Tour. Nun müssen wir nur noch rechts in den **Nahmitzer Damm** einbiegen, der uns nach 500 Metern zur S-Bahn-Station Buckower Chaussee führt.

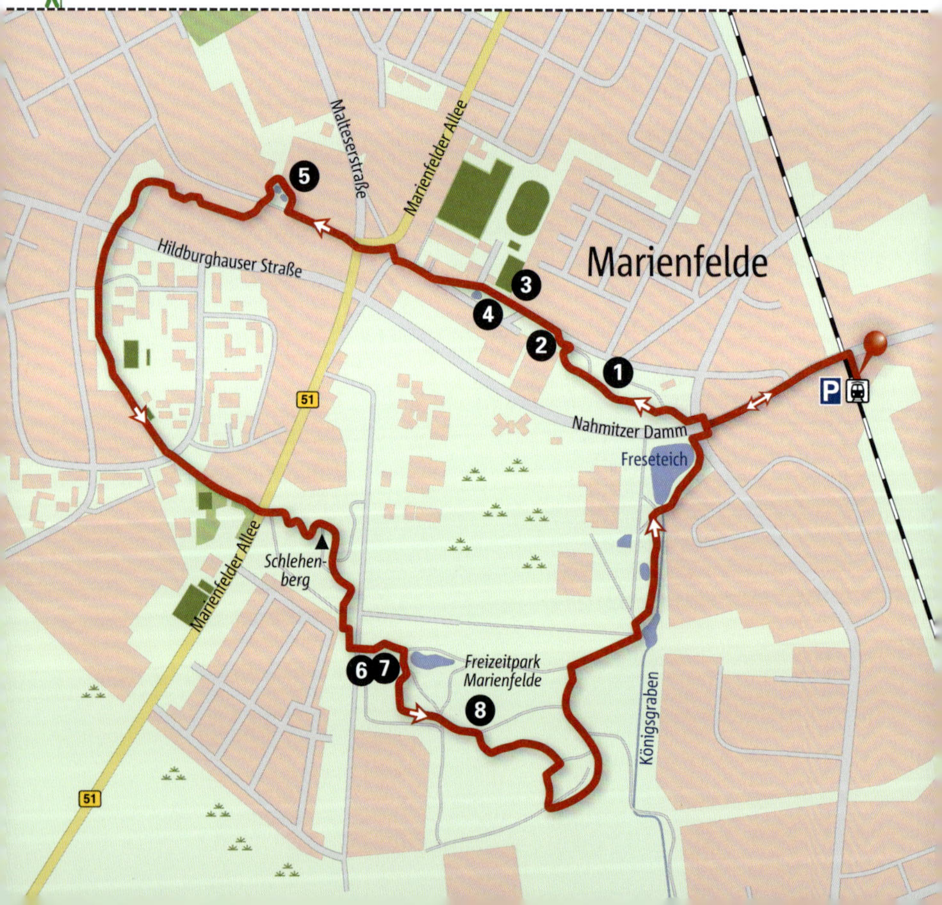

Entspannung ★★★★☆

Genuss ★★☆☆☆

Romantik ★★★★☆

WIE & WANN:
Der Weg verläuft auf zum Teil asphaltierten oder gepflasterten Wegen, die ganzjährig gut begehbar sind.

HIN & WEG:
Auto: Mehrere Parkmöglichkeiten in der Nähe der S-Bahn-Station Buckower Chaussee, 12277 Berlin-Marienfelde (GPS: 52.410513, 13.382188)
ÖPNV: S2 bis S-Bahn-Station Buckower Chaussee

ESSEN & ENTSPANNEN:
Gasthof Zur Grünen Linde ❸ Alt-Marienfelde 28, 12277 Berlin, Tel. (0 30) 7 21 48 47, www.gruenelinde-marienfelde.de

ENTDECKEN & ERLEBEN:
Gutspark Marienfelde ❶
Gutshaus mit Schmuckgarten ❷
Alte Dorfkirche Marienfelde ❹
Klosterteich ❺
Naturwachthaus im Freizeitpark Marienfelde ❻
Rastplatz am Wechselkrötenteich ❼
Aussichtsplattform Alpengipfel ❽

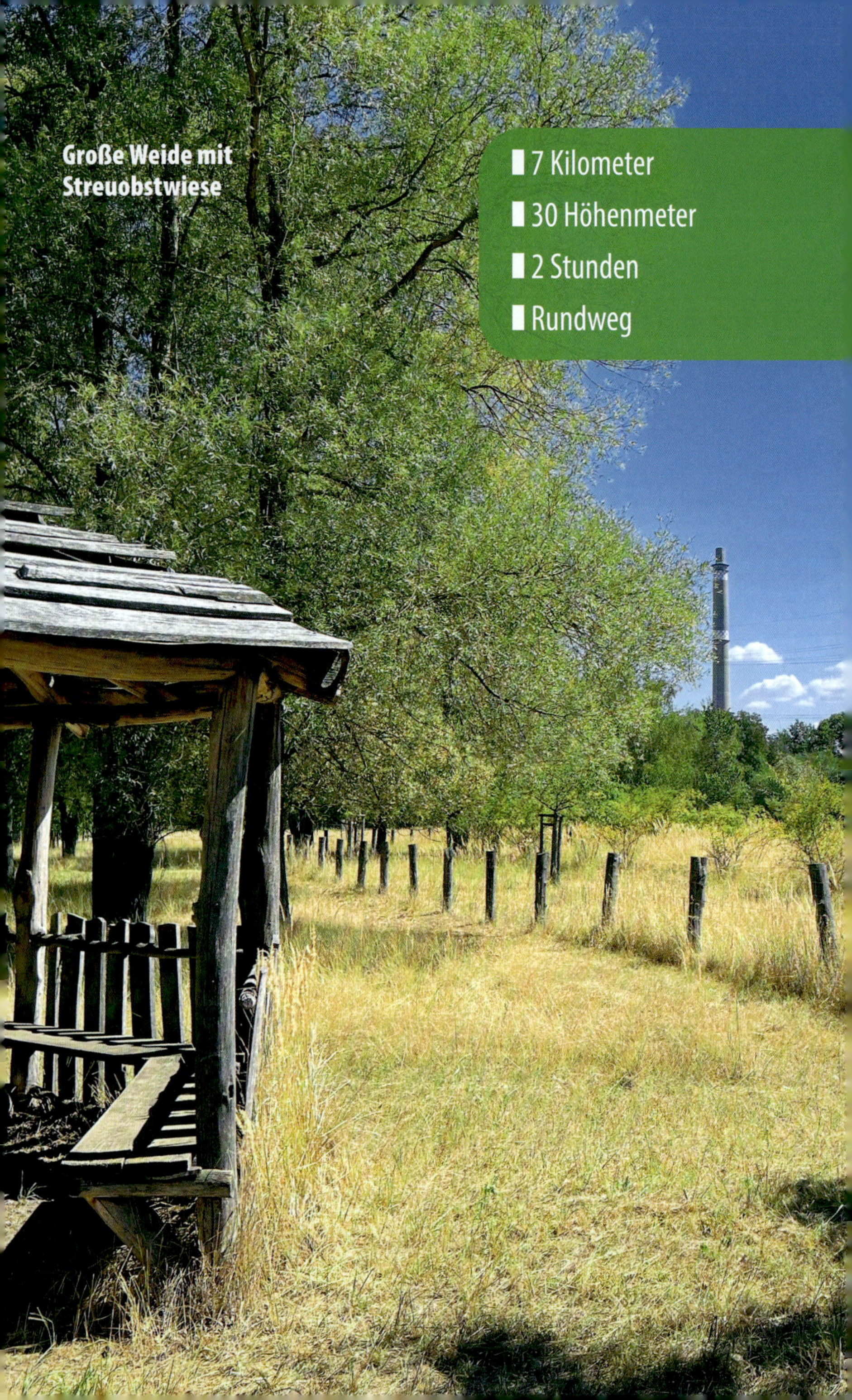

Große Weide mit Streuobstwiese

- 7 Kilometer
- 30 Höhenmeter
- 2 Stunden
- Rundweg

Weideland

Durch den Landschaftspark Herzberge

Wir verlassen die U-Bahn-Station Magdalenenstraße und biegen links in die gleichnamige Straße ein, wo uns gleich ein geschichtsträchtiger Gebäudekomplex empfängt: Die **ehemalige Stasi-Hauptzentrale ❶** nimmt fast die gesamte Länge der Straße ein, nachdenklich gehen wir an den heute zum Teil als Wohn- und Bürohäusern genutzten Bauten entlang.

Zu DDR-Zeiten waren auf dem Gelände der ***Stasi-Hauptzentrale*** *in rund 50 Gebäuden bis zu 7000 hauptamtliche Stasi-Mitarbeiter beschäftigt. Heute ist die ehemalige Festung der Geheimpolizei der DDR vor allem ein Ort der Aufklärung mit einem eigenen Stasi-Museum.*

An der nächsten Ecke ragen die Zwillingstürme der beeindruckenden **Koptisch-Orthodoxen Kirche St. Antonius und St. Schenouda ❷** in den leuchtend blauen Himmel. Gegenüber der Kirche steht das ebenso stattliche **Amtsgericht Lichtenberg ❸**. Rechts an der Kirche vorbei führt unser Weg am anderen Ende des **Roedeliusplatzes** durch eine Art Torbogen auf die **Plonzstraße,** der wir bis zur **Gotlindestraße** folgen. Nach deren Überquerung stehen wir vor einem unscheinbaren Gartentor, hinter dem sich ein ganz außergewöhnlicher Ort der Ruhe und Besinnung versteckt: der mittlerweile stillgelegte **Alte Friedhof Gotlindestraße ❹.** Schon vor Jahren haben wir dieses magische Fleckchen entdeckt und kommen immer wieder gern hierher, um ein wenig abzuschalten und darüber zu sinnieren, welche Leben sich hinter den Namen auf den zum Teil über 150 Jahre alten Gräbern verbergen. Nach einer kurzen Runde über den Friedhof verlas-

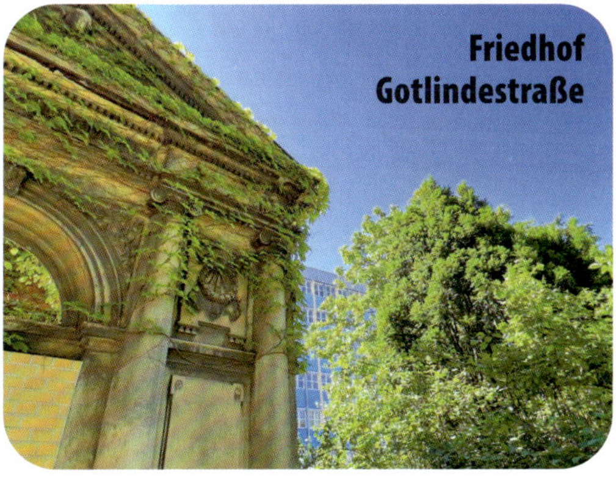

Friedhof Gotlindestraße

sen wir den Park an der gleichen Stelle, an der wir ihn betreten haben und gehen links weiter. Für den nächsten Kilometer halten wir uns immer geradeaus auf der **Gotlindestraße.** Etwa nach der Hälfte der Strecke überqueren wir die Siegfriedstraße und passieren den **Betriebshof der Berliner Verkehrsbetriebe Lichtenberg.** Immer wieder begegnen uns hier die Markierungen des Grünen Hauptweges Nummer 6 (blau-weiß), an denen wir uns auf dem folgenden Kilometer orientieren können. Hinter einer Kleingartenanlage verlassen wir die Straße, gehen links einige Stufen nach oben und betreten den **Landschaftspark Herzberge.**

*Auf etwa 17 Hektar finden sich im **Landschaftspark Herzberge** zahlreiche Feuchtbiotope, Weideflächen, ein ausgedehntes Wegenetz und im Norden des Parks sogar eine Binnendüne. Hier sind Naherholung und urbane Landwirtschaft aufs Engste miteinander verbunden.*

Auf unserem weiteren Weg auf dem asphaltierten Rad- und Fußweg kommen wir immer wieder an verschiedenen Stationen eines **Natur- und Gesundheitspfades** vorbei, an denen wir uns körperlich betätigen können. Wir erreichen einen hübschen **Picknickplatz** mit überdachten Bänken und einem schönen Blick über die Weideflächen, die sich zur Linken erstrecken. Leider entdecken wir keinen der tierischen Bewohner und ziehen bald weiter.

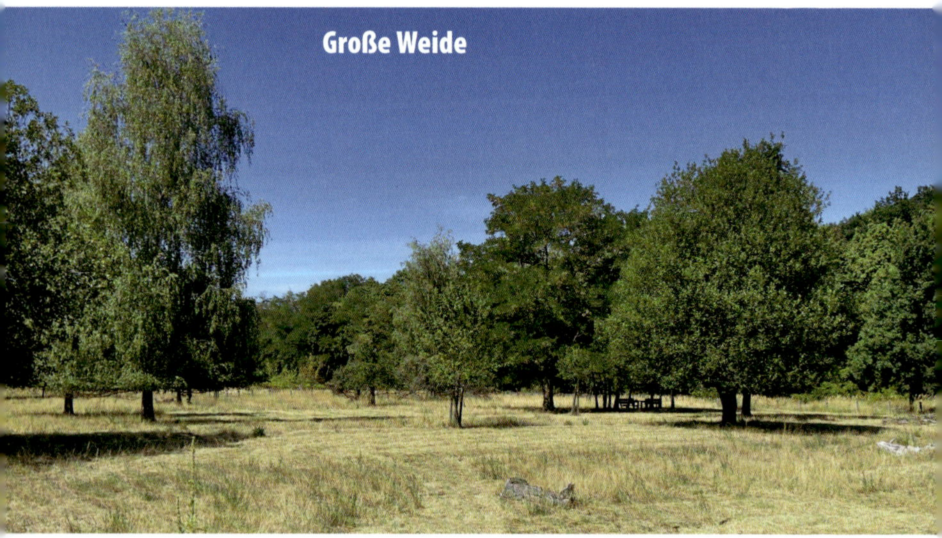

Für die Seele

Sich mitten in der Stadt wie auf dem Land fühlen, artenreiche Biotope entdecken und beim Stadtwandern Pommerschen Landschafen beim Weiden zusehen.

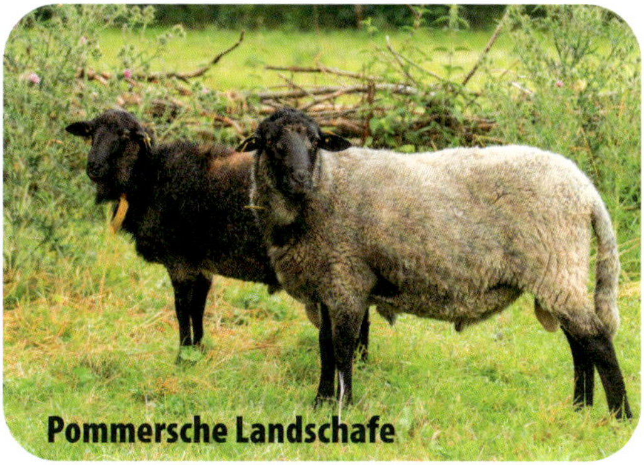

Pommersche Landschafe

Kurz hinter einem weiteren **Picknickplatz** auf Höhe eines mit Graffiti verzierten kleinen Bahnhäuschens verlassen wir den Teerweg und biegen an der **Natur- und Gesundheitsstation Wächter** in den Wald ein. Im angenehmen Halbschatten der Bäume gehen wir nun auf einem schmaleren Pfad parallel zum Radweg. Wir folgen dem Weg etwa 300 Meter geradeaus. Vorbei geht's an der **Naturpfadstation Nummer 6** mit der Position des Feuerdrachen, die einem Bogenschützen ähnelt. Sie verspricht sofortige Zentrierung, Klarheit im Kopf, Motivation und gute Laune. Logisch, dass wir uns dieses Kraftpaket nicht entgehen lassen. Nach der kurzen Seelenstärkung gehen wir weiter und treffen erneut auf eine der Hauptadern des Parks, wo wir rechts abbiegen. Bald laufen wir parallel zur Tramlinie, die sich gemütlich durch den Park schlängelt und fast ein wenig nostalgisch anmutet. Zwischen den Bäumen sind die Backsteingebäude des evangelischen **Krankenhauses Königin Elisabeth** ❺ zu sehen. Auf Höhe der gleichnamigen Haltestelle folgen wir wieder dem Schild des Natur- und Gesundheitspfades und tauchen in das dichte Grün des Parks ein. Auf sandigen Pfaden spazieren wir so dahin, ab und zu gibt es Bänke zum Entspannen und Verweilen. An einem **Pavillon**, der ein wetter-

Die grau-schwarzen ***Rauhwolligen Pommerschen Landschafe*** *sind eine alte Rasse, die lange vom Aussterben bedroht war. Sie stammen von der Ostseeküste, fühlen sich jedoch nun schon seit 2009 als lebendige Rasenmäher im Landschaftspark Herzberge sehr wohl.*

geschütztes Päuschen ermöglicht, halten wir uns links und verlassen den Gesundheitspfad. Schon bald treffen wir auf eine weitere **Weidefläche,** auf der wir hoffen, endlich auch ein paar der Bewohner näher inspizieren zu können. Doch wir haben wieder kein Glück. Auf einem Infoschild erfahren wir aber immerhin, dass uns hier eigentlich das fröhliche Blöken der Rauhwolligen Pommerschen Landschafe empfangen sollte.

Zurück auf dem Asphaltweg gehen wir rechts weiter durch den Park und treten aus dem schattigen Wald hinaus in die Sonne. Das Herzstück des Landschaftsparks liegt vor uns: die **große Weide und Streuobstwiese 6.** Die Schafe sind wahrscheinlich auf Sommerfrische, denn auch hier bekommen wir keines der Tiere zu Gesicht.

Das vor uns liegende Weideland erinnert an ferne Steppenlandschaften und nur die umliegenden Häuser und Hochspannungsleitungen lassen ahnen, dass wir

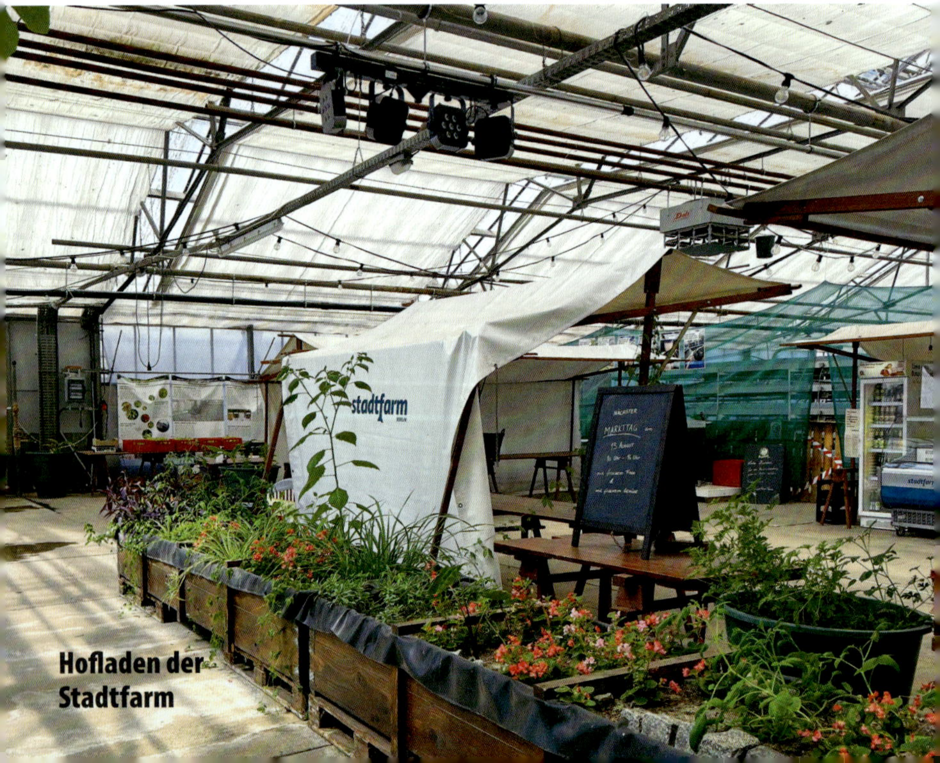

Hofladen der Stadtfarm

uns mitten in Berlin befinden. Bei nächster Gelegenheit gehen wir nach links an der Weide entlang. Von hier aus kann man schon die großen Hallen und Gewächshäuser einer ganz besonderen Institution hier im Landschaftspark Herzberge sehen: die **Stadtfarm**. Das wollen wir uns natürlich genauer anschauen und biegen am Ende der Weide rechts ab. Wir gehen links an den Gewächshäusern vorbei direkt zum **Besucherzentrum der Stadtfarm ⑦.**

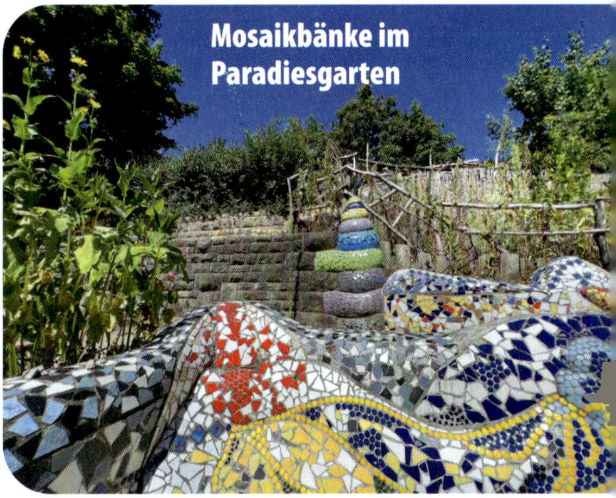

Mosaikbänke im Paradiesgarten

Urban Farming ist hier das Motto und so werden mithilfe des AquaTerraPonik-Verfahrens dank eines nachhaltigen Kreislaufs ganz ohne künstlichen Dünger oder Pestizide frischer Fisch, saisonales Gemüse und sogar Tropenfrüchte produziert. In regelmäßigen Abständen findet hier ein kleiner Bauernmarkt statt, auf dem auch die Produkte der Stadtfarm verkauft werden und wenn das Besucherzentrum geöffnet ist, kann man sich im Hofladen mit frischen Lebensmitteln eindecken.

Links am Besucherzentrum vorbei kommen wir zu der wunderschönen **Außenanlage,** in der es überall blüht und rankt. Wir folgen dem Weg weiter an den Beeten vorbei geradeaus und erfreuen uns an den riesigen Sonnenblumen. An der nächsten Ecke steht eine kleine selbst gebaute **Schutzhütte.** Hier betreten wir den **Paradiesgarten ⑧,** welcher als ein Ort der geistigen und seelischen Erneuerung angelegt wurde. Auch hier wachsen auf kleinen Beeten Blumen und Gemüse um die Wette. Am hinteren Ende des Paradiesgartens bestaunen wir die mit Mosaiken reich verzierten Bänke, die schon Anfang der 1990er-Jahre im Rahmen eines

Auszeittour 3

Bei Anreise mit Öffis kann man an der Gudrunstraße auch geradeaus weiter zum S-Bahnhof Lichtenberg gehen oder sogar an der Haltestelle Zentralfriedhof in den Bus 256 steigen und den letzten knappen Kilometer bis zur S-Bahn fahren.

Ausbildungsprojekts von Jugendlichen gestaltet wurden. Wieder zurück an der kleinen Hütte biegen wir nach links ab und folgen dem **Rad- und Fußweg.** Dieser bringt uns in einem weiten Bogen zwischen Gärten und dem **Zentralfriedhof Friedrichsfelde** heraus aus dem Landschaftspark Herzberge. Nach etwa 500 Metern treffen wir auf die **Gudrunstraße,** der wir leicht rechts folgen.

Um zurück zu unserem Ausgangspunkt zu kommen, biegen wir nach knapp 500 Metern rechts in die **Fanningerstraße** und sehen schon am Ende der Straße die uns bekannte **Koptisch-Orthodoxe Kirche St. Antonius und St. Schenouda.** Dort angekommen biegen wir links in die **Magdalenenstraße** ein und folgen dieser bis zur gleichnamigen U-Bahn-Station.

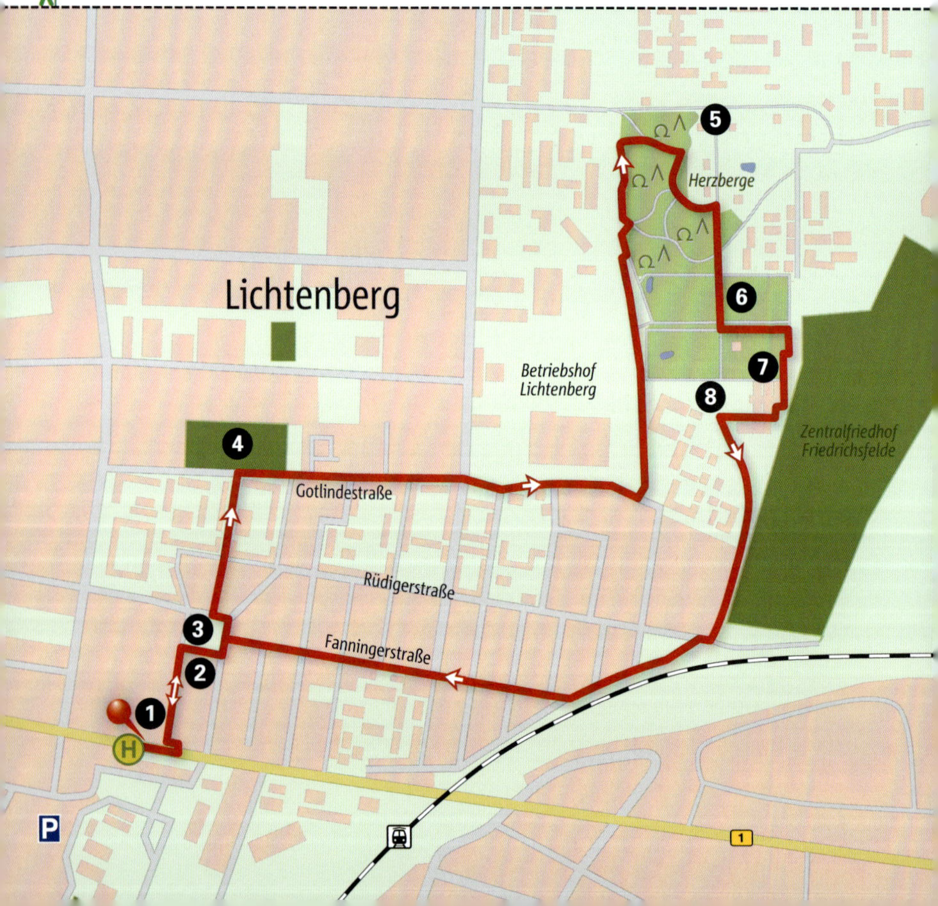

Entspannung ★★★★☆
Genuss ★★☆☆☆
Romantik ★★★☆☆

WIE & WANN:
Asphaltierte Wege und Parkpfade, ganzjährig gut zu begehen.

HIN & WEG:
Auto: Parkplatz an der Schulze-Boysen-Straße 11-21, 10365 Berlin
(GPS: 52.511057, 13.483629)
ÖPNV: U5 bis U-Bahn-Station Magdalenenstraße
(Rückfahrt auch vom S-Bahnhof Lichtenberg möglich)

ESSEN & ENTSPANNEN:
Markt und Besucherzentrum der Stadtfarm ❼ Allee der Kosmonauten 16, 10315 Berlin, www.stadtfarm.de (Öffnungszeiten beachten!)

ENTDECKEN & ERLEBEN:
Ehemaliges Hauptgebäude Ministerium für Staatssicherheit mit Stasi-Museum ❶
Normannenstraße 20, Haus 1, 10365 Berlin, Tel. (0 30) 5 53 68 54, www.stasimuseum.de
Koptisch-Orthodoxe Kirche St. Antonius und St. Schenouda ❷
Amtsgericht Lichtenberg ❸
Alter Friedhof Gotlindestraße ❹
Elisabeth-Krankenhaus ❺
Große Weide und Streuobstwiese ❻
Paradiesgarten ❽

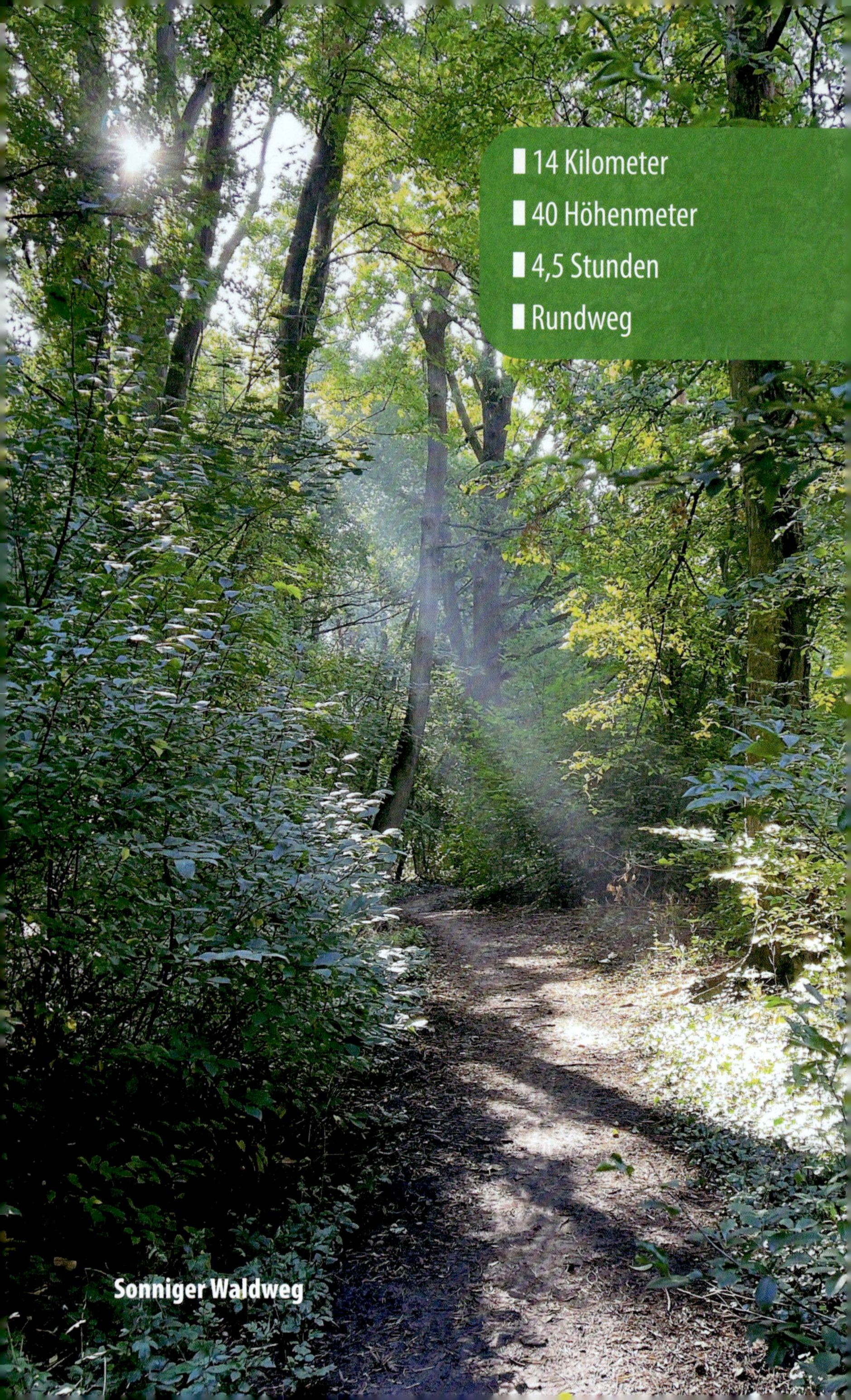

Sonniger Waldweg

Vogelparadies

Wanderung am Rangsdorfer See

Wir verlassen den Bahnhof und biegen links in die **Bahnhofstraße** ein, der wir nun erst einmal etwa 700 Meter folgen. Kurz vor dem **Ortseingang Blankenfelde** überqueren wir eine Brücke und biegen links in einen schmalen Weg ein, der zunächst leicht rechts abbiegt, dann aber schnurgerade an einem Zaun entlang durch den dichten Mischwald führt. Eine **Informationstafel** erklärt uns, dass wir uns hier in der Torfbusch-Glasowbachniederung befinden, einem 102 Hektar großen Gebiet, das 2004 in das Europäische Schutzgebietnetz Natura 2000 aufgenommen wurde.

*Als länderübergreifendes Netz von Schutzgebieten dient **Natura 2000** dem Erhalt wild lebender, heimischer Tier- und Pflanzenarten sowie deren natürlicher Lebensräume in der EU. In Brandenburg ist knapp ein Drittel der Landesfläche Teil dieses Netzes.*

Nach knapp 900 Metern am Zaun entlang biegen wir links ab. Auf unseren ersten Kilometern heute fällt die Orientierung leicht. Wir folgen immer den rot-weißen Markierungen des **Wanderweges Baruther Linie.** Diese führt uns näher an den **Glasowbach** heran, der sich wie ein silbrig-grünes Band durch lichte Erlenwälder zieht. Ein Schwan schwimmt auf uns zu, im Schlepptau seine drei Teenager-Jungen, die hier und da das Ufer ein wenig genauer inspizieren, ihre Mama jedoch nicht aus den Augen lassen. Wir gehen weiter und nach wenigen Metern erreichen wir einen recht **extravaganten Rastplatz ❶,** auf dessen Stuhllehnen man den Verlauf der Baruther Linie sehen kann.

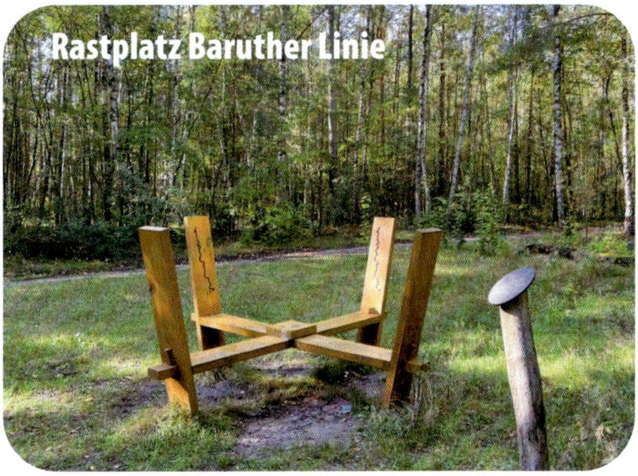

Rastplatz Baruther Linie

Etwa 1 Kilometer hinter dem Rastplatz kommen wir nach einem kurzen Anstieg an eine kleine, rustikale **Aussichtsplattform,** von der wir leicht erhöht einen Blick ins glitzernde Bachtal werfen können. Nur 500 Meter weiter wird die Idylle für einen Moment gestört, da wir nun auf einen breiteren Weg treffen, dem wir nach links in Richtung **Autobahnunterführung** folgen. Wir unterqueren die A10 und biegen sofort links ab. Hinter einer kleinen Brücke geht es nach rechts weiter durch den Wald. Wir lassen das aufdringliche Rauschen der Autobahn langsam hinter uns und wandern nun am **Zülowkanal** entlang, der sich kurz darauf für einige Kilometer mit dem **Rangsdorfer See** vereint.

*Die **Baruther Linie** ist ein Regionalwanderweg, der nach dem Motto „Janz nah draußen" über 45 Kilometer von Blankenfelde im Norden bis nach Baruth/Mark im Süden verläuft. Durch die gute Anbindung an acht Bahnhöfe lässt sich der Weg bequem in Etappen einteilen.*

Immer wieder gibt es die Möglichkeit, vom Weg direkt ans Wasser zu treten. Von einem dieser Uferabschnitte beobachten wir einen einsamen Gesellen. Mitten im an dieser Stelle offenbar sehr flachen See steht ein Graureiher, der sich von uns gar nicht stören lässt.

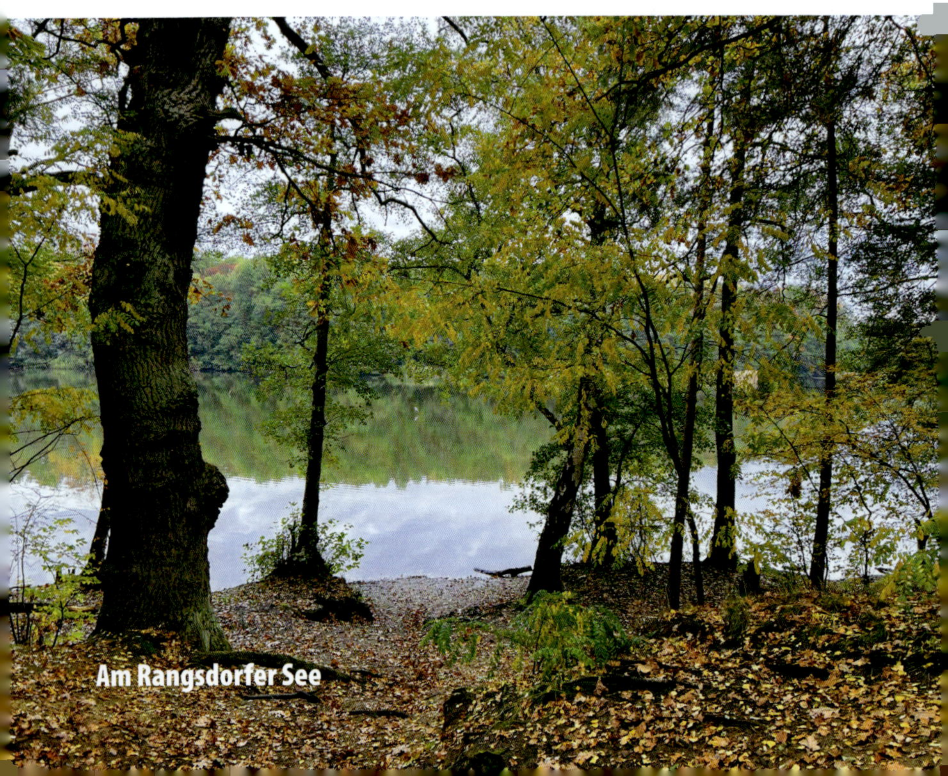

Am Rangsdorfer See

Für die Seele

Unsere Wanderung führt uns von den Ufern des ruhig dahinfließenden Glasowbaches zur faszinierenden Welt der Zugvögel an den Strand des Rangsdorfer Sees.

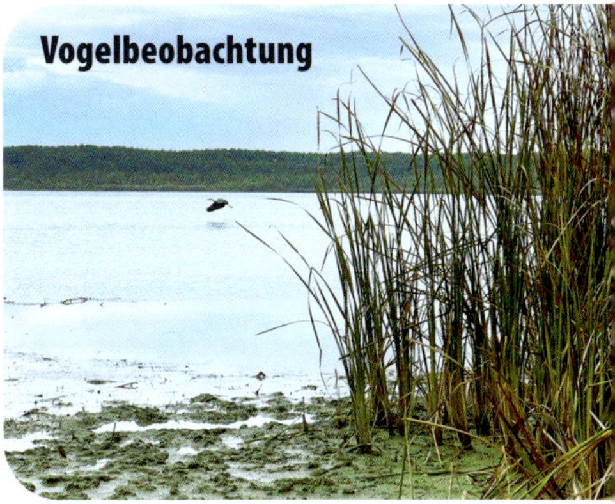

Vogelbeobachtung

Wir setzen unsere Wanderung fort und die rot-weißen Markierungen der Baruther Linie weisen uns den richtigen Weg. Vorbei geht's am **Gelände des Sportvereins Lokomotive Rangsdorf e.V.** Nur wenige Meter hinter dem Sportplatz informiert uns ein Schild über die Geschichte des Strandbades Rangsdorf, das einmal als das Lido des Berliner Südens galt. Wir verlassen hier den Hauptweg und folgen dem schmalen Pfad rechts in den Wald hinein, bis wir kurze Zeit später den Eingang zum **Strandbad Rangsdorf ❷** erreichen. Die Badesaison ist zwar schon vorbei, wir können aber dennoch das Gelände betreten und finden uns an einem einsamen Strand wieder. Kaum vorzustellen, dass sich hier jeden Sommer schon seit fast 100 Jahren Tausende Badegäste tummeln. Wir sind froh, dass wir heute allein sind und genießen beim Picknick auf einer der Bänke den Blick auf den Rangsdorfer See. Im Herbst kann man hier einem sehr eindrücklichen Schauspiel beiwohnen: Aus Skandinavien kommende Reiher ziehen auf dem Weg in ihre Winterquartiere in großen V-förmigen Formationen über den See. Wir sehen allerdings nur vereinzelte Vögel, sind aber ganz hingerissen von diesen majestätischen und gleichzeitig grazilen Geschöpfen.

Wir beenden unser Picknick und machen uns wieder auf den Weg. In der Hochsaison kann man sich in

> **!**
>
> *Sollte das Tor aus irgendeinem Grund verschlossen sein, einfach zum Hauptweg zurückgehen und diesem weiter folgen. Wir stoßen nach unserem kurzen Abstecher zum Strandbad wieder auf die Baruther Linie.*

der **Strandbar LIDO ❸** eine Erfrischung genehmigen. Während der Nebensaison richten sich die Öffnungszeiten nach Wetterlage und Wochenende.

Wir verlassen das Strandbad auf der gegenüberliegenden Seite durch ein weiteres Tor, gehen noch ein wenig am Ufer entlang und passieren das **Seehotel Berlin-Rangsdorf.**

Schließlich führt uns der Weg nach links und wieder zurück zum Hauptweg. Diesem folgen wir 1 Kilometer auf einer asphaltierten Straße und über ganze vier Brücken. An der letzten halten wir uns rechts und erreichen schließlich auf Höhe der **Seeschule Rangsdorf,** die sich in den Gebäuden des ehemaligen Aero-Clubs befindet, eine **Aussichtsplattform ❹** zur Vogelbeobachtung. Nur wenige Meter weiter entdecken wir auf der rechten Seite ein **Denkmal zu Ehren des Grafen von Stauffenberg ❺,** an dem wir kurz verweilen.

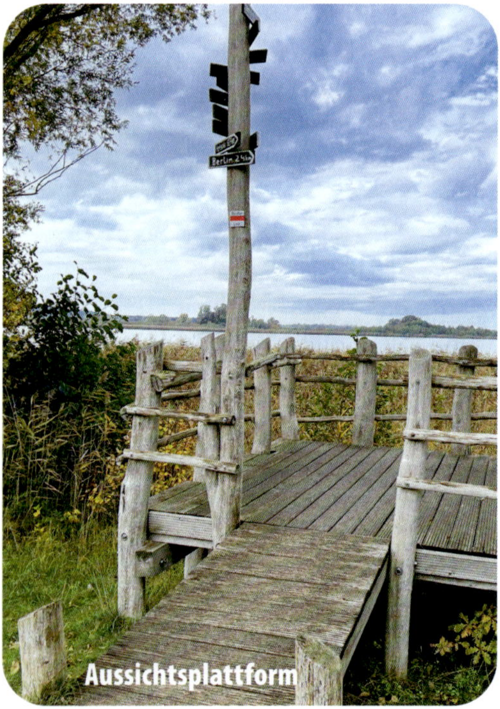
Aussichtsplattform

Kurz nach dem Denkmal erreichen wir eine schön gelegene **Badestelle ❻** mit einem etwas windschiefen Steg. Hier führt der Weg leicht schräg nach links an dem Gelände der Seeschule entlang, um dann wieder auf den Hauptweg zu stoßen. Wir verlassen nun das bebaute Gebiet und erreichen nach etwa 500 Metern den **Zülowkanal,** der wie wir dem Rangsdorfer See den Rücken gekehrt hat und von hier allein weiterläuft. Wir gehen über eine kleine Brücke und folgen dem Kanal für 1,5 Kilometer. Vor uns breiten sich weite Wiesen und Felder aus,

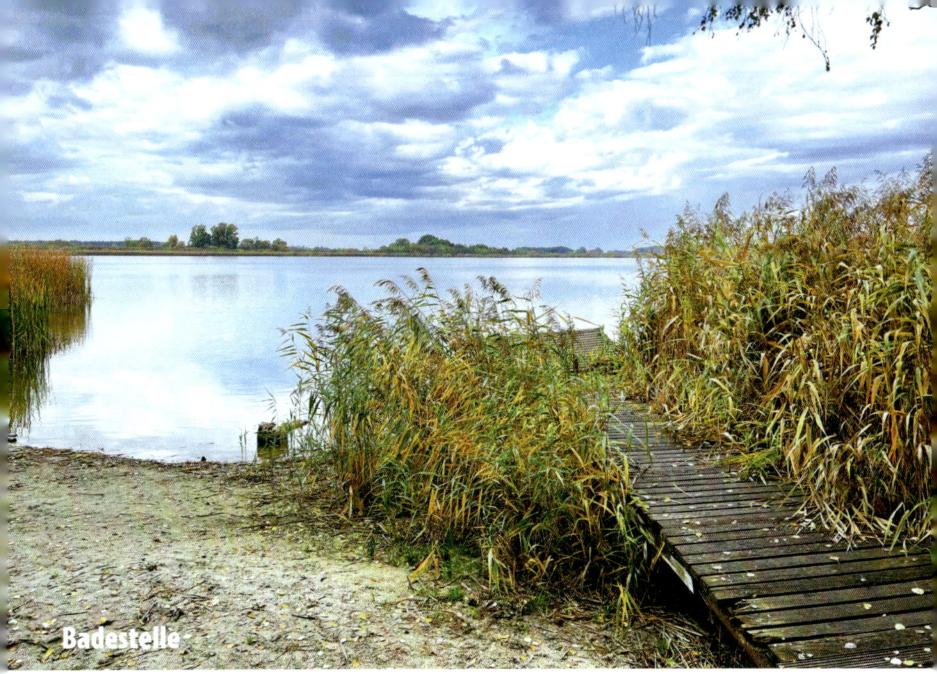

wir genießen den weiten Blick über die tiefgrüne Landschaft, an der sich hier und da schon ein bunter Herbstgruß zeigt.

In der Nähe der Bahnschienen treffen wir auf einen zweispurigen **Plattenweg** und biegen links ab. Es ist nun Zeit, uns von der Baruther Linie zu verabschieden, denn diese verläuft ab hier in entgegengesetzter Richtung weiter nach Südwesten. Wir kommen den Bahngleisen immer näher, auf Höhe eines **Bahnübergangs** halten wir uns links. Der sandige Weg schlängelt sich in leichten Kurven am Saum eines Feldes entlang. Nach knapp 600 Metern verlassen wir den Weg nach rechts und besteigen den **Pramsdorfer Hügel ⑦,** der mit seinen 46 Metern Höhe einen erstaunlich weiten Blick über die ansonsten flache Landschaft des Fläming bietet.

Ein steiler Pfad bringt uns auf der anderen Seite wieder nach unten und wir gehen rechts weiter vorbei am **Modellflugplatz Rangsdorf,** bis wir nach etwa 800 Metern über einen schmalen Weg in ein Wohngebiet und somit langsam zurück in die Zivilisation gelangen. Auf der **Stauffenbergallee** halten wir uns rechts

Claus Schenk Graf von Stauffenberg *startete gemeinsam mit anderen Mitgliedern des militärischen Widerstandes am 20. Juli 1944 vom Flughafen Rangsdorf aus zu seinem Attentatsversuch auf Adolf Hitler und kehrte nach Ende der Mission hierhin zurück.*

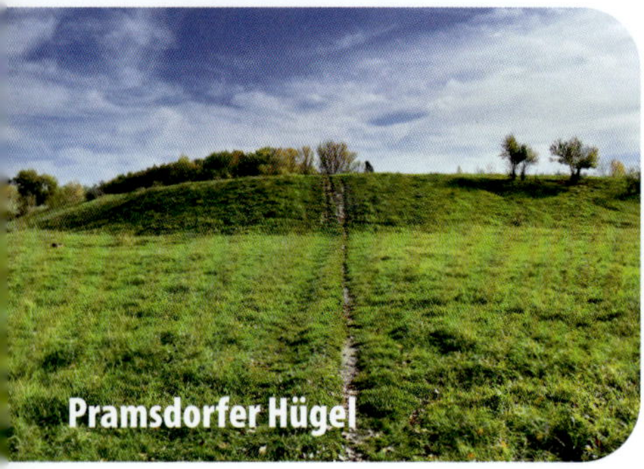

und folgen der in weiten Kurven verlaufenden Straße, bis wir nach rund 400 Metern auf Höhe einer Kita links in die **Puschkinstraße** einbiegen. Dieser folgen wir nun für einen weiteren Kilometer. Wo die Puschkinstraße auf die **Seebadallee** trifft, biegen wir rechts ab. Wir sind auf der Zielgeraden und erreichen nach 500 Metern einen Kreisverkehr, hinter dem sich unser Zielbahnhof Rangsdorf befindet. Hier gibt es auch einige Imbiss- und Einkehrmöglichkeiten, unter anderem das italienische **Restaurant Corallo 8.**

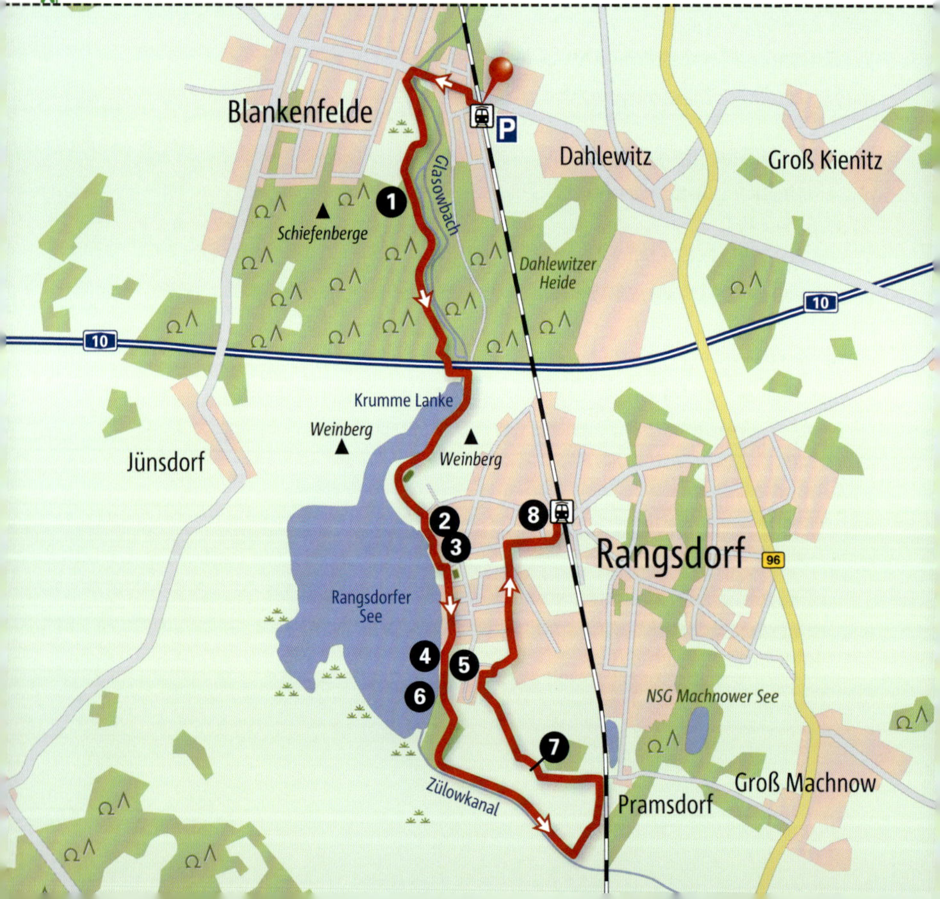

Entspannung ✱✱✱✱✱
Genuss ✱✱✱✱✱
Romantik ✱✱✱✱✱

WIE & WANN:
Befestigte Park- und Waldwege, schmale Asphaltstraßen; ganzjährig gut zu begehen. Zur Vogelbeobachtung sind insbesondere die Monate Oktober und November empfehlenswert.

HIN & WEG:
Auto: Parkplatz vor dem Bahnhof Dahlewitz, 15827 Blankenfelde-Mahlow (GPS: 52.326328, 13.420068)
ÖPNV: RE5 oder RE7 bis Bahnhof Dahlewitz; Rückkehr zum Ausgangspunkt: RE5 oder RE7 ab Bahnhof Rangsdorf

ESSEN & ENTSPANNEN:
Strandrestaurant LIDO Rangsdorf ❸ Am Strand 2, 15834 Rangsdorf, Tel. (0 33 27) 7 40 77 71, www.lido-rangsdorf.de
Ristorante Pizzeria Corallo ❽ Fontaneplatz 1, 15834 Rangsdorf, Tel. (0 3 37 08) 7 14 76, www.ristorantecorallo-rangsdorf.de

ENTDECKEN & ERLEBEN:
Rastplatz Baruther Linie ❶
Strandbad Rangsdorf ❷
Aussichtsplattform Rangsdorfer See ❹
Stauffenbergdenkmal ❺
Badestelle ❻
Pramsdorfer Hügel ❼

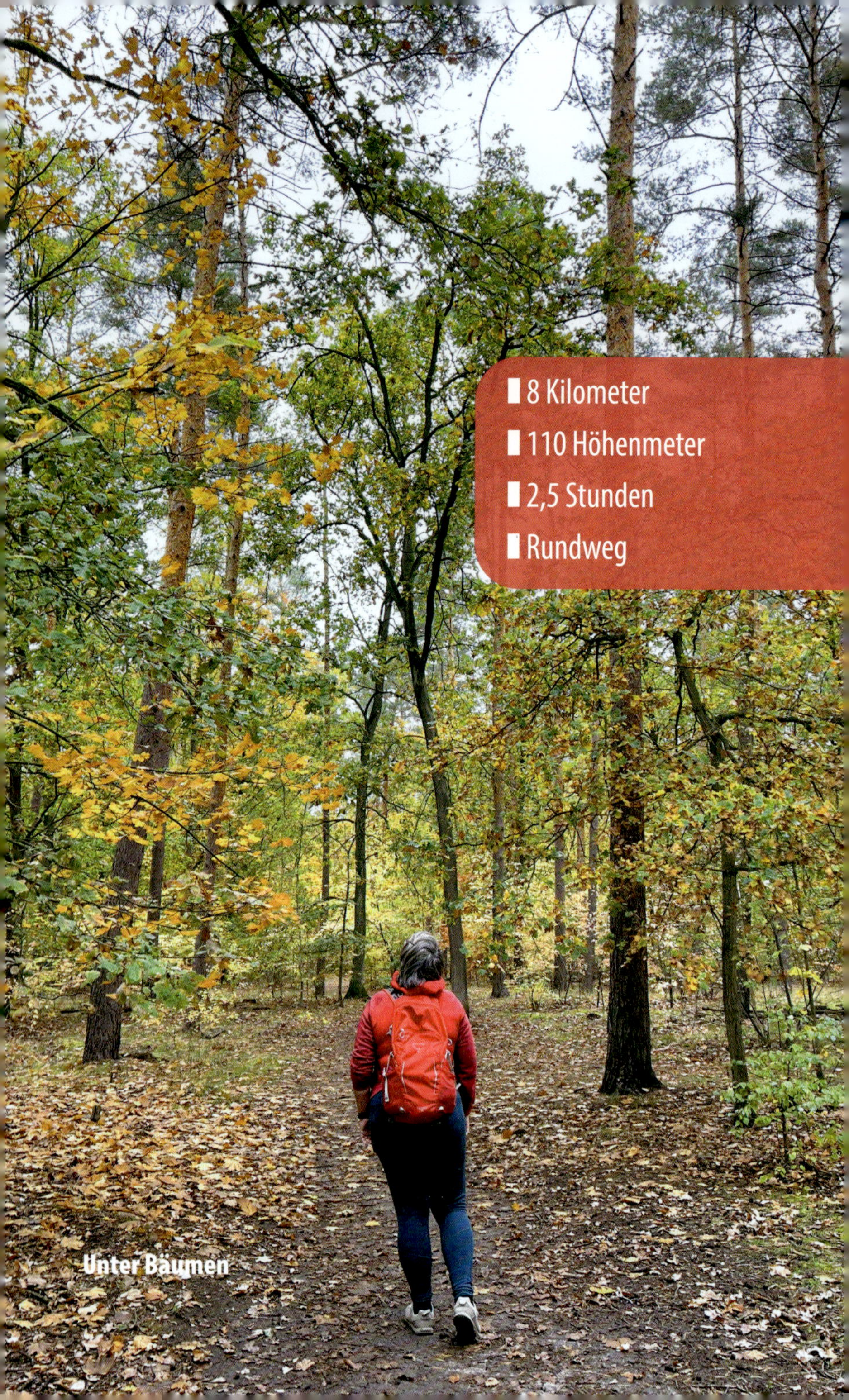

- 8 Kilometer
- 110 Höhenmeter
- 2,5 Stunden
- Rundweg

Unter Bäumen

Von der S-Bahn-Station Grunewald starten wir vorbei am **Restaurant Scheune** ❶, unterqueren zunächst die Avus/A115 und kreuzen dann die **Eichkampstraße.** Die gemütliche **Taverna Inos** ❷ lassen wir für den Moment rechts liegen und gehen über den Parkplatz leicht rechts in den Grunewald hinein. Berlins größtes Wald-

Bergduo

Entdeckungstour durch den Grunewald

gebiet macht bereits hier auf den ersten Metern seinem Namen alle Ehre und empfängt uns mit seinen mächtigen Laubbäumen, die eine herbstlich bunte Allee bilden.

Dieser folgen wir etwa 400 Meter schnurgeradeaus, bis sich der Weg teilt und wir uns für den rechten Abzweig entscheiden. Nach knapp 100 Metern treffen wir auf einen Querweg und biegen rechts ab. Wir erreichen einen **Waldknotenpunkt,** an dem mehrere Wege zusammenkommen und halten uns hier links. Der Pfad führt uns knapp 1,5 Kilometer unter hochgewachsenen Kiefern und gelb-orange gefärbten Linden hindurch. Dabei überqueren wir einen doppelspurigen Querweg und wandern am nächsten **Wegestern** halb rechts weiter, bis wir nach knapp 500 Metern links abbiegen und schließlich auf die **Teufelsseechaussee** treffen. Wir bleiben nur wenige Meter auf der kleinen

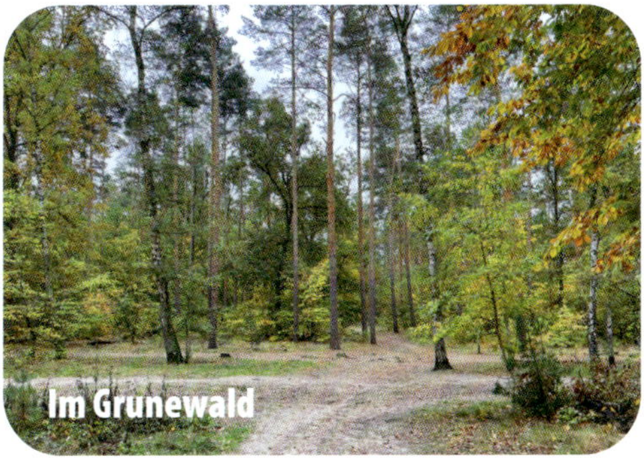

Im Grunewald

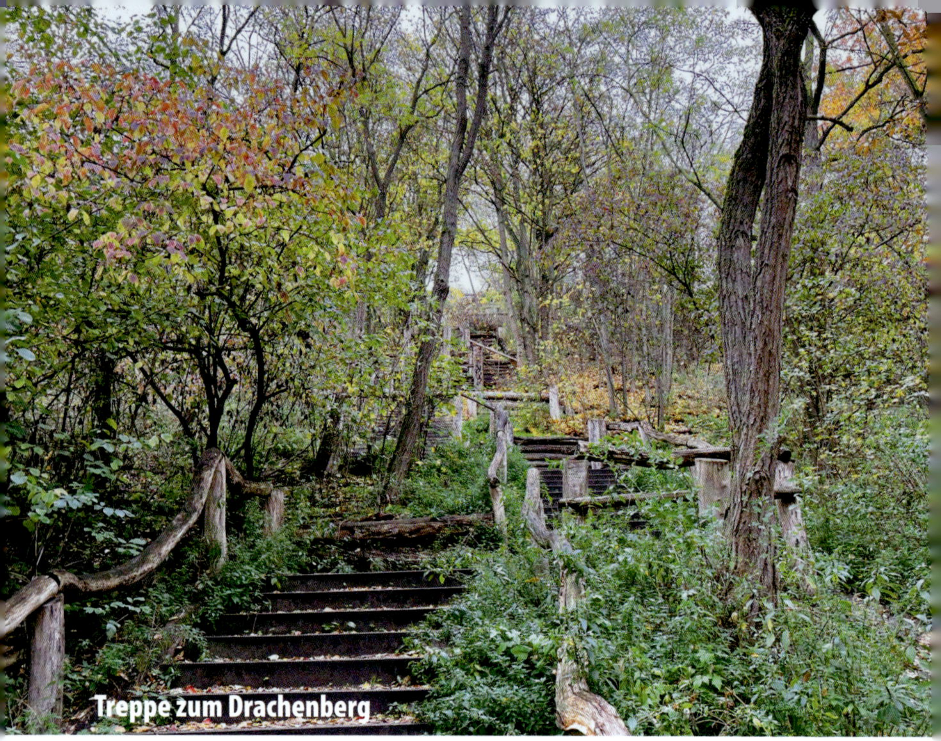

Straße, bis wir einen Parkplatz erreichen, auf den wir links abbiegen. An der gegenüberliegenden rechten Ecke sehen wir schon von Weitem, was uns für die nächsten Wanderminuten beschäftigen wird: eine lange **Treppe,** deren Ende wir nur erahnen können. Dann also mal ran an den Aufstieg auf den Drachenberg. Der kleine Bruder des weitaus bekannteren Teufelsbergs ist mit seinen 99 Metern zwar nicht die höchste Erhebung hier im Grunewald, allerdings hat man von seinem Gipfel einen der besten Ausblicke auf die Hauptstadt. Aber ohne Fleiß kein Preis, Stufe um Stufe steigen wir höher. Die knorrigen Geländer aus verblichenen Ästen wirken wie aus einem Abenteuerfilm und ein Blick zurück auf das unendliche Grün unter uns, lässt uns ein wenig wie Stadtrand-Eroberer fühlen.

Wir treten schnaufend auf das **Drachenbergplateau ❸,** wo uns sofort die charakteristische Silhouette der ehemaligen Abhörstation auf dem Teufelsberg ins Auge fällt. Zuerst wenden wir uns jedoch nach rechts, um die Aussicht auf die Berliner City West zu genießen.

Erst dann machen wir uns auf, den Drachenberg im Uhrzeigersinn halb zu umrunden. Dabei behalten wir unser späteres Ziel, den Teufelsberg, immer im Blick.

Auf der anderen Seite der Erhebung angekommen, halten wir uns links, wo ein Pfad relativ steil nach unten führt. In einem weiten Bogen gehen wir bald wieder ebener um den Drachenberg herum. Nach rund 300 Metern kommen wir an eine **Lichtung,** wo sich der Weg mehrfach teilt. Wir halten uns halb links und gehen tiefer in den Wald hinein.

Für die Seele

Wir durchwandern den malerischen Grunewald im Westen Berlins, steigen auf sagenumwobene Berge und lassen unseren Blick über die Stadt schweifen.

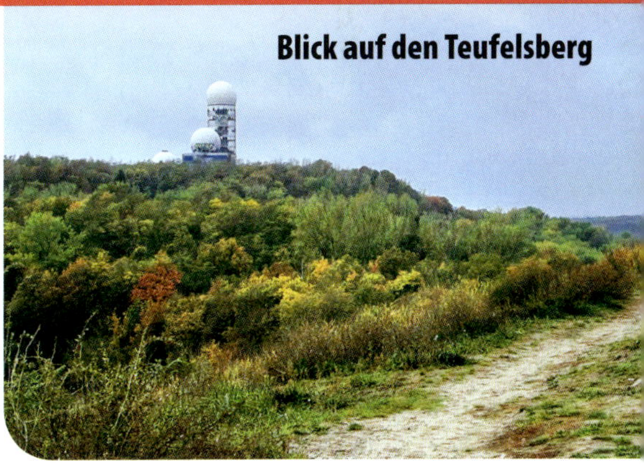

Blick auf den Teufelsberg

Schon nach 100 Metern treffen wir auf einen breiteren Sandweg, in den wir zuerst rechts einbiegen und bei nächster Gelegenheit einem anderen Weg nach links folgen, der leicht bergab verläuft und schließlich auf eine schmale Asphaltstraße trifft. Dieser folgen wir für die nächsten etwa 700 Meter leicht bergauf. Im Vergleich zum Drachenberg erklimmen wir den Gipfel des Teufelsberges sehr viel gemächlicher. Bei unserem Aufstieg kreuzen wir mehrere Wege, die wir aber ignorieren. Erst kurz vor dem Gipfel führt ein kleiner Abstecher links zu einem **Aussichtspunkt** mit einer Bank für eine willkommene kurze Verschnaufpause. Als beson-

*Der **Drachenberg** besteht, wie auch der Teufelsberg, aus Weltkriegstrümmern und hat seinen Namen von der Vorliebe der Berliner, auf dem wenig bewachsenen Gipfelplateau ihre Drachen steigen zu lassen.*

*Der **Teufelsberg** ist ein Trümmerberg und mit seinen 120 Metern die zweithöchste Erhebung Berlins. Nach dem Zweiten Weltkrieg entdeckte das US-Militär den Berg als perfekten Standort für eine Abhöranlage, die ab den 1950er-Jahren bis zur Wende genutzt wurde.*

deren Bonus genießen wir von hier einen schönen Weitblick über den Grunewald.

Bei der Ankunft am Gelände des **Teufelsbergs** ④ wird uns bewusst, warum dieser Ort einer der berühmtesten Lost Places Deutschlands ist. Durch die Maschen eines Zauns, an dem wir entgegen dem Uhrzeigersinn entlanggehen, kann man die zum Teil stark verfallenen und mit Graffiti bemalten Gebäude sehen. Plötzlich öffnet sich das dichte Grün über uns und gibt den Blick frei auf das Herzstück des Areals: den markanten **Turm** und die umliegenden weißen Kuppeln der **ehemaligen Abhörstation.** Umgeben ist das Ensemble von dichtem Buschwerk und mit Efeu bewachsenen Bäumen.

Wir gehen weiter um den Berg herum, bis wir den Eingangsbereich für eine genauere Erkundung der Ruinen erreichen. Ein Besuch der Innenanlage ist unbedingt empfeh-

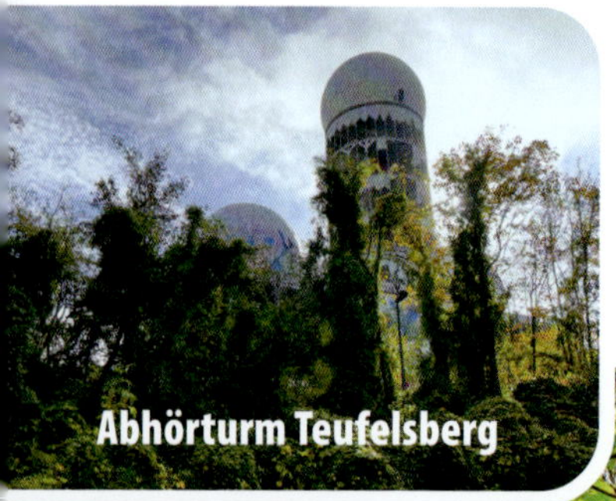

Abhörturm Teufelsberg

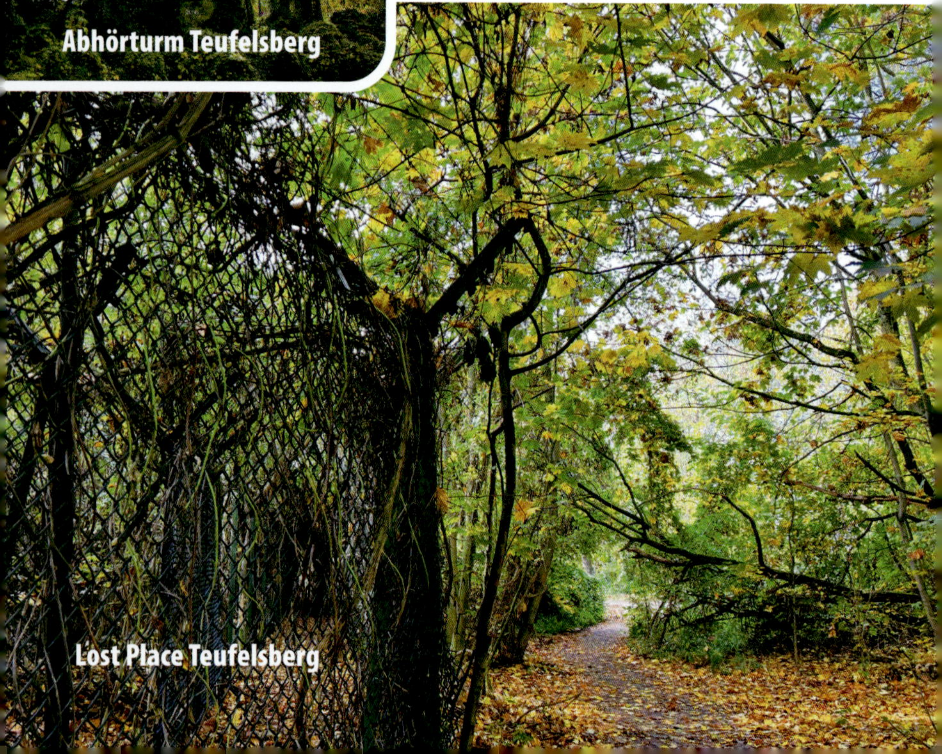

Lost Place Teufelsberg

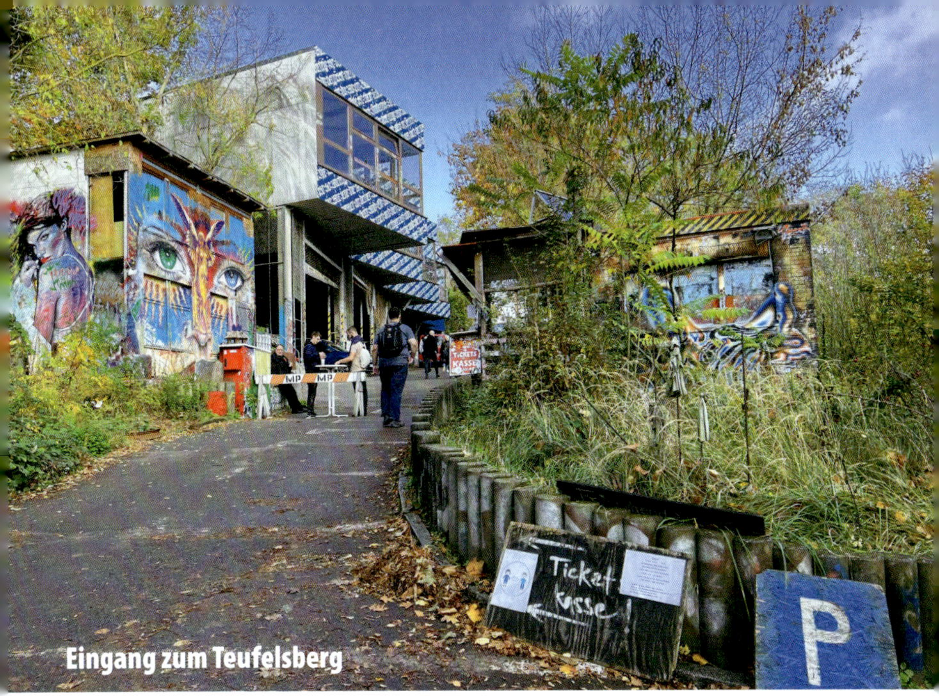

Eingang zum Teufelsberg

lenswert. Bei einer Führung erfährt man das Wichtigste über die Historie dieses einzigartigen Ortes, anschließend kann man vom Abhörturm aus den 360°-Rundblick über Berlin auf sich wirken lassen.

In Serpentinen führt uns der Weg wieder herunter und nach 400 Metern kommen wir an den Parkplatz, wo wir wieder auf die uns schon bekannte **Teufelsseechaussee** treffen. Wir gehen an einem weiteren Parkplatz vorbei und betreten hier das **Naturschutzzentrum Ökowerk Berlin ❺.** Unsere besondere Aufmerksamkeit zieht das beeindruckende Backsteingebäude mit seinem hohen Schornstein auf sich. Es handelt sich dabei um das älteste als Gesamtanlage erhaltene Wasserwerk Berlins. Auf unserem Rundgang stoßen wir auf weitere spannende Details. Neben dem Erlebnisgarten im hinteren Teil des Geländes erfreut uns auch der leckere Kuchen in dem netten kleinen **Bistro ❻.**

Hinter dem Bistro verlassen wir das Gelände nach rechts und kommen nach wenigen Schritten durch den Wald an den **Teufelssee ❼.** Hier setzen wir uns kurz ans Ufer und beobachten die Wasseroberfläche, die sich im

*Das **Ökowerk Berlin e.V.** ist ein seit mehreren Jahrzehnten bestehender Lern- und Erlebnisort für natur- und umweltrelevante Themen mit vielen umweltpädagogischen Angeboten. Außerdem beteiligt sich das Ökowerk auch an der Renaturierung der Grunewaldmoore.*

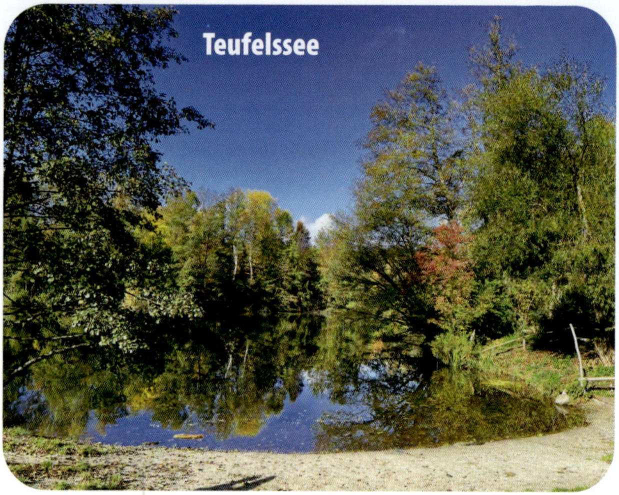

Wind leicht kräuselt. Im Sommer kann man im Teufelssee ein erfrischendes Bad nehmen und sich auf der schönen **Liegewiese** von der Sonne trocknen lassen. Uns ist es ein wenig zu frisch und so lassen wir den See schweren Herzens hinter uns, um über die Wiese nach oben zu einem breiteren Weg zu gelangen. Wir überqueren ihn und gehen noch ein Stück geradeaus durch den Wald. Kurz darauf biegen wir links in den **Schildhornweg** ein, folgen ihm für ein paar wenige Meter und biegen bei nächster Gelegenheit rechts ab in Richtung unseres letzten Tour-Highlights für heute. Der Weg führt leicht bergab und plötzlich stehen wir vor einem wirklich beeindruckenden Haufen Sand. Kinder rollen sich den dünenähnlichen **Sandberg** 8 hinunter, bauen Burgen und machen es sich auf Picknickdecken hier am „Grunewaldstrand“ gemütlich.

*Die **Sandgrube** im Jagen 86 wurde von 1966 bis 1983 industriell zum Sandabbau genutzt und ist seit 1992 ein Naturschutzgebiet mit Lebensraum für zahlreiche Amphibien, Brutvögel, Wildbienen und über 300 Farn- und Blütenpflanzen.*

Die Sandgrube ist wirklich eine einzigartige Erscheinung, wir gehen rechts an ihr vorbei weiter geradeaus über eine Wiese. Zur Rechten liegt ein kleiner **Tümpel** mit Schilfufer. Wir genießen die herbstlichen Sonnenstrahlen auf dem freien Feld, bevor wir wieder leicht rechts in den Wald hineingehen. In einer Serpentine führt der Weg leicht bergauf und trifft im weiteren

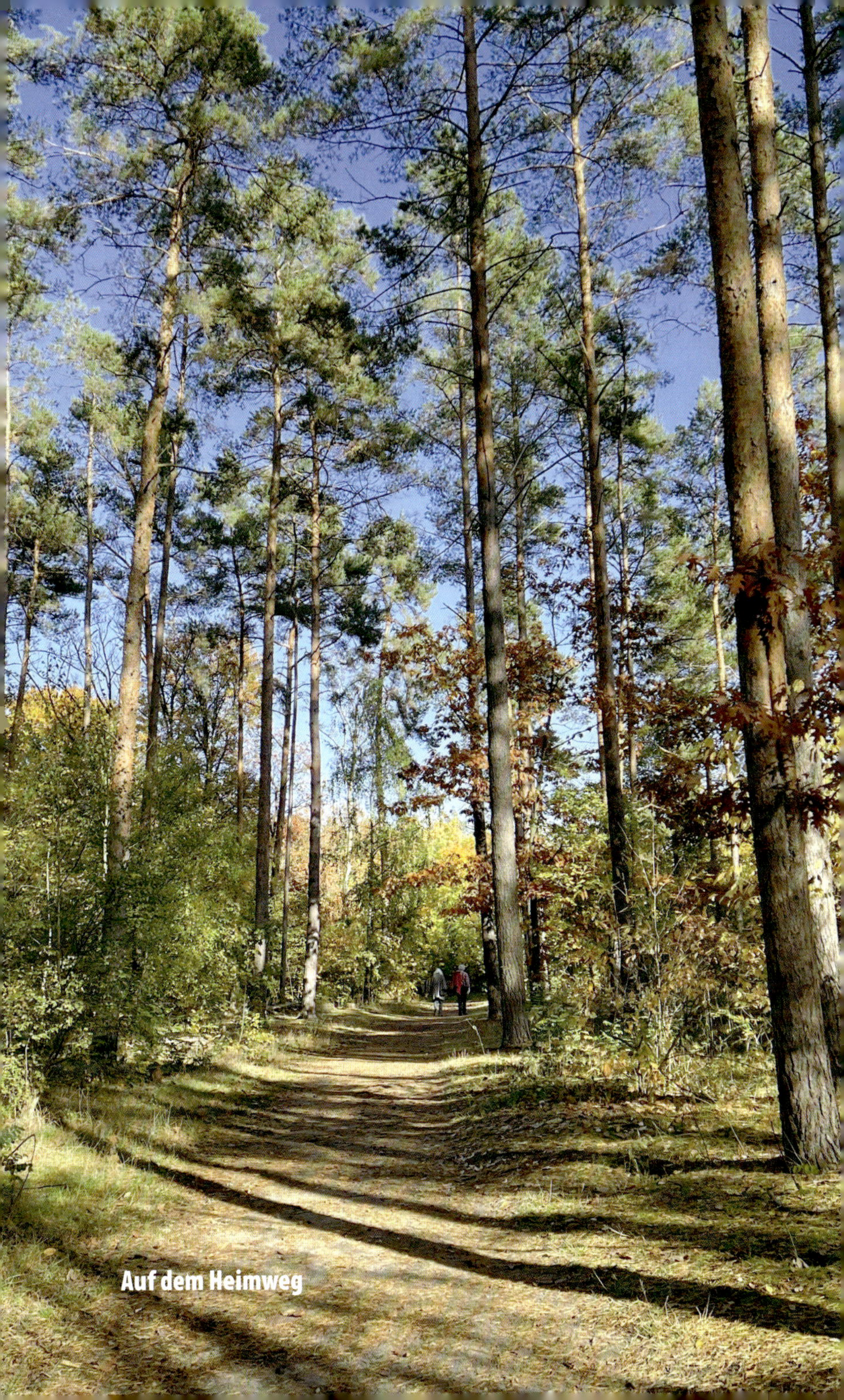

Auf dem Heimweg

Verlauf auf eine **Verbindungsstraße,** an der wir links abbiegen. Hier stehen uns zwei Wege zur Auswahl. Wir entscheiden uns für den oberen und an der nächsten Gabelung halten wir uns links, bis wir auf eine weitere Kreuzung treffen, wo wir an der **Bezirksgärtnerei** rechts abbiegen. Nach wenigen Metern verlassen wir den Weg jedoch schon wieder halb links und befinden uns nun fast am Ende unserer Tour. Gut 500 Meter bleiben uns noch, um uns vom Grunewald zu verabschieden, bevor wir auf jenen Parkplatz treffen, an dem wir unsere Wanderung begonnen haben. Die Einkehr in der **Taverna Inos** haben wir uns auf jeden Fall verdient. Zurück zur S-Bahn geht es von der **Eichkampstraße** durch die Autobahnunterführung.

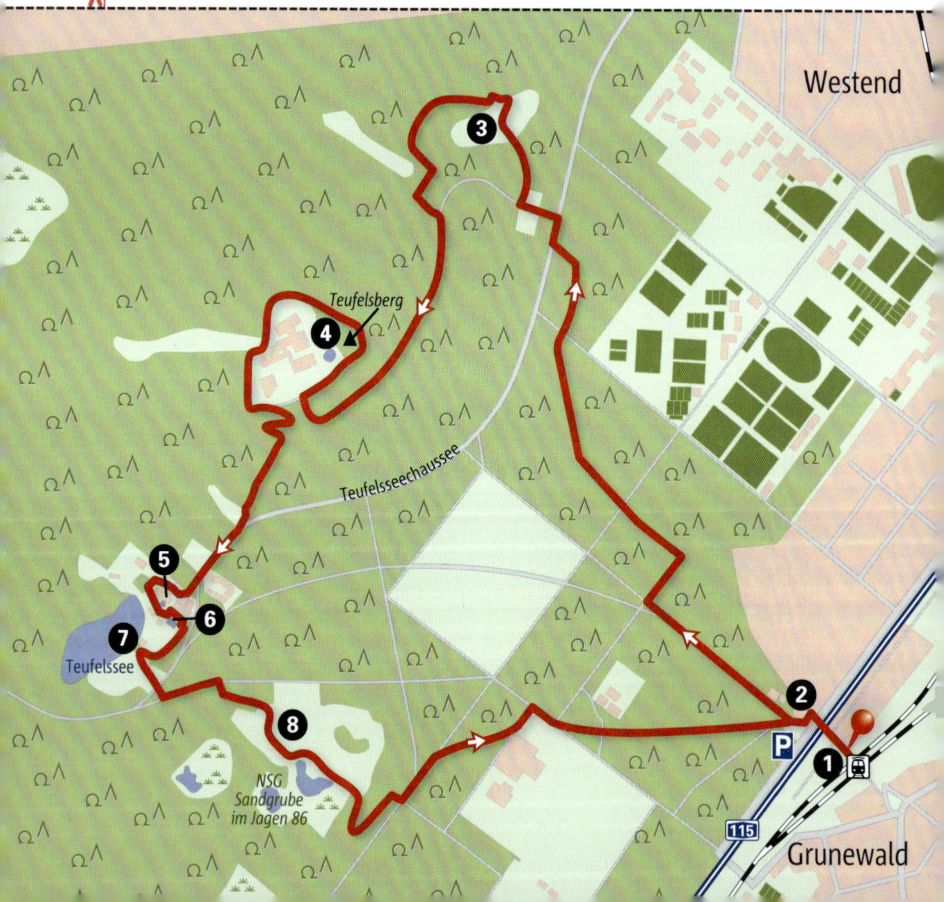

WIE & WANN:
Die befestigten Waldwege sind im Prinzip ganzjährig zu begehen. Lediglich beim Abstieg vom Drachenberg kann es bei feuchtem Wetter rutschig werden.

Entspannung ★★★★★
Genuss ★★★★☆
Romantik ★★★☆☆

HIN & WEG:
Auto: Parkplatz vor der Taverna Inos, 14193 Berlin (GPS: 52.489312, 13.259858)
ÖPNV: S7 bis S-Bahn-Station Grunewald

ESSEN & ENTSPANNEN:
Restaurant Scheune ❶ Eichkampstraße 155, 14055 Berlin, Tel. (0 30) 8 92 49 03, www.scheune-restaurant.de
Taverna Inos ❷ Eichkampstraße 156, 14055 Berlin, Tel. (0 30) 34 62 47 80, www.taverna-inos.de
Ökowerk-Bistro ❻ Teufelsseechaussee 22, 14193 Berlin, www.oekowerk.de/oekowerk/das-bistro/

ENTDECKEN & ERLEBEN:
Aussichtspunkt Drachenberg ❸
Teufelsberg mit der ehemaligen Abhörstation ❹ Teufelsseechaussee 10, 14193 Berlin, www.teufelsberg-berlin.de
Naturschutzzentrum Ökowerk Berlin e.V. ❺
Badestelle Teufelssee ❼
Sandgrube ❽

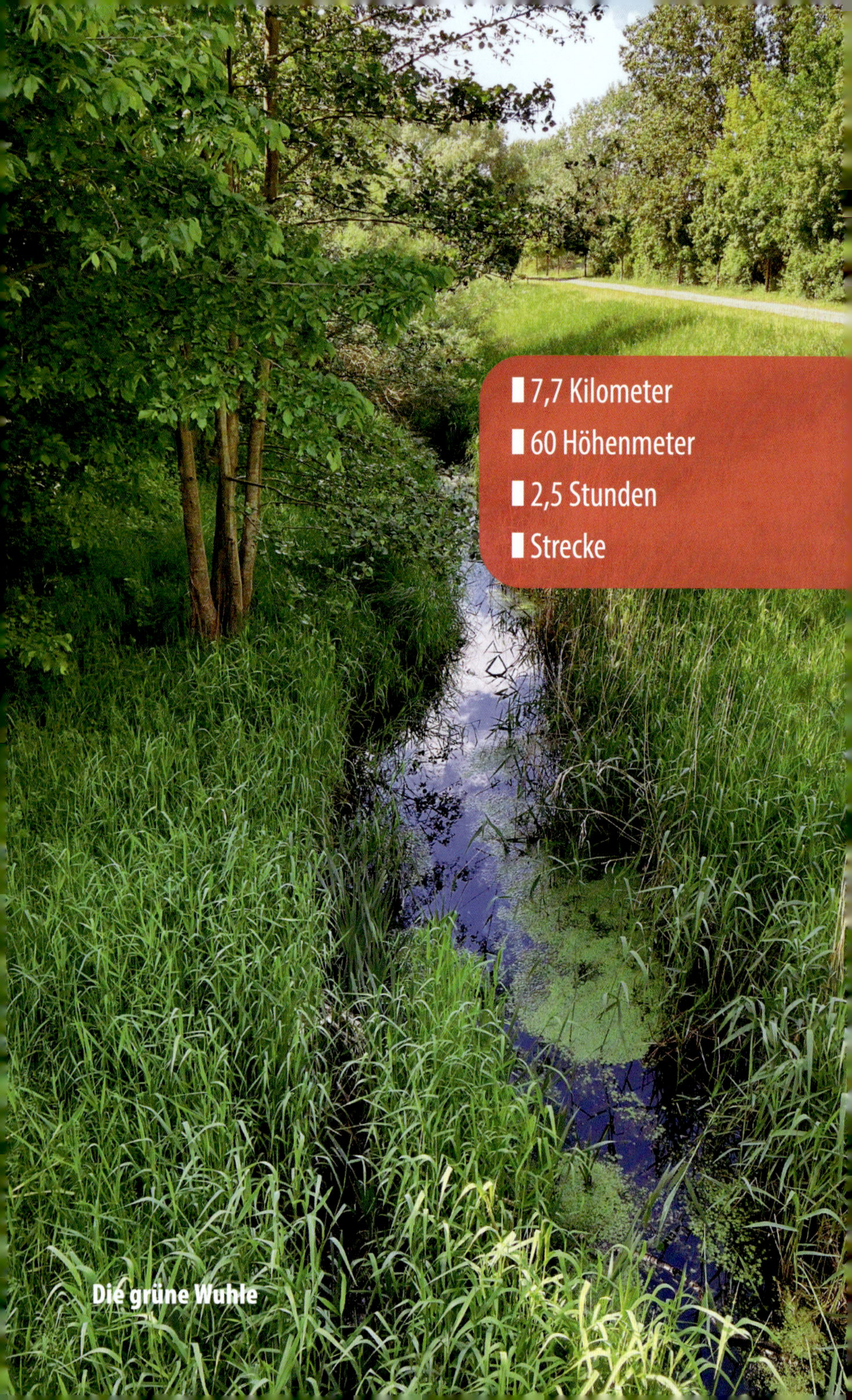

Die grüne Wuhle

Unsere Wanderung beginnt wenig besinnlich an der S-Bahn-Station Ahrensfelde, wo wir zunächst die **Märkische Allee** überqueren, uns rechts Richtung Süden halten und unseren ersten Tourenkilometer entlang der viel befahrenen Straße schnellstmöglich hinter uns bringen. Gut 200 Meter nachdem wir die **Wittenberger Straße** überquert haben, biegen wir endlich links ab und laufen entlang der in Berlin allgegenwärtigen Fernwärmerohre, die mit bunten Graffitis verziert sind. Wenige Meter später halten wir uns rechts und betreten eine Allee mit jungen Eichen, die uns durch den **Seelgrabenpark** ❶ mit seinen ausgefallenen Pausenplätzen und interessanten Installationen des Künstlerpaars Christine Gersch und Igor Jerschov führt.

Weite Blicke

Aussichtsreich durchs Wuhletal

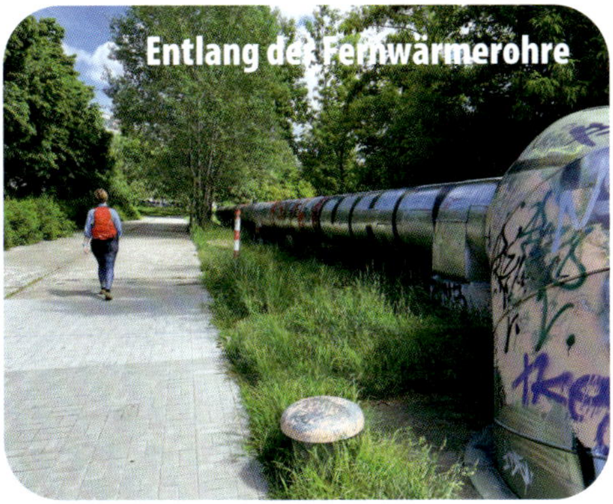

Entlang der Fernwärmerohre

So wandern wir uns langsam warm und erfreuen uns am frühsommerlichen Vogelgezwitscher. Aus einer von Misteln bewohnten Pappel schallt uns der Ruf des Kuckucks entgegen. Kaum zu glauben, dass wir eben noch auf einer zweispurigen Stadtstraße unterwegs waren, denn nun genießen wir ein echtes urbanes Naturparadies.

Kurz nachdem wir die Tramschienen überquert haben, verlassen wir den Weg nach links, um einen Abstecher zum **Borkenheider Teich** ❷ zu machen. Er ist

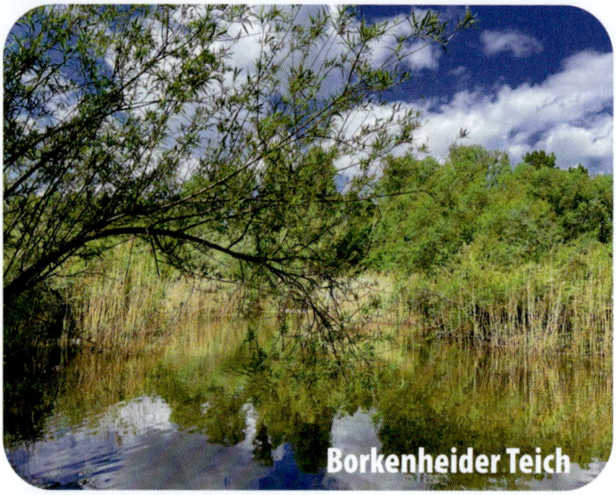
Borkenheider Teich

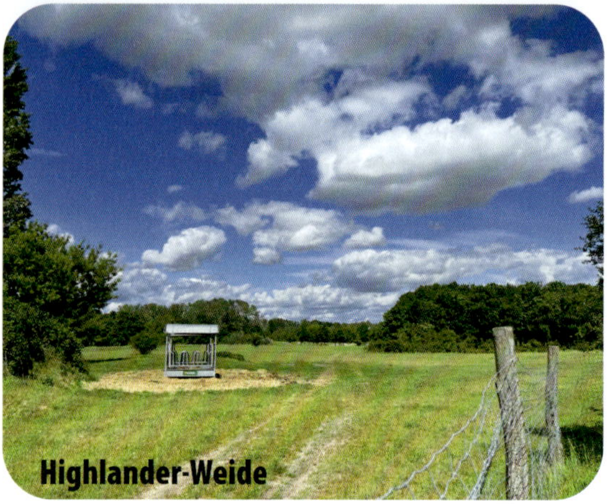
Highlander-Weide

nicht groß und hat doch alles, was ein winziger See braucht. Ein Stockentenpärchen zieht seine Kreise, das dichte Schilf verbirgt seine Jungen. Die anderen Enten lassen es ruhig angehen, sie sonnen sich entspannt auf Baumstämmen. Wir beobachten das Teichleben noch eine Weile und schlendern dann weiter. Zurück auf dem Hauptweg kreuzen wir nach 200 Metern die **Kemberger Straße.** Auf der linken Seite beginnt nun das Reich der schottischen Hochlandrinder. Man muss schon ein bisschen Glück mitbringen, wenn man auf der weitläufigen **Weide im Eichepark ❸** eines der rothaarigen Geschöpfe sehen möchte. Wir hatten wohl zu wenig eingepackt, denn wir konnten keinen Highlander entdecken.

Wir setzen unseren Weg entlang der **Neuen Wuhle** fort. Nach 200 Metern erreichen wir eine Brücke. Hier präsentiert sich uns das Flüsschen zum ersten Mal in seiner ganzen Pracht. Nach dem Überqueren der Brücke gehen wir geradeaus einen steilen Stichpfad hinauf. Von einer kleinen Lichtung aus sehen wir schon den **Aufstiegspfad auf den Ahrensfelder Berg,** der wie eine Sprungschanze vor uns liegt.

*Für einen **barrierearmen Aufstieg** nach der Brücke den Wegweisern Richtung „Aussicht Ahrensfelder Berg" folgen. Der Weg ist länger, wir werden ihn für den Abstieg nutzen.*

Schritt für Schritt steigen wir höher. Immer wieder halten wir kurz inne, um zu schauen, wie weit wir schon gekommen sind. Je höher wir sind, desto mehr weitet sich unser Blick. Trotz der Anstrengung genießen wir den Aufstieg, denn auch das tut gut: sich einfach mal so richtig auszupowern, alles aus den Muskeln herauszuholen, um die eigene Kraft und Energie richtig zu spüren.

Für die Seele

Von den grünen Ufern der ruhig dahinfließenden Wuhle geht es auf den Großen Ahrensfelder Berg, wo uns die Stadt in all ihrer Größe zu Füßen liegt.

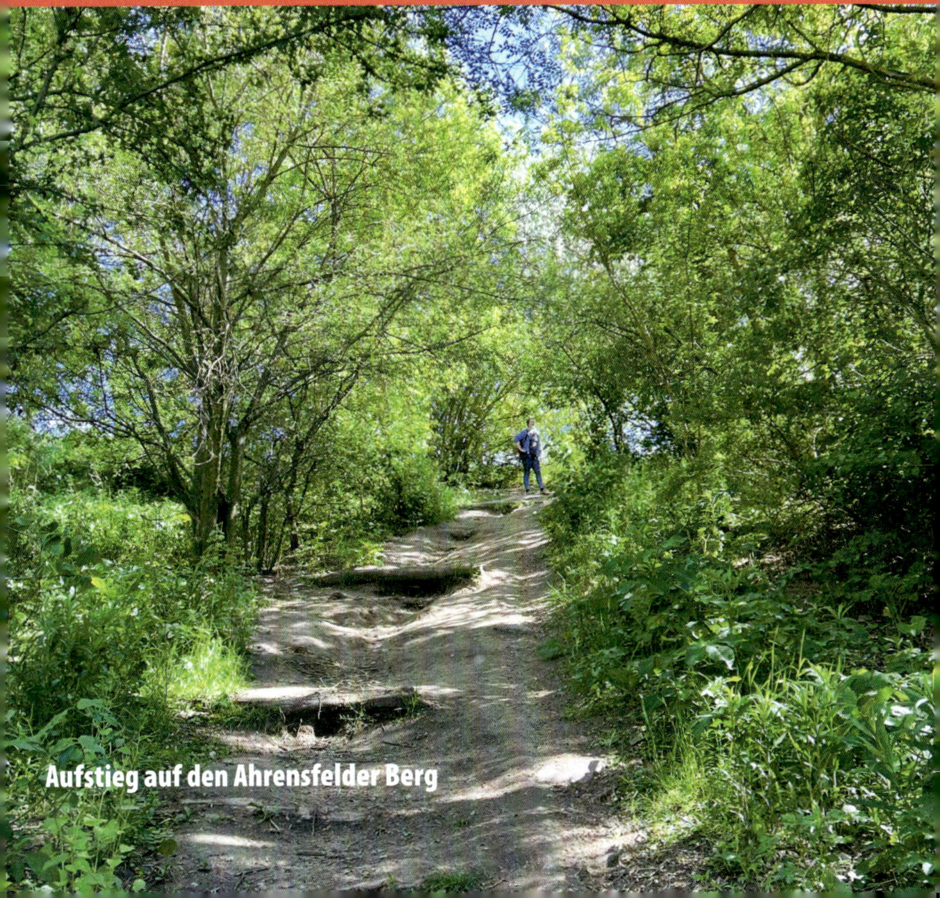

Aufstieg auf den Ahrensfelder Berg

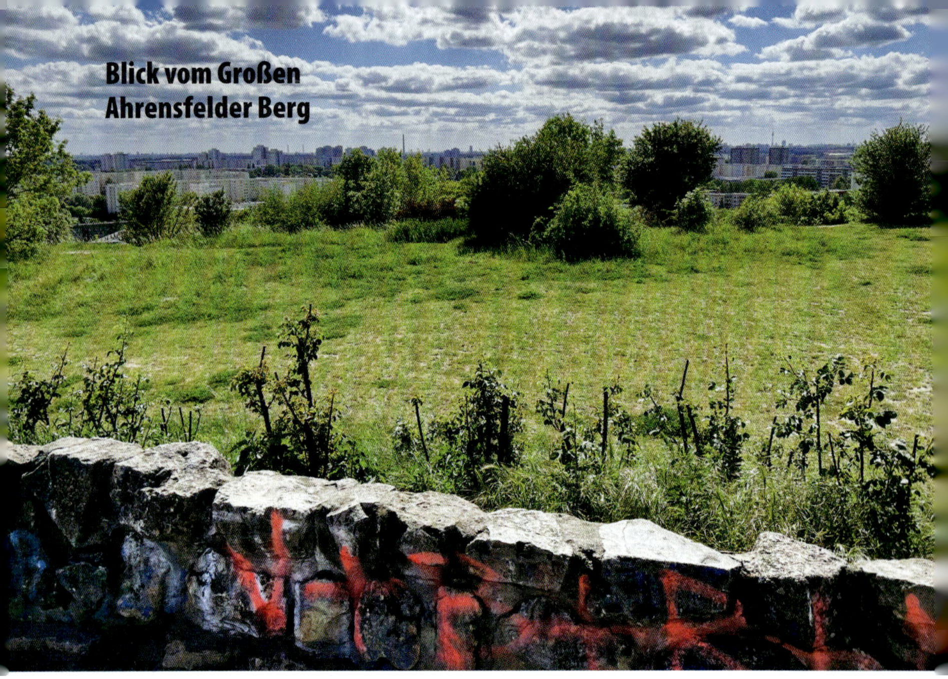

Blick vom Großen Ahrensfelder Berg

Die **„Gärten der Welt"** sind eine Parkanlage, in der man internationale Gartenkunst von Bali über Marokko bis England bestaunen kann. 2017 fand hier die Internationale Gartenausstellung (IGA) statt, seitdem kann man hier sogar Seilbahn fahren.

Oben angekommen sind wir überwältigt von der Aussicht, die sich uns bietet. Kein Wunder, sind wir doch auf der für Berlin schon recht bemerkenswerten Höhe von 114 Metern. Das **Gipfelplateau Großer Ahrensfelder Berg** 4 bietet viel Platz für ein zünftiges Picknick, bei dem man die großartige Aussicht voll auskosten kann. Von hier aus sehen wir auch unser Ziel – den **Kienberg** in den **„Gärten der Welt"** mit seinem modernen Aussichtsturm.

Für den Abstieg wählen wir den weniger anspruchsvollen breiten Weg, der in sanften Kurven leicht abwärts um den Berg herumführt. Nach etwa 250 Metern kommen wir an eine **Waldkreuzung.** Hier folgen wir dem breiten Schotterweg, der links leicht bergab verläuft und uns nach 750 Metern aus dem angenehm schattigen, fast dschungelartigen Wald wieder hinaus in das gleißende Sonnenlicht führt.

Vorbei am kleinen **Fasanenpfuhl** gehen wir weiter geradeaus und überqueren auf einer hölzernen Brücke die Wuhle. Dort empfängt uns das unablässige Rauschen des Verkehrs auf der **Landsberger Allee,** für einen kurzen Moment sind wir wieder zurück in der Großstadtrealität. Wir gehen über die Straße und halten uns links. Nach dem Überqueren einer weiteren Brücke, biegen wir rechts in die **Zossener Straße.** Diese verlassen wir aber gleich wieder und folgen den Wegweisern nach rechts, die uns zurück auf den **Wuhletalweg** führen, den wir nun einen guten Kilometer entlangwandern. Nach etwa 500 Metern entscheiden wir uns an einer Gabelung für den naturbelasseneren Pfad, der rechts ganz nah an der Wuhle verläuft. Das Gras wächst dicht und saftig zu beiden Seiten des Weges, die Weiden am Ufer des Flusses strecken ihre Zweige ins Wasser und wir sind einfach nur froh, an diesem sonnigen Tag in der Natur zu sein.

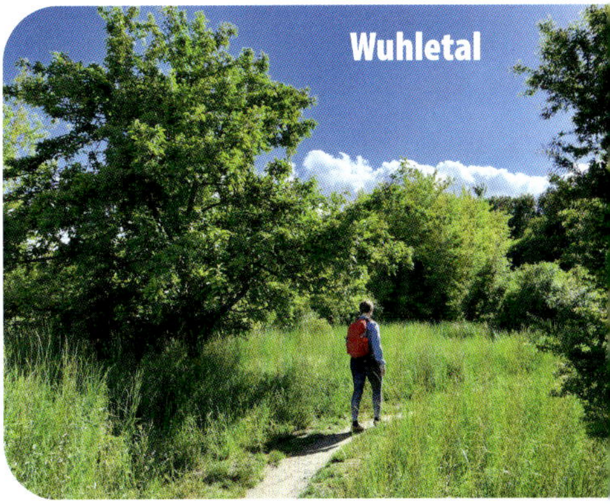
Wuhletal

350 Meter weiter treffen wir wieder auf den **Wuhletalweg,** auf dem wir nach wenigen Metern die **Eisenacher Straße** überqueren und unseren Weg entlang der Wuhle fortsetzen. Immer wieder gibt es Bänke zum Verweilen. Auch der perfekte Kletterbaum begegnet uns am Wegesrand. Beim Weitergehen erblicken wir in der Ferne die Kabinen der Seilbahn von den Gärten der Welt. Nach rund 800 Metern verlassen wir den Rad- und Fußweg links über eine Rollstuhlrampe, die uns nach oben führt. Am Ende der Rampe halten wir uns rechts und gehen auf einem Schotterweg weiter. Auf einer Bank gönnen wir uns eine kurze Pause und beobachten, wie die Leute in den Gondeln über den Park schweben.

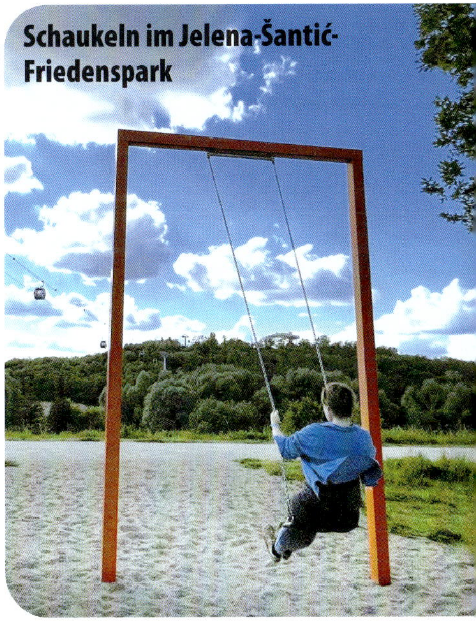
Schaukeln im Jelena-Šantić-Friedenspark

Der Schotterweg verläuft durch den **Jelena-Šantić-Friedenspark** ❺ bis

Panoramatour 6

auf der linken Seite eine Treppe nach oben zu einigen mysteriösen, orangefarbenen Metallrahmen führt. Beim Näherkommen sehen wir, dass es sich dabei um riesige Schaukeln handelt. Es ist wunderbar, auf einer Riesenschaukel schwingend den Blick über den Kienberg und die Gärten der Welt zu genießen!

Nach diesem kurzen Ausflug in Kindertage geht es auf der anderen Seite des Berges nach unten zur **Talstation der Seilbahn 6,** an der wir rechts vorbeigehen und auf der anderen Straßenseite schon die U-Bahn-Station Kienberg erkennen, an der unsere Tour endet. Man kann aber auch noch rasch in die Seilbahn hüpfen und eine Besichtigung der **Gärten der Welt 7** dranhängen.

***Jelena Šantić** (1944 bis 2000) war eine serbische Primaballerina und Friedensaktivistin. Als Begründerin des Zentrums für Antikriegsaktionen ist sie noch immer eine Symbolfigur für ein friedliches Miteinander der Menschen in den Ländern des ehemaligen Jugoslawiens.*

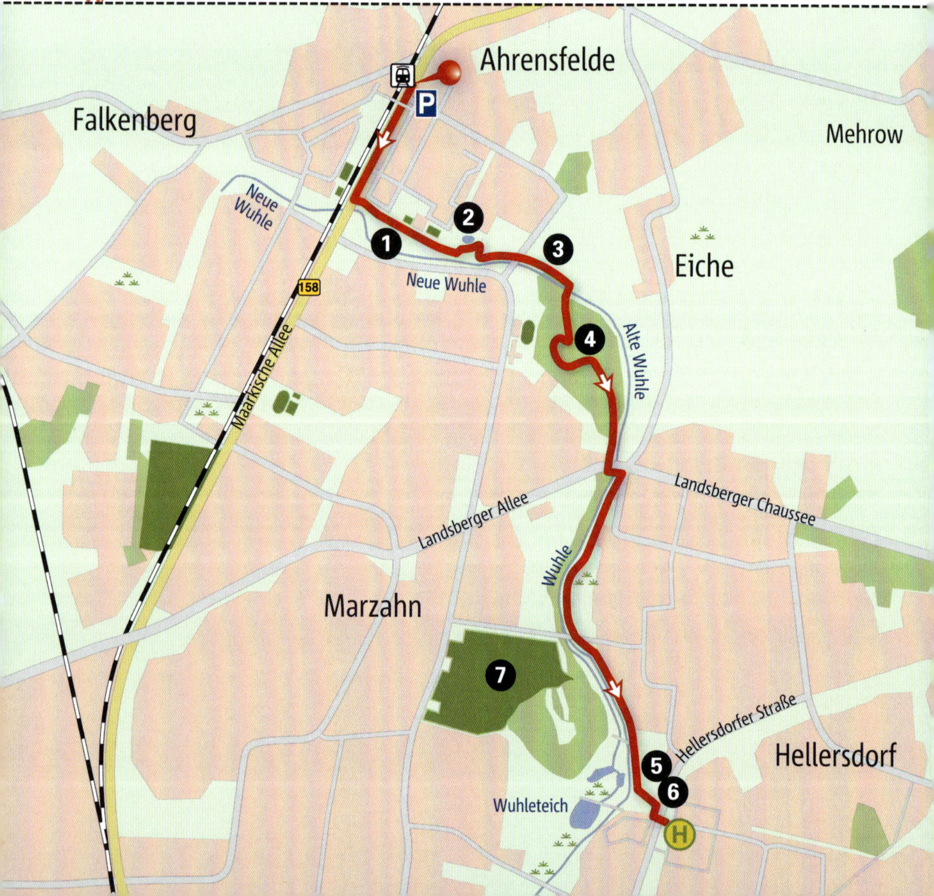

Alles auf einen Blick

WIE & WANN:
Befestigte Schotterwege und Wiesenpfade, im Prinzip ganzjährig gut zu begehen, bei feuchtem Wetter und Schnee gegebenenfalls den barrierefreien Aufstieg auf den Großen Ahrensfelder Berg wählen.

Entspannung ✱✱✱✱✱
Genuss ✱✱✱✱✱
Romantik ✱✱✱✱✱

HIN & WEG:
Auto: Parkmöglichkeiten vor der S-Bahn-Station Ahrensfelde, Märkische Allee 390, 12689 Berlin (GPS: 52.571008, 13.566562). Da es sich um eine innerstädtische Streckenwanderung handelt, ist eine Anfahrt mit dem Auto allerdings unpraktisch und nicht zu empfehlen.
ÖPNV: S7 bis S-Bahn-Station Ahrensfelde; Rückkehr zum Ausgangspunkt: U5 ab U-Bahn-Station Kienberg, dann Bus 197

ESSEN & ENTSPANNEN:
Es gibt keine Einkehrmöglichkeiten auf dieser Tour, bitte an Rucksackverpflegung denken! Empfehlenswert ist zum Beispiel ein Picknick auf dem Großen Ahrensfelder Berg.

ENTDECKEN & ERLEBEN:
Seelgrabenpark ❶ mit Spielplätzen und Kunstobjekten
Borkenheider Teich ❷
Weide der Hochlandrinder im Eichepark ❸
Gipfelplateau Großer Ahrensfelder Berg ❹
Riesenschaukeln im Jelena-Šantić-Friedenspark ❺
Talstation der Seilbahn ❻
Gärten der Welt ❼

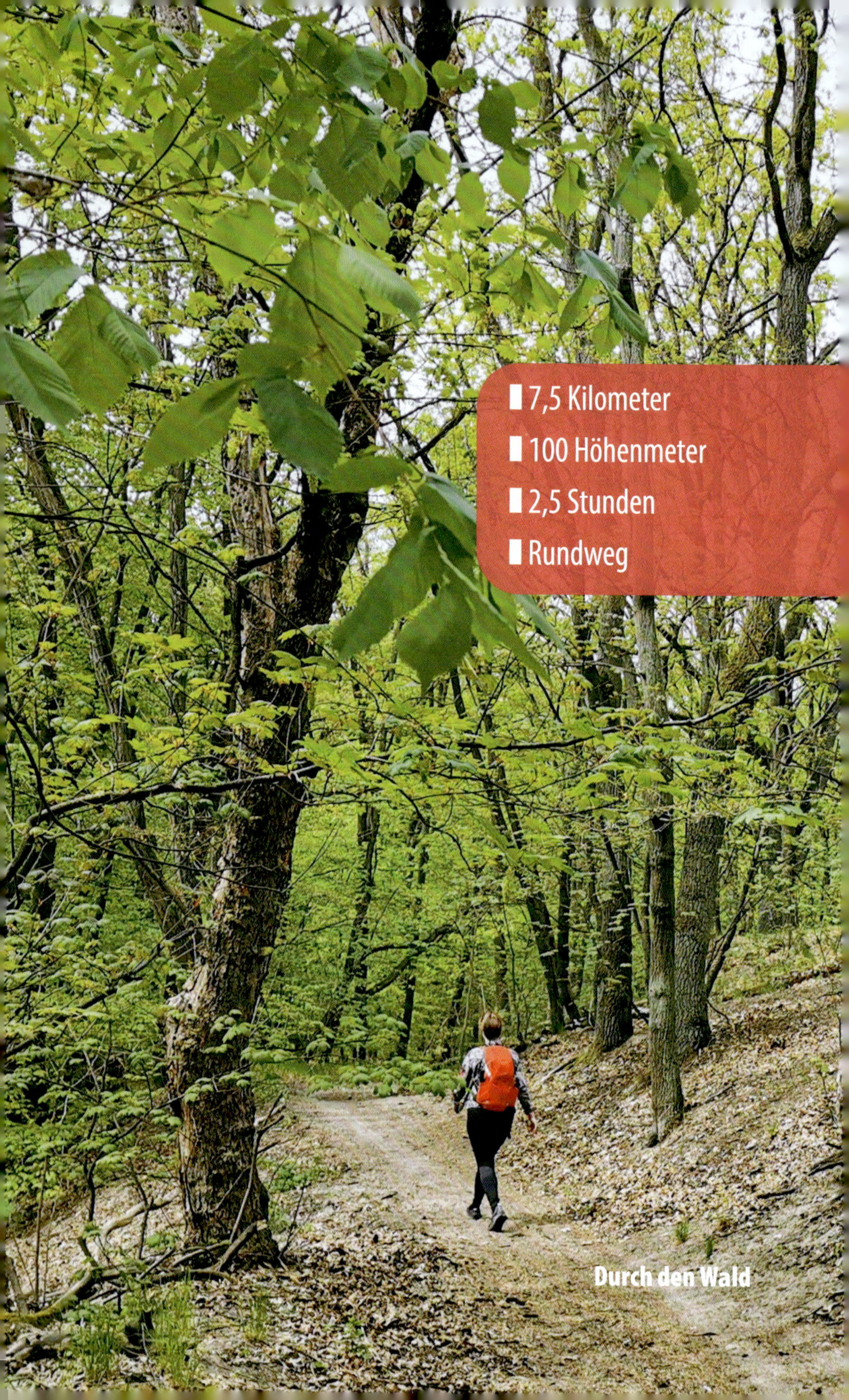

Durch den Wald

Von der Bushaltestelle am Müggelheimer Damm passieren wir ein hölzernes Portal, das uns den Weg zu unseren heutigen Zielen, dem Teufelssee und den Müggelbergen, eröffnet. Nach wenigen Metern kommen wir an einem schönen **Abenteuerspielplatz** ❶ vorbei, hinter dem wir links auf einen schmalen, sandigen Weg

Drei-Gipfel-Tour

Höhenluft schnuppern am Müggelsee

in den lichten Mischwald eintreten. Schon von Weitem sehen wir den Steg, der durch das **Teufelsmoor** führt. Wir gehen jedoch zunächst links daran vorbei und folgen den Schildern in Richtung **Lehrkabinett-Waldschule.** Kurz hinter dem Schulgelände treffen wir auf einen breiteren Querweg, auf den wir rechts einbiegen. In der Nähe eines interessanten Holzhauses mit dem zauberhaften Namen **Wurzelpavillon** ❷, das von der Waldschule als Unterrichtsraum genutzt wird, gibt es mehrere Pausenmöglichkeiten mit Bänken und Tischen.

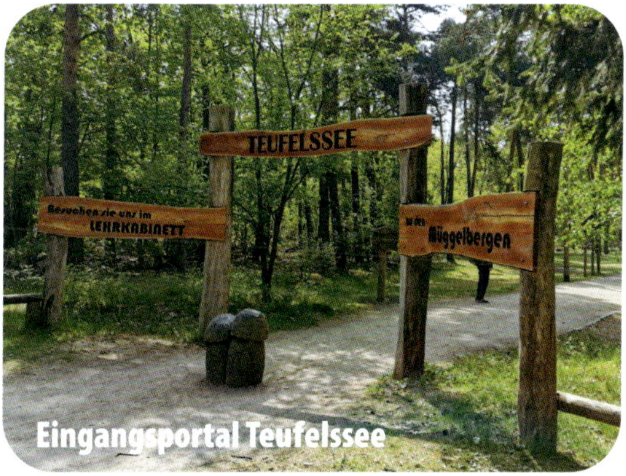

Eingangsportal Teufelssee

Wir verlassen den breiten Weg nach links, halten uns an der nächsten **Wegkreuzung** rechts und wandern auf sandigen Pfaden immer steiler bergan. Nach einem kurzen, aber recht knackigen Anstieg, erreichen wir einen **breiten Waldweg,** dem wir nach links folgen. Der Weg schlängelt sich in

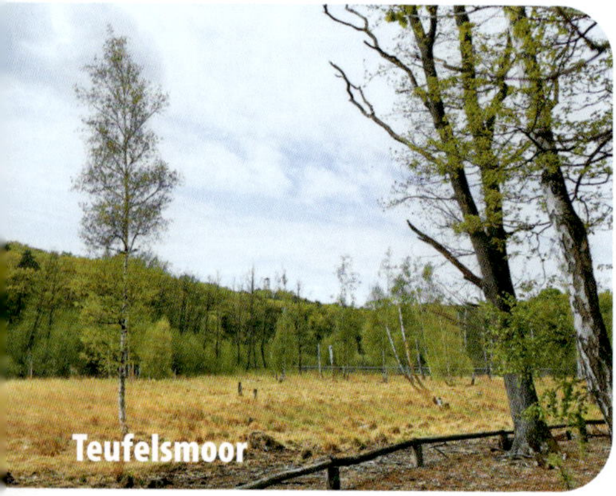

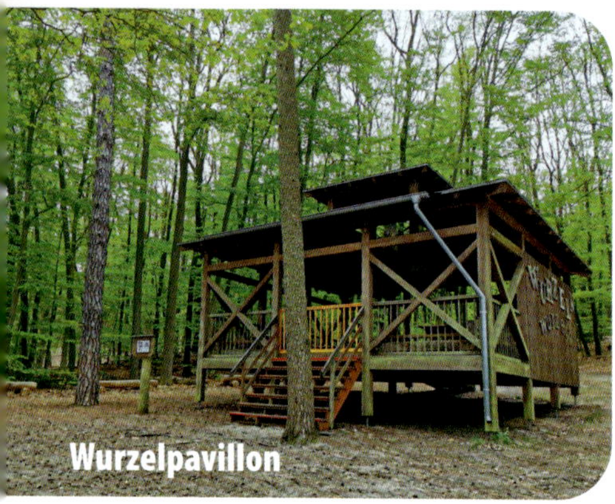

gemächlichem Auf und Ab immer tiefer in den saftigen Buchenwald.

Nach etwa 300 Metern verlassen wir den Waldweg und erreichen eine etwas breitere **Schotterpiste,** die in milden Kurven nicht weniger idyllisch unter den mächtigen Laubbäumen verläuft. Nach weiteren 100 Metern wechseln wir von dem Weg auf einen **schmalen Waldpfad** zunächst parallel zur Schotterpiste, bis unser schmaler Pfad eine entschlossene Rechtskurve nimmt und wir uns an den Aufstieg zum Müggelberg machen. Den steilen Mountainbike-Pfad lassen wir dabei rechts liegen und wählen den breitesten der Wege. An einer kleinen **Waldkreuzung,** auf der fünf Wege zusammentreffen, biegen wir rechts ab, von wo uns ein schnurgerader Weg hinaufbringt zu unserem ersten Gipfel des Tages.

Der **Große Müggelberg** ist mit seinen gut 114 Metern die höchste natürliche Erhebung Berlins. Auch wenn sie damit im alpinen Vergleich wohl eher winzig ist, so trägt sie doch stolz ein echtes **Gipfelkreuz ❸.** Durch den dichten Wald hindurch gibt es zwar keinen wirklichen Ausblick, dennoch gönnen wir uns auf einer Pausenbank einen Moment der Ruhe.

Am Gipfelkreuz biegen wir links ab und folgen dem Weg, der sich durch die Bäume schlängelt. Wie es sich für einen echten Bergpfad gehört, ist der Abstieg zunächst verhältnismäßig steil. An dem Schild, das hinauf zum höchsten Berg Berlins weist, biegen wir links auf den breiteren **Sandpfad** ab, nehmen jedoch gleich die nächste Möglichkeit rechts und erreichen einen **asphal-**

*Alle drei Gipfel, die wir heute erwandern, gehören zu den **Müggelbergen**. Der Große und der Kleine Müggelberg sowie der Kanonenberg wurden im Eiszeitalter geformt und sind somit, im Gegensatz zu den vielen Trümmerbergen in Berlin, natürliche Erhebungen.*

tierten Weg. Diesem folgen wir nach rechts, biegen aber nach wenigen Metern wieder links leicht bergab in den Wald. Wir befinden uns nun auf dem **Wanderlehrpfad Teufelssee** mit seinen grün-weißen Markierungen.

Äste überspannen den Weg, wir fühlen uns fast wie in einem grünen Tunnel. Vögel zwitschern, auch das

Für die Seele

Wir wandern durch duftende Wälder und hoch hinaus, um überwältigende Blicke auf eine glitzernde Seenlandschaft und das sagenumwobene Teufelsmoor zu gewinnen.

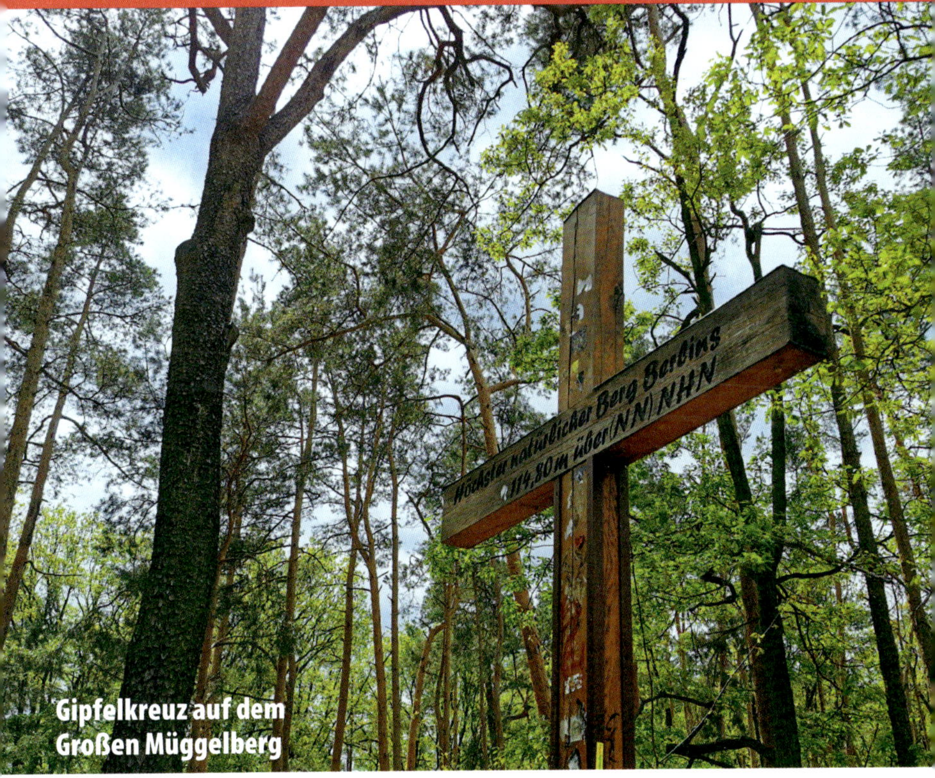

Gipfelkreuz auf dem Großen Müggelberg

Gehölz um uns herum wird dichter. Wir halten uns weiter auf dem breiten Weg und ignorieren die schmalen Pfade, die ab und an abzweigen. An einem kleinen **Rastpilz** machen wir eine kurze Pause. Nach etwa 1 Kilometer auf dem Wanderlehrpfad erreichen wir eine Treppe mit Metallgeländer, auf der wir hinauf zum Areal des **Müggelturms** 4 steigen.

Am **Imbiss Zur Currywurst** 5 kann man auf einer Terrasse sitzen und den Blick über den Langen See schweifen lassen. Wer noch etwas mehr Aussicht genießen möchte, sollte unbedingt auch den Aufstieg auf den Müggelturm wagen. Die Zugangsmünzen gibt es im Kiosk, dann gilt es 126 (von uns natürlich nachgezählte) Stufen zu überwinden. Schnaufend treten wir hinaus auf die Aussichtsplattform und sind überwältigt von dem grandiosen 360°-Rundumblick über Berlin. Müggelsee, Teufelssee und Langer See liegen uns zu Füßen, am Horizont entdecken wir sogar unseren geliebten Fernsehturm. Wir können uns kaum losreißen und doch zieht es uns weiter. Schließlich wollen wir heute noch einen weiteren Gipfel erklimmen.

Nachdem sein hölzerner Vorgänger 1958 abgebrannt war, wurde kurz darauf nach dem Entwurf eines Studentenkollektivs der Kunsthochschule Berlin-Weißensee mit dem Bau des neuen ***Müggelturms*** *begonnen. Er konnte 1961 eingeweiht werden und ist knapp 30 Meter hoch.*

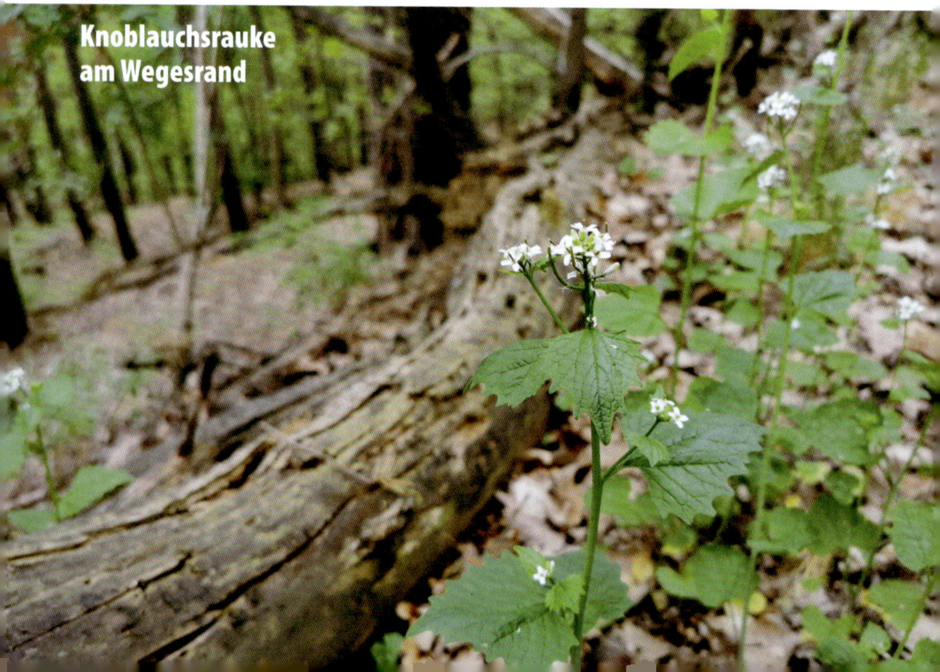

Knoblauchsrauke am Wegesrand

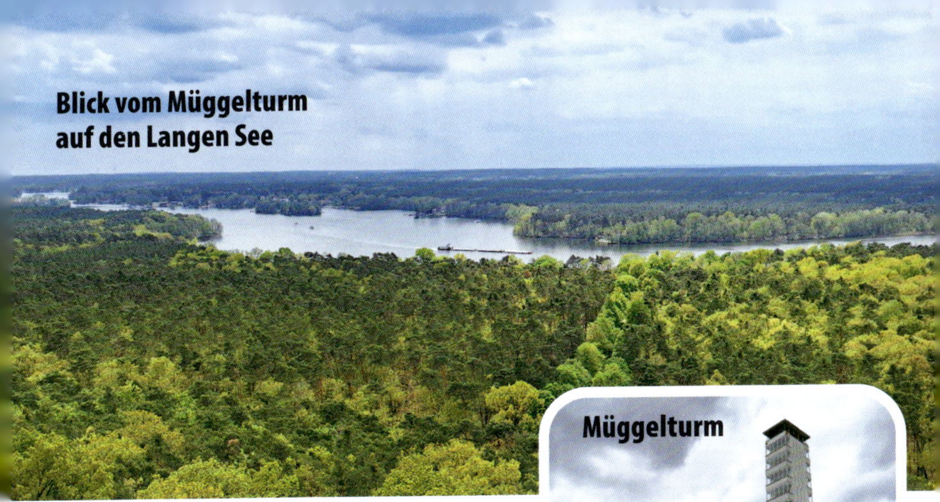

Blick vom Müggelturm auf den Langen See

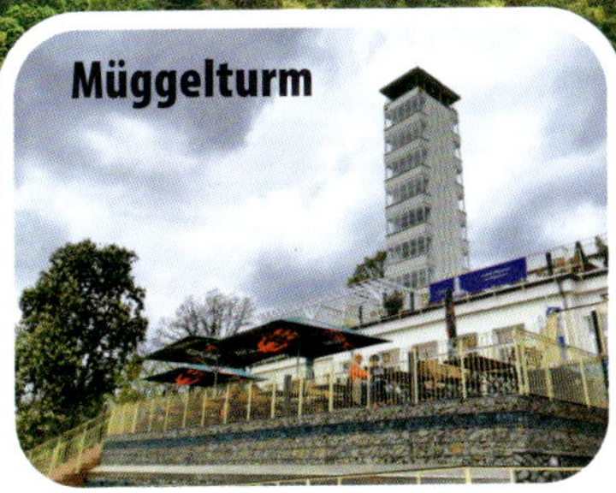

Müggelturm

Vom Abstecher zum Müggelturm gehen wir wieder die Treppe nach unten und biegen rechts in den uns schon bekannten Weg ein. Wir umrunden den **Kleinen Müggelberg** und erreichen nach 250 Metern eine Waldkreuzung mit mehreren Abzweigungen. Hier nehmen wir den ersten Weg nach rechts, der leicht bergauf führt und überqueren dann leicht schräg die Straße **Zum Müggelturm.** Auf der anderen Seite stoßen wir wieder auf einen schmalen Waldpfad, dem wir unter und über Bäumen folgen. Der abenteuerliche Weg führt leicht bergan durch einen stattlichen alten Mischwald. Auf einem kleinen **Plateau** lassen wir uns auf einem der Baumstämme nieder und atmen tief die süßlich-herbe Waldluft ein. Neben unserem Pausenplatz entdecken wir eine dünenähnliche **Sandmulde.** Sie ist übersät mit Hunderten kleiner Kiefernzapfen, die von den knorrigen Nadelbäumen gefallen sind.

Wir gehen weiter bis zu einer **Waldkreuzung,** von der wir links abgehen und dem Waldweg folgen. Bei nächster Gelegenheit halten wir uns erneut links und gehen auf einem schmalen Pfad leicht bergab. Nach 400 Metern erreichen wir in der Nähe der Autostraße eine rot-weiße Schranke, die wir links liegen lassen und auf der anderen Seite des Weges wieder leicht bergauf in den Wald hineingehen. Wir beginnen unseren Aufstieg auf die **Kanonenberge.**

*Ab 1884 wurde auf den **Kanonenbergen** Sand abgebaut. Die dadurch entstandene große Sandgrube, auch Sandschurre genannt, wurde vom preußischen Militär vor dem Ersten Weltkrieg für Schießübungen genutzt, was dem Ort seinen Namen verlieh.*

Wie uns ein Schild am Wegesrand bestätigt, sind wir auf dem richtigen Weg zu unserem Gipfel Numero drei. Auf halber Strecke steht eine Bank, wie gemacht zum kurzen Verschnaufen. Oben angekommen, nehmen wir den ersten Weg nach rechts, umrunden den Gipfel zur Hälfte und lassen uns schließlich auf den Mauern des **Hügelplateaus** 6 nieder, um uns in Ruhe der großartigen Aussicht hinzugeben. In der Ferne entdecken wir den Müggelturm, auf dem wir noch vor einigen Minuten standen.

Nach der Pause gehen wir weiter um den Berg herum. Dem nächsten Abzweig folgen wir rechts bergab, bis wir nach 300 Metern wieder den **Querweg** erreichen, den wir überqueren und in einer spitzen Kehre sofort wieder nach rechts hinauf in den Wald verlassen. An der nächsten kleinen **Wegkreuzung** gehen wir geradeaus und steil bergauf durch Buchenwälder erreichen wir den höchsten Punkt. Nun geht es einen knappen Kilometer immer der Nase nach durch den lichten Wald. Schritt für Schritt werden die Bäume größer und es fühlt sich an, als würde man eine grüne Kathedrale durchschreiten. Der Weg geht nun leicht bergab und zu beiden Seiten ragen majestätische Buchen, Eichen und Kiefern in die Höhe. Wir stoßen auf einen **Forstweg,** auf den wir rechts einbiegen. An einer Art **Waldkreisverkehr**

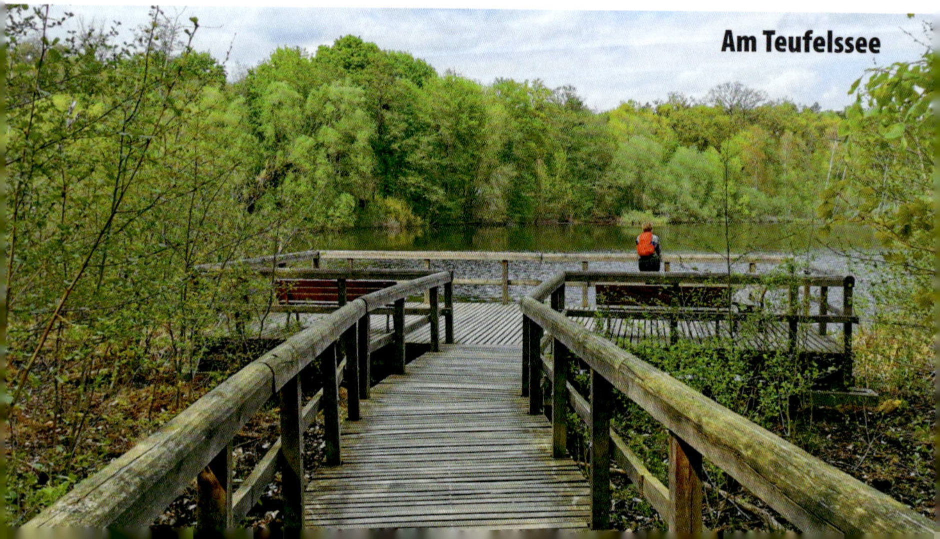
Am Teufelssee

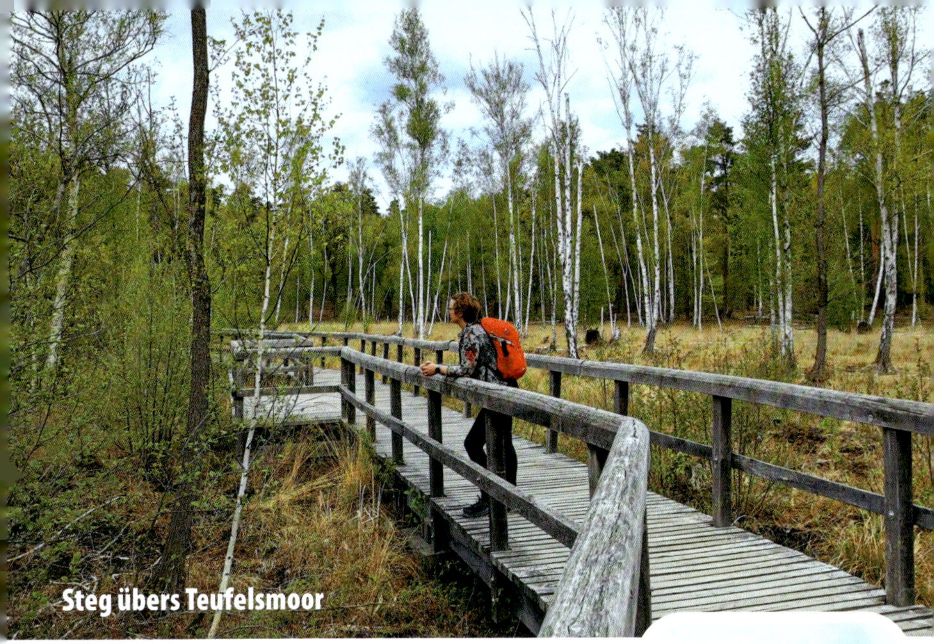

Steg übers Teufelsmoor

gehen wir links um die Waldinsel herum und halten uns auch da links entlang des hölzernen Geländers. Durch die Bäume und Büsche hindurch kann man schon den kleinen **Teufelssee** ⑦ erahnen, an dessen Ufer wir nun entlanggehen.

Auf der linken Seite erreichen wir den ersten **Steg,** der uns zu einer **Aussichtsplattform** am Ufer des Teufelssees bringt, wo wir uns auf den Bänken niederlassen und die lebendige Stille des Sees genießen. Überall plätschert und blubbert es. Zwischen Lilien und Seerosen tauchen immer wieder kleine Amphibien auf, die von Blatt zu Blatt huschen. Zurück auf dem Weg folgen wir diesem wieder nach links, bis wir eine **Kreuzung** mit mehreren Schautafeln und einer **Schutzhütte** etwas abseits des Weges erreichen. Wir gehen hier links und erreichen den **Hauptsteg** ⑧**,** der über das **Teufelsmoor** führt. Der Steg windet sich in leichten Kurven am See vorbei durch die Moorlandschaft. Immer wieder gibt es Ausbuchtungen, von denen aus man die Wunder der Natur beobachten kann. Ein Reiher gleitet vor uns elegant über die Wasseroberfläche. Von der letzten **Aussichtsplattform** haben wir einen schönen Blick auf den Müggelturm. Langsam schließt sich unser Wan-

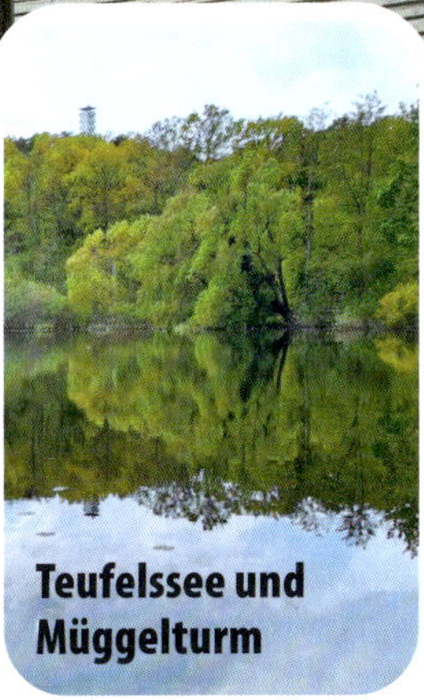

Teufelssee und Müggelturm

Versunkene Schlösser, spukende Schlossfräulein und der Altar des Teufels – viele Sagen ranken sich um den ***Teufelssee.*** *Heute bietet das eiszeitliche Teufelsseemoor, das 2003 renaturiert wurde, vor allem real existierenden Arten einen geschützten Lebensraum.*

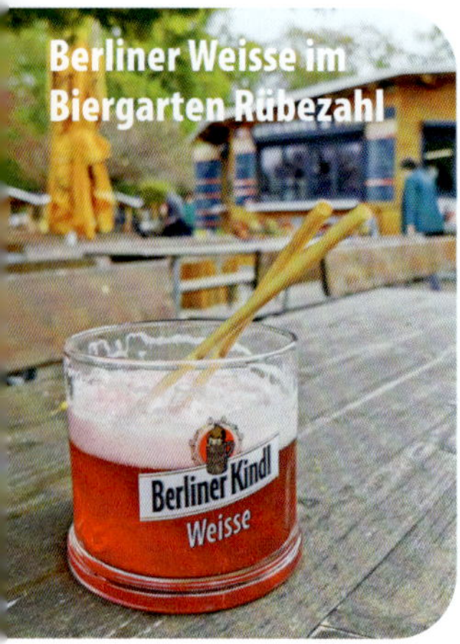

Berliner Weisse im Biergarten Rübezahl

derkreis. Wir nähern uns dem Ende des Steges und somit auch den letzten Metern unserer Tour. Bevor wir wieder festen Boden betreten, entdecken wir jedoch noch den finsteren Gesellen mitten im Moor, der für den Namen dieses Ortes Pate stand. Und so verabschieden wir uns vom Teufel persönlich, bevor wir wieder den Weg durch den Wald vorbei am Spielplatz und zurück zum **Müggelheimer Damm** antreten. Mit einem Bärenhunger lassen wir die Bushaltestelle erst mal Bushaltestelle sein, überqueren die Straße und gehen am Parkplatz vorbei. Dort erwartet uns das stadtbekannte **Ausflugslokal Rübezahl 9** am Ufer des **Müggelsees,** wo wir uns Currywurst und Berliner Weisse schmecken lassen.

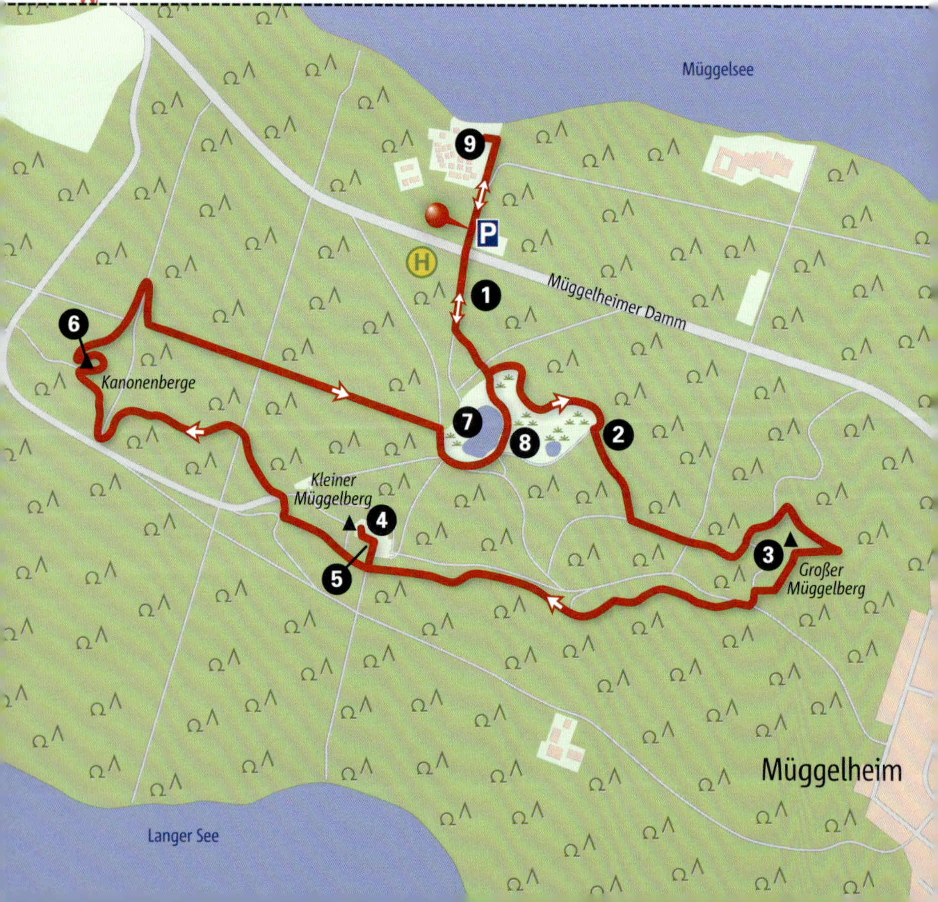

Alles auf einen Blick

WIE & WANN:
Die Wege und Pfade sind ganzjährig gut zu begehen, wenn auch vermutlich nicht überall der Winterdienst aktiv ist.

Entspannung ★★★★★
Genuss ★★★★☆
Romantik ★★★★☆

HIN & WEG:
Auto: Parkplatz Rübezahl am Müggelheimer Damm direkt an der Bushaltestelle, 12559 Berlin (GPS: 52.424280, 13.629843)
ÖPNV: Bus 169 (ab Köpenick) bis Haltestelle Rübezahl

ESSEN & ENTSPANNEN:
Imbiss Zur Currywurst am Müggelturm ❺ Straße zum Müggelturm 1, 12559 Berlin, Tel. (0 30) 65 48 99 50, www.müggelturm.berlin
Ausflugslokal Rübezahl ❾ Müggelheimer Damm 143, 12559 Berlin, Tel. (0 30) 6 56 61 68 80, www.ruebezahl-berlin.de

ENTDECKEN & ERLEBEN:
Waldspielplatz ❶
Wurzelpavillon der Waldschule mit Rastplätzen ❷
Gipfelkreuz Großer Müggelberg ❸
Müggelturm ❹
Gipfelplateau Kanonenberge ❻
Teufelssee ❼
Steg durch das Teufelsmoor ❽

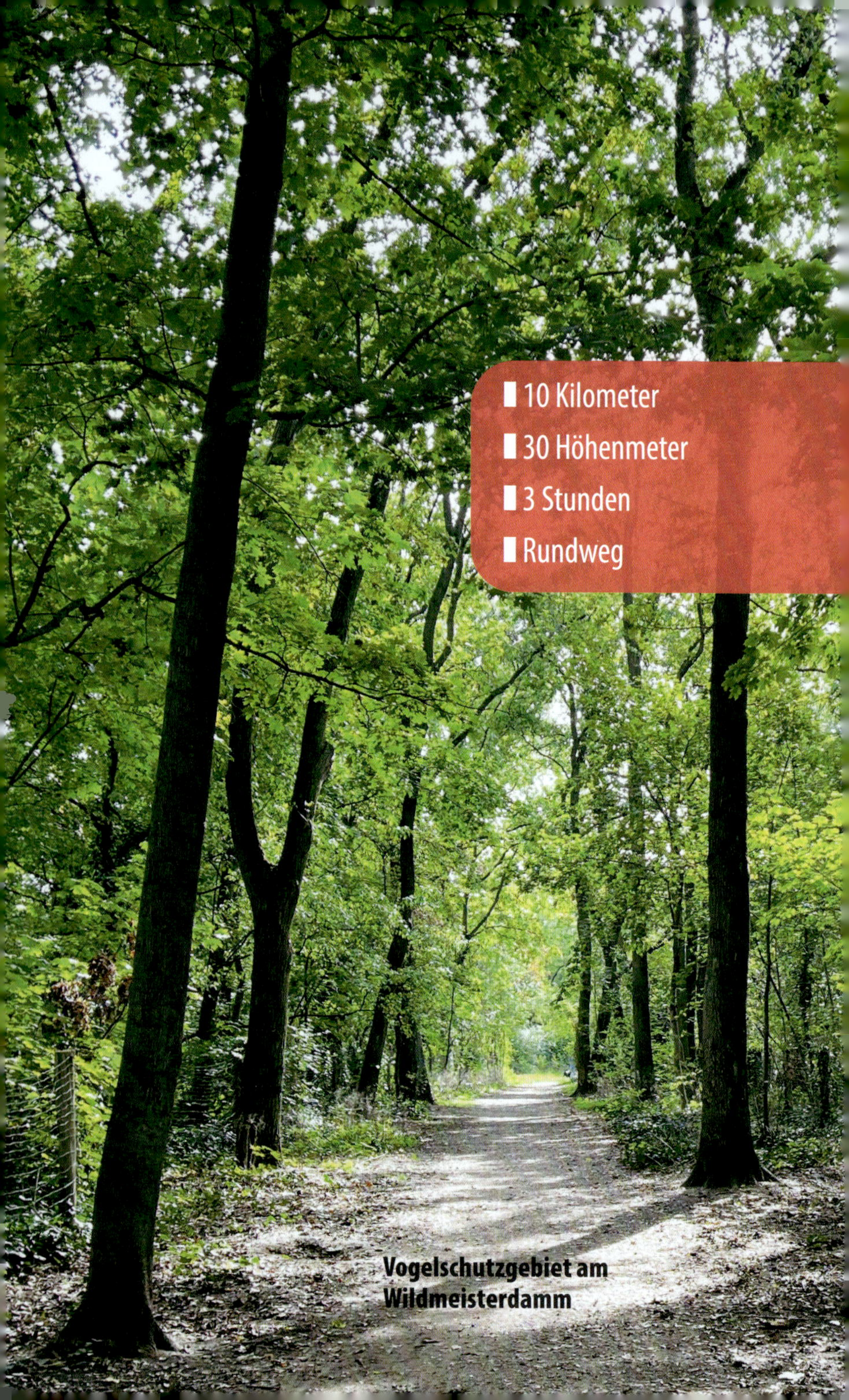

Vogelschutzgebiet am Wildmeisterdamm

Wir verlassen die U-Bahn-Station, überqueren die **Lipschitzallee** und folgen ihr nach links, bis wir nach etwa 200 Metern auf den Fuß- und Radweg **Wildmeisterdamm** treffen, in den wir rechts einbiegen. Schon von Weitem sehen wir die nach innen gewölbte Fassade des **Gropiushauses** ❶. Wir drehen eine Runde im „Sonnen-

Himmelsnähe

Grenzgänge im Süden Berlins

hof" dieses architektonischen Flaggschiffes der Großwohnsiedlung Gropiusstadt, durch die wir unseren Weg bald fortsetzen. Dazu gehen wir am Spielplatz vorbei und biegen bei nächster Gelegenheit rechts ein.

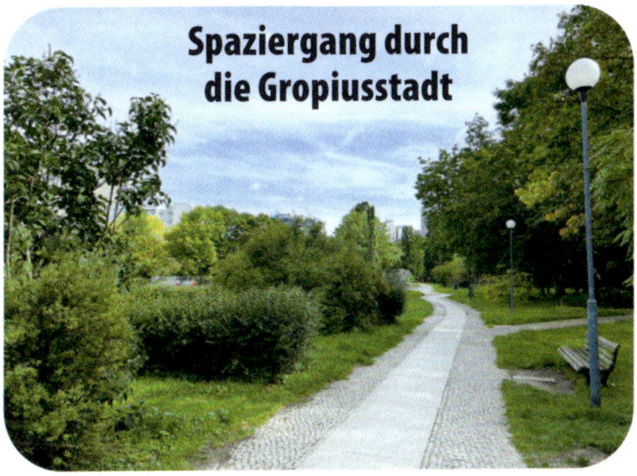

Spaziergang durch die Gropiusstadt

Auf den nächsten 600 Metern führt uns der Weg immer geradeaus durch die Grünanlage der Gropiusstadt und im weiteren Verlauf durch das **Vogelschutzgebiet am Wildmeisterdamm.** Das Vogelschutzgebiet macht hier seinem Namen alle Ehre. Aus den Baumkronen, die sich über unseren Köpfen erheben, zwitschern die Vögel lebhaft um die Wette.

Kurz nach dem Überqueren der Bahngleise kommen wir an eine Wegkreuzung in der Nähe eines Fußballplatzes. Hier halten wir uns halb rechts und stoßen nach wenigen Metern auf die **Deponiestraße.** Neben der schmalen und sehr wenig befahrenen Asphaltstraße verläuft ein Schotterweg für Fußgänger, auf dem wir

*Die von Walter Gropius, dem deutschen Architekten und Begründer des Bauhauses, konzipierte **Trabantenstadt** wurde von 1962 bis 1975 errichtet. Sie umfasst rund 18.500 zum großen Teil Sozialwohnungen. Heute leben hier etwa 36.000 Menschen.*

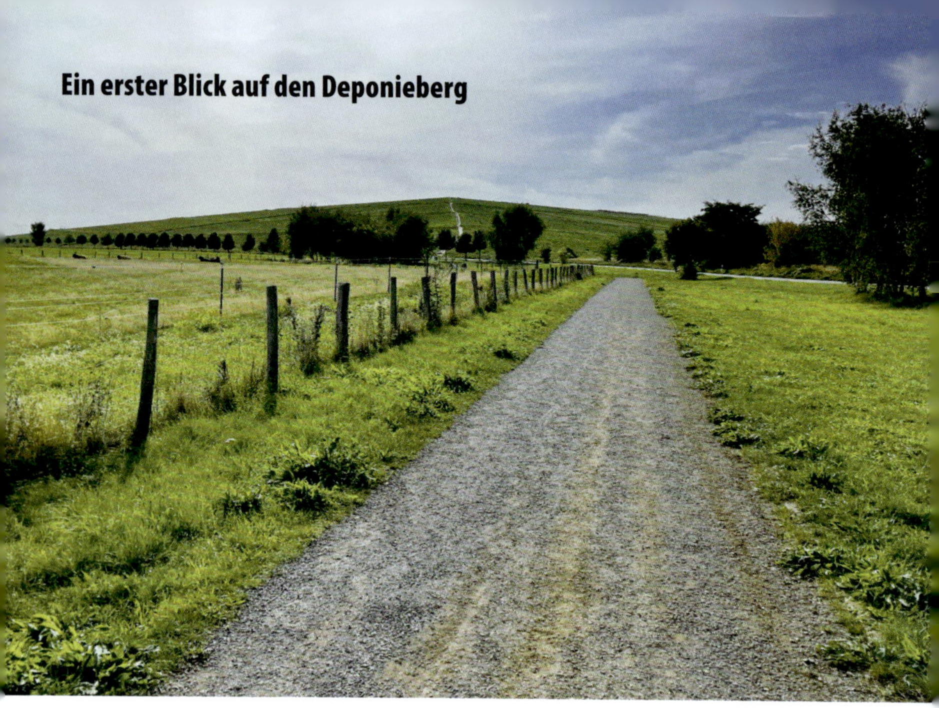

In den 70er-Jahren wurde auf der ***Mülldeponie Großziethen*** *der Müll der West-Berliner Haushalte entsorgt. Über einen speziellen Grenzübergang wurden etwa 4,5 Millionen Tonnen Müll angeliefert, die heute den Großteil des rekultivierten, fast 90 Meter hohen Deponiebergs bilden.*

die nächsten gut 600 Meter entlang der **Weidefläche Am Vogelwäldchen** ❷ gehen.

In der Ferne erscheint ein kahler Hügel, der sich recht unvermittelt aus der Umgebung erhebt. Fast erinnert er uns an eine Düne, doch bei der Erhebung vor uns handelt es sich wie so oft in Berlin nicht um einen natürlichen Berg, sondern um die Reste der Alt-Deponie Großziethen. Mittlerweile ist die als SkyPoint bekannte Müllpyramide ein beliebtes Ausflugsziel. Und auch wir können es kaum erwarten, von da oben den Ausblick zu erleben.

Doch vor unserem Aufstieg auf die Aussichtsdeponie gibt es noch eine weitere Attraktion am Wegesrand. Nachdem wir nun schon einige Minuten an einem **Weidezaun** entlanggewandert sind, können wir endlich den ersten Blick auf die stattlichen Weidebewohner erhaschen. In der Sonne liegen beeindruckende gehörnte Rinder, die sich auf der Wiese räkeln. Was für ein skurriles Bild! Im Vordergrund die Tiere in einer fast savannenähnlichen Umgebung und im Hintergrund die markanten Hochhäuser der Gropiusstadt.

Am Rand der Weide treffen wir auf eine Querstraße, die wir kreuzen, um uns auf dem schmalen Pfad hinauf zum **SkyPoint auf dem Müllberg** ❸ zu begeben.

Je höher wir steigen, desto mehr weitet sich der Horizont. Am höchsten Punkt angekommen, öffnet sich uns ein atemberaubender 360°-Blick über den Süden

Für die Seele

Aus grünen Häuserschluchten vorbei an den gehörnten Bewohnern einer Großstadtsavanne und auf den SkyPoint mit atemberaubendem Ausblick über die Hauptstadt.

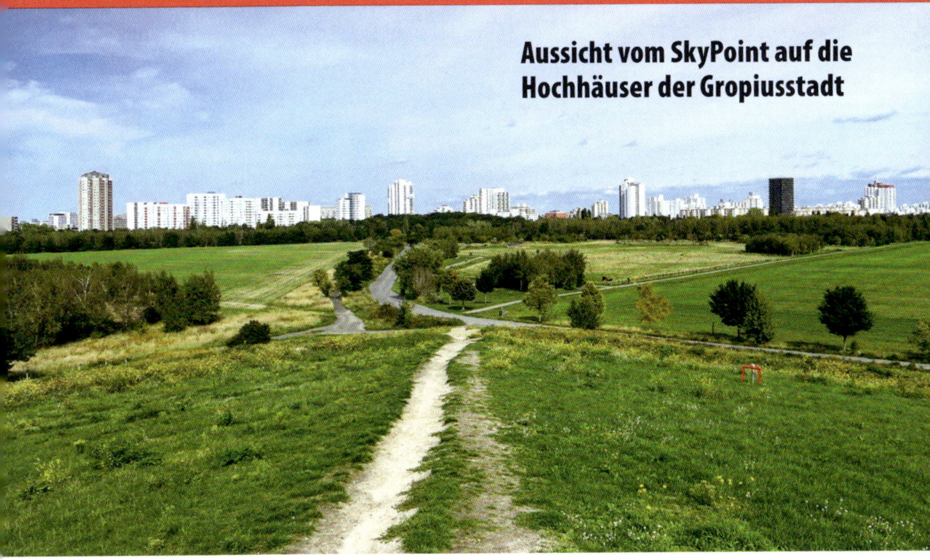

Aussicht vom SkyPoint auf die Hochhäuser der Gropiusstadt

Berlins, ganz weit hinten strahlt uns die die Sonne reflektierende Kugel des Fernsehturms entgegen. Wir wenden uns in die andere Richtung, wo wir die Flugzeuge des BER beim Starten und Landen beobachten können. Statt eines Gipfelkreuzes markiert ein mit Graffiti verzierter Steinbrocken den höchsten Punkt,

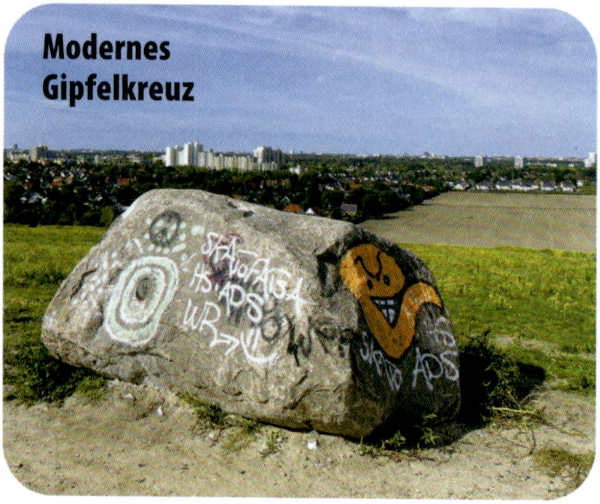

Modernes Gipfelkreuz

dessen Name SkyPoint nicht treffender sein könnte. Über uns ist nichts als die unendliche Freiheit des Himmels.

Wir gehen weiter auf dem Kamm des von Menschenhand geschaffenen Berges rechts vorbei an einer riesigen **Solaranlage.** Am Ende des Solarparks halten wir uns am Zaun tendenziell links und steigen dann leicht rechts hinunter. Unten treffen wir auf Höhe eines Stromkastens auf einen Weg, den wir überqueren und geradeaus weiter einer schmalen Asphaltstraße, dem Querweg, folgen. Vorbei an einem kleinen **Gehöft** mit Ponys und Pferden, die entspannt auf ihren Koppeln grasen, setzen wir unseren Weg fort.

Nach rund 500 Metern kommen wir am **Bauerngarten** ❹ vorbei. Dieses wunderbare Projekt ermöglicht es den Großstadtbewohnern, echte Landluft zu schnuppern und auf einer gemieteten Parzelle selbst Kleinbauern zu werden.

> **!**
>
> *Die **Initiative Bauerngarten** ermöglicht an mehreren Standorten in und um Berlin jährlich 1500 Menschen, sich mit selbst gezogenem Biogemüse zu versorgen. Diese neue Form der gemeinschaftsgetragenen Lebensmittelerzeugung macht Landwirtschaft für alle erlebbar.*

Wir überqueren die **Karl-Marx-Straße** und folgen ihr für einige Meter links, bis wir die nächste Gelegenheit nutzen, um rechts in einen unscheinbaren Pfad entlang eines Feldes einzubiegen. Bald wieder rechts und anschließend links geht es im Zickzack über die Felder mit so klangvollen Namen wie Priesterland oder Mosers Busch. Der Feldweg beschreibt eine Rechts-links-Kurve und führt dann geradeaus in Richtung Waldrand. Hier angekommen, können wir uns entscheiden, ob wir direkt am Feld oder doch lieber durch den Wald laufen möchten. Durch mehrere Stichwege ist es auch möglich, nach Lust und Laune oder auch abhängig vom Wetter zwischen beiden Wandererlebnissen hin und her zu wechseln. Wir gehen zunächst direkt am

Feld entlang, da wir den freien Blick über die Äcker noch einmal voll auskosten wollen.

An der nördlichen Ecke des Feldes, die wir nach rund 800 Metern erreichen, verlassen wir gut gelaunt die unendliche Weite und biegen links in den lichten Wald ab. Schon bald erreichen wir den **Berliner Mauerweg** ❺**,** der uns als asphaltierter Rad- und Fußweg immer geradeaus zurück zur **Karl-Marx-Straße** bzw. zum **Buckower Damm** bringt. Wir überqueren die Straße und setzen unsere Wanderung für einige Meter auf dem **Stuthirtenweg** fort, bis wir eine Absperrung erreichen und rechts abbiegen, um diese in einer weiten Linkskurve zu umgehen.

Wir treten schon nach wenigen Metern auf der Umgehung wieder aus dem Wäldchen heraus und halten uns dann auf einem schmalen Weg rechts, bis wir wieder auf den **Stuthirtenweg** treffen. Dieser teilt sich nun den Namen und den Verlauf mit der **Grenzstraße.** Nach 200 Metern verlassen wir den Stuthirtenweg und biegen auf der **Friedrich-Ebert-Straße** zunächst rechts, dann sofort wieder links auf eine **unbefestigte Straße** ab. Dem Verlauf zwischen blühenden Gärten folgend umgehen

!

*Der **Berliner Mauerweg** verläuft über rund 160 Kilometer auf der ehemaligen DDR-Grenze zu West-Berlin. Heute ist er ein bedeutender historischer Gedenkweg und gleichzeitig ein beliebter Rad- und Wanderweg, auf dem an verschiedenen Orten an das Grenzregime der DDR-Diktatur und dessen Opfer erinnert wird.*

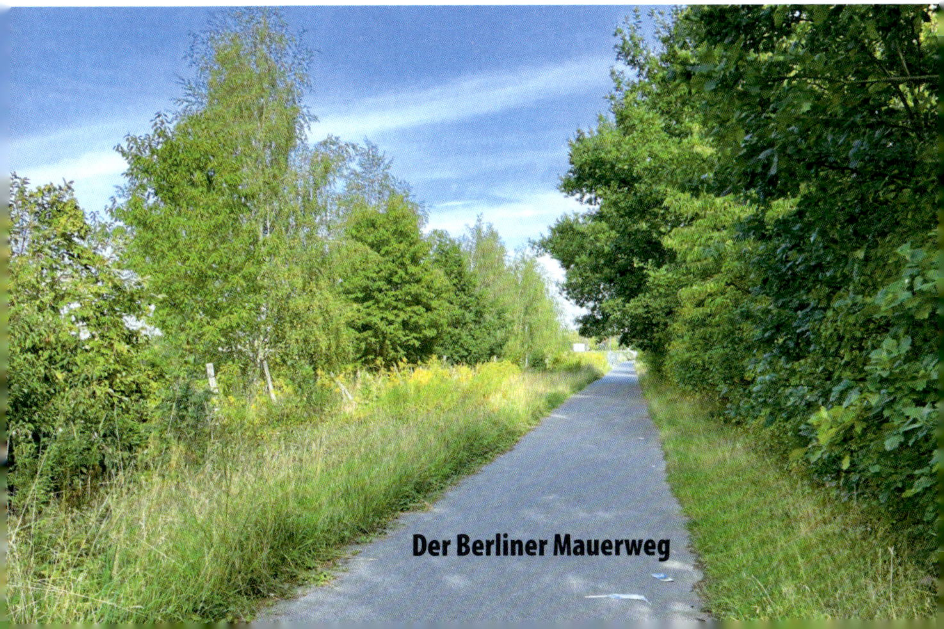

Der Berliner Mauerweg

wir nach einigen Metern in einem Links-rechts-Schlenker ein Wohnhaus und setzen dann unseren Weg geradeaus fort, bis wir schließlich auf der **Rudolf-Breitscheid-Straße** links abbiegen. Wenige Meter später gehen wir rechts auf einer weiteren Doppelstraße, gesäumt von kleinen Häuschen und hübschen Gärten. Hier verlaufen die **Ringslebenstraße** und die **Grenzstraße** parallel, bis letztere nach 300 Metern rechts abgeht und wir auf der **Ringslebenstraße** weiterwandern, die nach 600 Metern in einer Kurve zur uns schon bekannten **Lipschitzallee** wird. Nach 400 Metern geradeaus erreichen wir die U-Bahn-Station **Lipschitzallee,** wo unsere Tour endet. Hier finden wir auch einige **Imbisse,** an denen wir unseren Wanderhunger stillen können.

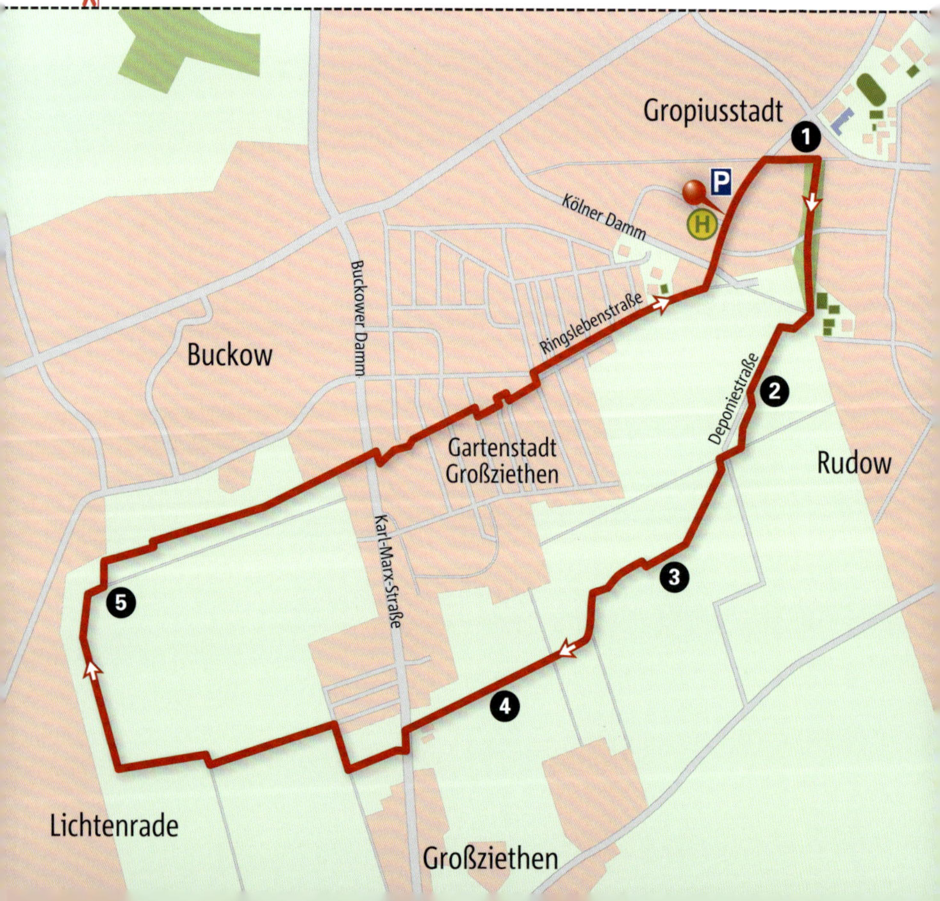

Alles auf einen Blick

WIE & WANN:
Angelegte Wege durch Parks sowie Asphaltstraßen und Feldwege, die im Prinzip ganzjährig begehbar sind.

Entspannung ✱✱✱✱✱
Genuss ✱✱✱✱✱
Romantik ✱✱✱✱✱

HIN & WEG:
Auto: Parkplatz neben der U-Bahn-Station, Lipschitzallee 70, 12353 Berlin (GPS: 52.425432, 13.463736)
ÖPNV: U7 bis U-Bahn-Station Lipschitzallee

ESSEN & ENTSPANNEN:
Rund um die U-Bahn-Station Lipschitzallee gibt es verschiedene Imbisse.

ENTDECKEN & ERLEBEN:
Gropiushaus ❶
Weideflächen Am Vogelwäldchen ❷
SkyPoint auf dem Müllberg ❸
Bauerngarten ❹ www.bauerngarten.net/standorte/bauerngarten-mette
Berliner Mauerweg ❺

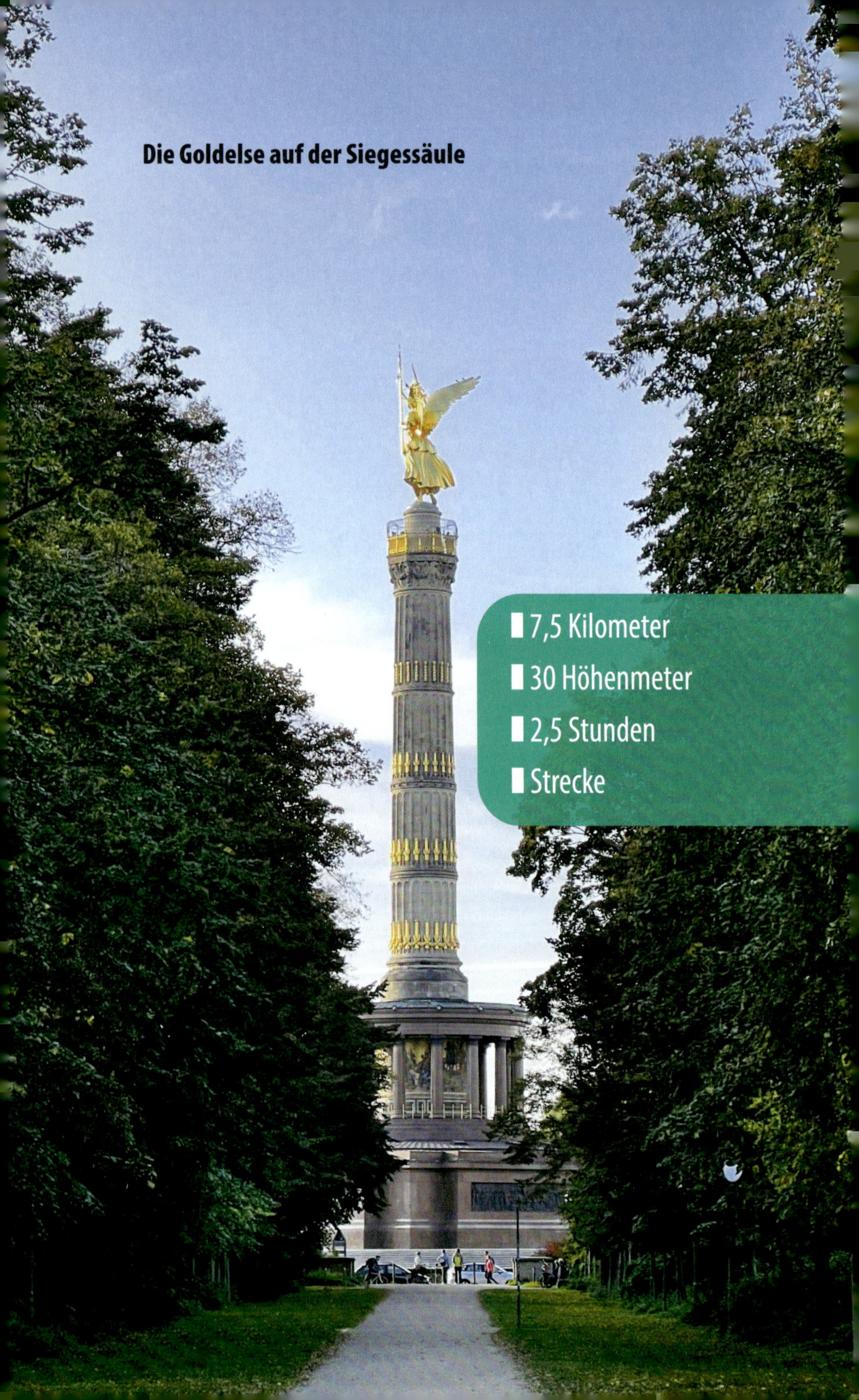

Die Goldelse auf der Siegessäule

Von der U-Bahn-Station aus folgen wir der **Klosterstraße,** den Fernsehturm im Rücken, in Richtung Spree. Vorbei geht's an der evangelischen **Parochialkirche ❶,** die zu den ältesten Kirchenbauten Berlins gehört. Auf der Klosterstraße bleibend überqueren wir die Stralauer Straße und stoßen nach wenigen Metern auf das **Rolandufer** an der Spree. An der niederländischen Botschaft halten wir uns rechts und passieren die **Mühlendammschleuse ❷.** Entlang der Schleusenbecken machen wir uns auf zu einer

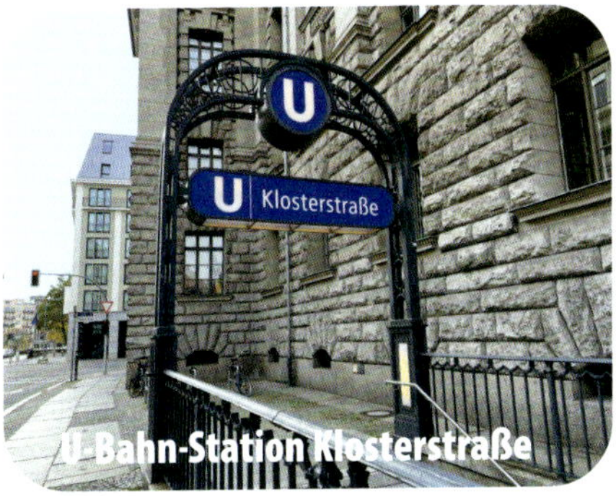

U-Bahn-Station Klosterstraße

Stadtwandern

Sightseeing-Tour durch Berlins Mitte

Sightseeing-Wanderung durch Berlins Mitte. Die Orientierung fällt im ersten Teil der Tour sehr leicht. Auch wenn wir einige Male die Ufer wechseln, so ist die Spree doch unsere ständige Begleiterin.

Zunächst unterqueren wir den **Mühlendamm** und streifen durch den ältesten Teil Berlins – das berühmte **Nikolaiviertel ❸** mit seiner stattlichen **Nikolaikirche,** die heute ein zur Stiftung Stadtmuseum Berlin gehörendes Museum ist. Hier finden sich einige vor allem traditionelle Restaurants. Dem wohl beliebtesten Berliner Original ist die **Zille-Stube ❹** gewidmet, wo man nicht nur urberlinerisch essen, sondern auch den „Pinselheinrich" in einer der kabarettistischen Aufführungen höchstpersönlich erleben kann.

*Die **Mühlendammschleuse** ist Teil der Spree-Oder-Wasserstraße und wurde 1942 in Betrieb genommen. Jährlich werden hier über 30.000 Wasserfahrzeuge geschleust, sie überwinden mithilfe der Anlage etwa 1,50 Meter Höhenunterschied.*

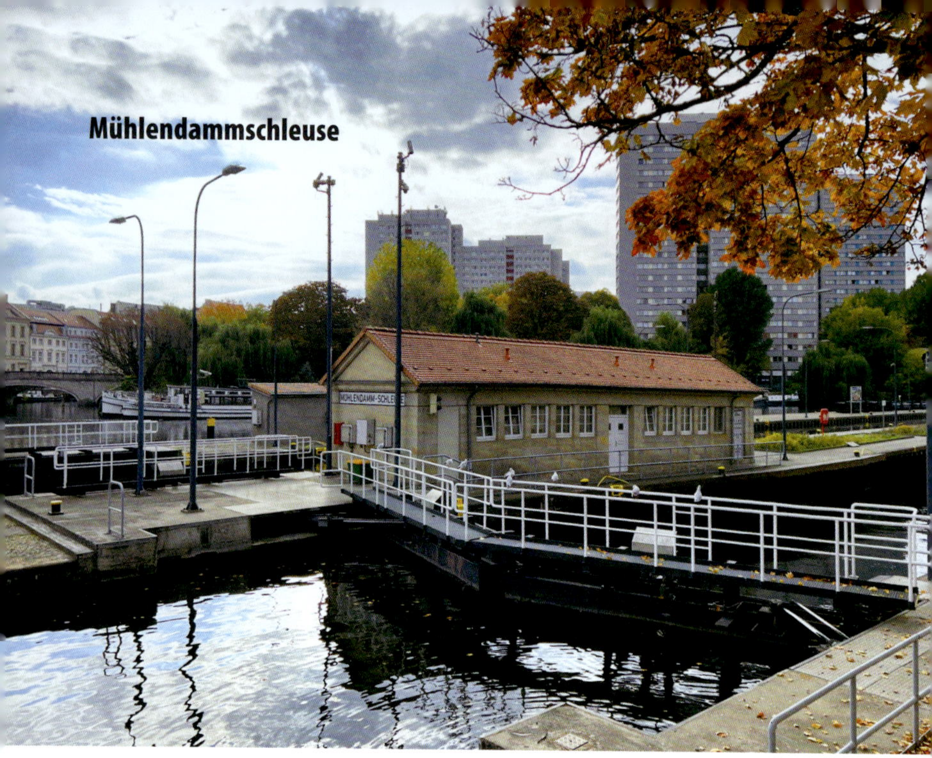

Mühlendammschleuse

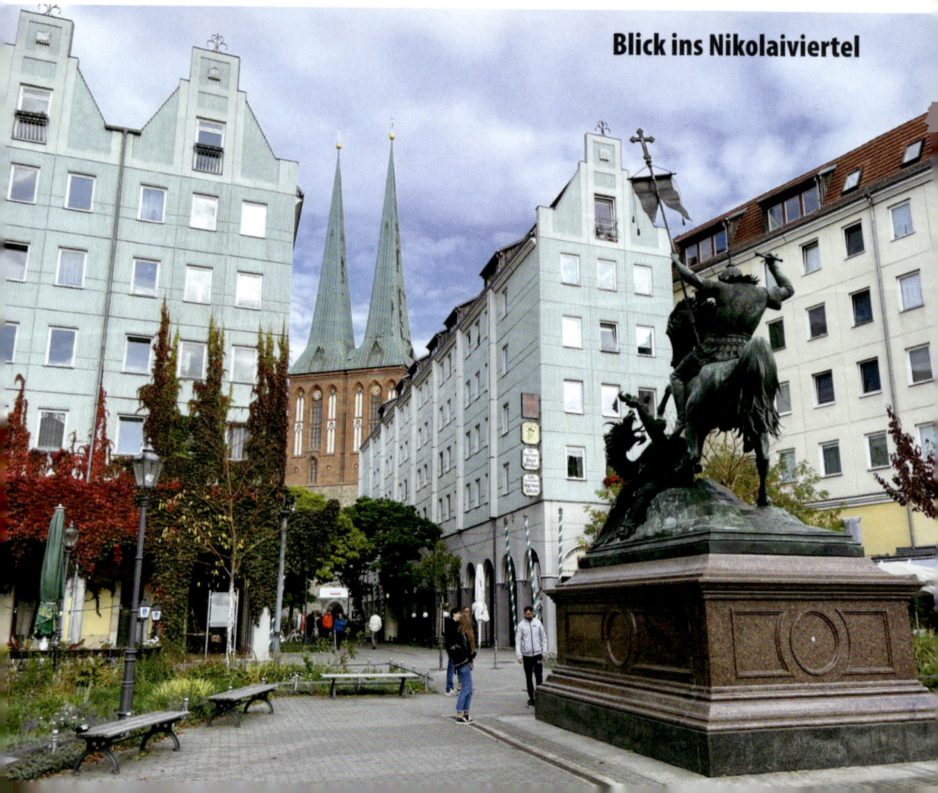
Blick ins Nikolaiviertel

Auf unserer urbanen Wanderung jagt ein Highlight das nächste und so entdecken wir von der **Rathausbrücke** aus gleich zwei der wichtigsten Sehenswürdigkeiten Berlins: Zum einen erheben sich vor uns die grünen Kuppeln des **Berliner Doms** und zu seiner Linken sehen wir die moderne Fassade des Humboldt Forums, das das originalgetreu rekonstruierte **Berliner Schloss** ⑤ nach Osten abschließt.

Rechter Hand ragt der 368 Meter hohe **Fernsehturm** steil in den Himmel. Wir nähern uns dem Dom und passieren die **Karl-Liebknecht-Straße.** Nach und nach kommen hinter und gegenüber dem mächtigen Domgebäude die großen Museen der **Museumsinsel** in Sicht: Zuerst Schinkels Altes Museum, dann das Neue Museum und die Alte Nationalgalerie mit ihrem charakteristischen Kolonnadenhof. Nachdem wir die **Friedrichsbrücke** gekreuzt haben und links in den **James-Simon-Park** ⑥ eingebogen sind, erblicken wir auch das **Pergamonmuseum** und die markante Kuppel des **Bodemuseums.** Wir gehen durch eine S-Bahn-Unterführung und betreten den **Monbijoupark** ⑦, der mit seinem Kinderschwimmbad und dem hölzernen Amphitheater zu den beliebtesten Treffpunkten in Berlins Mitte zählt.

Wir verlassen den Park, überqueren die **Monbijoustraße** und gönnen uns eine entspannte Kaffeepause im **Petit Bijou** ⑧ mit dem einmaligen Blick auf Bodemuseum und Spree. Weiter geht's entlang der Spree,

__Heinrich Zille__ (1858 bis 1929) war vor allem Zeichner, aber auch Grafiker und Fotograf. Seine lebensnahen Darstellungen aus proletarischen Wohnquartieren und Kneipen fangen das sogenannte Berliner „Milljöh" ein und sind Inbegriff des Berliner Humors.

Für die Seele

Eine vielfältige Entdeckungsreise durch das alte und neue Berlin entlang der ruhig dahinfließenden Spree und durch den grünen Tiergarten.

Unbedingt empfehlenswert ist ein __Abstecher auf das Dach des Stadtschlosses.__ Dazu muss man zwar online ein Zeitfenster buchen (auch kurzfristig möglich), der Besuch der Dachterrasse ist aber kostenlos.

Museumsinsel

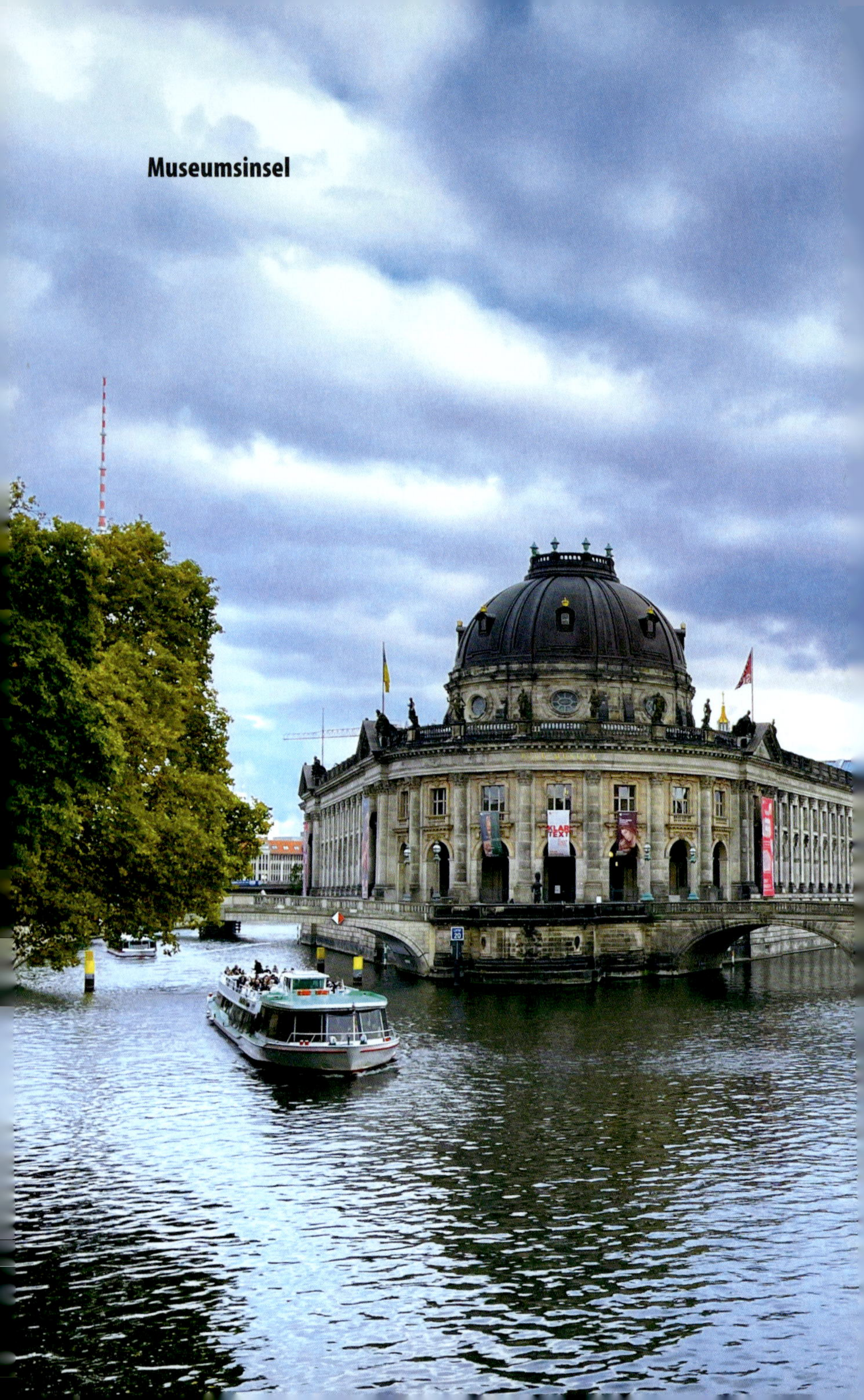

Tränenpalast an der Friedrichstraße

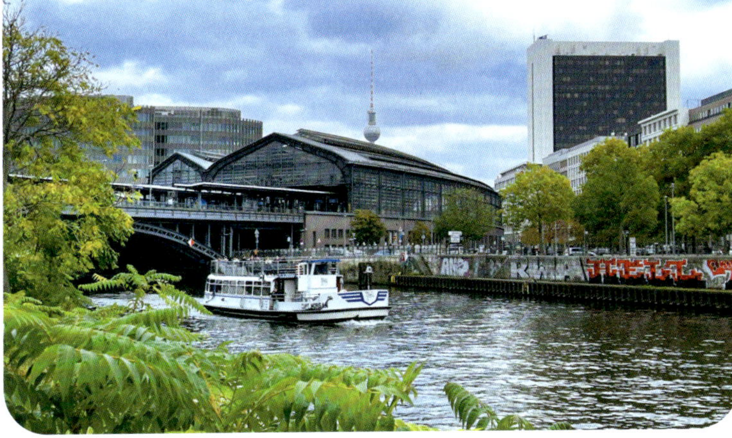

bis wir diese an der **Weidendammer Brücke** überqueren und unseren Weg auf der anderen Seite am **Reichstagufer** fortsetzen. Vor uns liegt die S-Bahn-Station Friedrichstraße, an deren Nordseite sich der berühmte **„Tränenpalast"** ⑨ befindet. Seine Bezeichnung erinnert an die unzähligen Tränen, die in der Ausreisehalle des Grenzübergangs Bahnhof Friedrichstraße geflossen sind. Heute befindet sich in dem Gebäude mit der auffälligen Glasfassade eine Ausstellung zur Geschichte der Teilung Berlins.

Unter den Schienen der S-Bahn hindurch folgen wir weiter dem Spreeufer. Die Tour führt uns die unterschiedlichen Gesichter Berlins vor Augen: Das längst vergangene Berlin, mit den zur Kaiserzeit entstandenen Prachtbauten, die eher nüchternen Gebäude aus DDR-Zeiten und das heutige Berlin mit seinen Büropalästen aus Glas, Stahl und Beton. Eines davon ist das **ARD-Hauptstadtstudio,** an dem wir rechts auf die **Marschallbrücke** einbiegen und den Fluss ein weiteres Mal überqueren. Wir halten uns links und können von hier aus einen tollen Blick auf die begehbare gläserne Kuppel des **Reichstagsgebäudes,** dem Haus des Deutschen Bun-

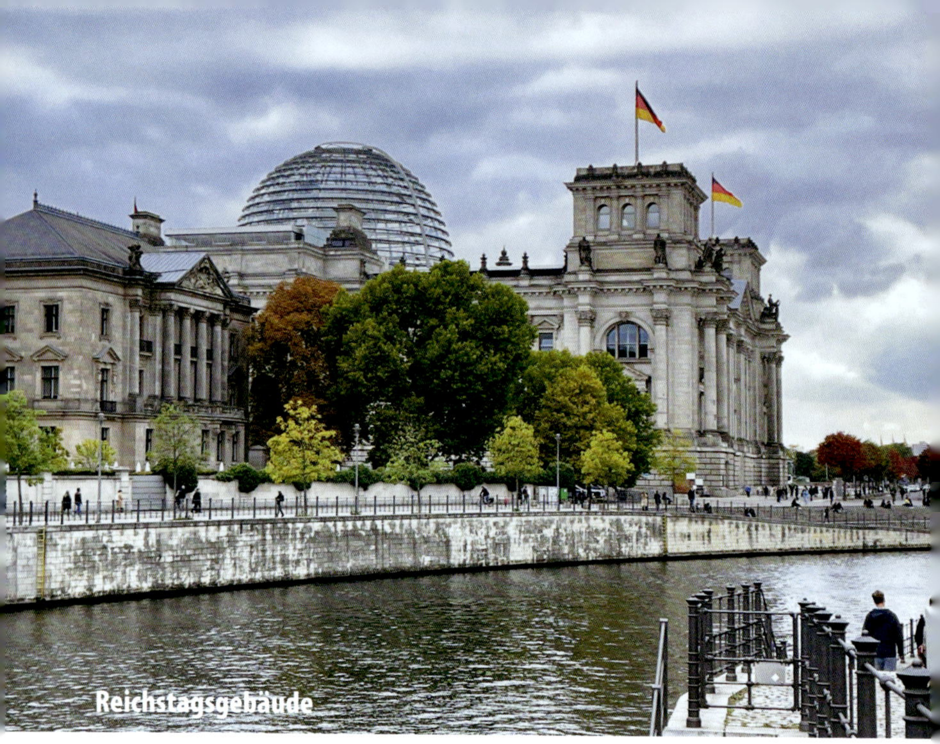

Reichstagsgebäude

destages, erhaschen. Nach wenigen Schritten tauchen wir ein in das futuristisch anmutende **Regierungsviertel.** Vorbei am Bullauge des **Marie-Elisabeth-Lüders-Hauses** können wir auf der gegenüberliegenden Spreeseite den Abgeordneten in der Bundestagskantine beim Essen zuschauen.

Unter einer mehretagigen Fußgängerbrücke hindurch steuern wir die schlichte und doch extravagante **Kronprinzenbrücke** an. Auf dieser wechseln wir erneut die Spreeseite und spazieren am Ufer entlang durch den **Spreebogenpark.** In der warmen Jahreszeit kann man sich hier an der **Beach Bar ⑩** einen erfrischenden Drink mit Blick auf die moderne, scheinbar endlos wachsende Kulisse rund um den Hauptbahnhof gönnen.

Wir gehen weiter entlang der Spree und unterqueren die Fußgängerbrücke, die zum Hauptbahnhof führt. Auf unserer städtischen Flusswanderung wird uns immer bewusster, dass Berlin tatsächlich doppelt so viele Brücken wie Venedig hat. Schließlich sind uns allein auf den letzten 4 Kilometern mindestens 15 Brücken begegnet. Und nur wenige Schritte vor uns liegt auch schon das nächste Prachtexemplar: die attraktive **Moltkebrücke** aus rotem Sandstein. Einige Meter weiter lohnt sich ein Blick zurück. Aus einiger Distanz verschmilzt auf einmal das Alte mit dem Neuen zu einem wirklich beeindruckenden Panorama.

Links vorbei am **Bundeskanzleramt** folgen wir dem Spreeweg und erreichen die 1957 erbaute Kongresshalle. Wegen seiner besonderen Form wurde dieses Gebäude von den Berlinern zeitig treffend die „Schwangere Auster" genannt. Es ist heute unter dem Namen **Haus der Kulturen der Welt** ein wichtiger Veranstaltungs- und Ausstellungsort für zeitgenössische internationale Kunst und Kultur. Im Restaurant **Weltwirtschaft ⑪** kann man auf einer gemütlichen Terrasse sitzen und den Menschen beim Flanieren zusehen.

Alt und Neu vereint

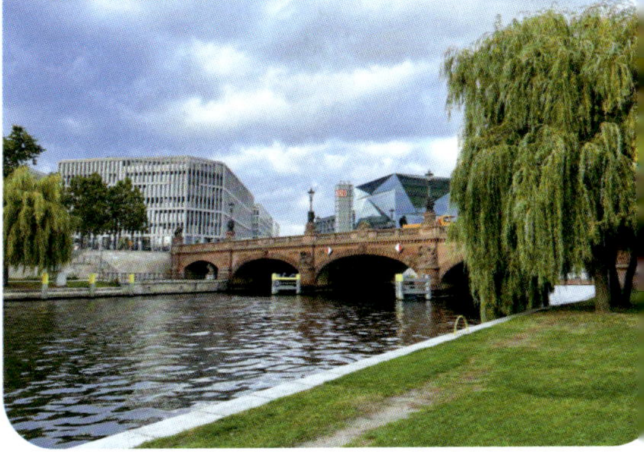

Unter den erhabenen Trauerweiden, die hier am Spreeufer stehen, setzen wir unseren Weg fort, bis wir auf die **John-Foster-Dulles-Allee** treffen. Hier wenden wir uns nun von der Spree ab, überqueren die Allee und spazieren mitten hinein in das grüne Herz Berlins. Der **Große Tiergarten** begrüßt uns sofort mit seinen hohen Bäumen. Bei nächster Gelegenheit biegen wir rechts ab und gehen über eine kleine Brücke. Wir folgen der Kastanienallee für gut 300 Meter und stoßen auf eine der wichtigsten Verkehrsadern Berlins. Die **Straße des 17. Juni** durchschneidet den Tiergarten der gesamten Länge nach.

Vorsichtig gehen wir über die mehrspurige Straße. Auf dem Mittelstreifen halten wir kurz inne und wenden uns nach rechts, um uns die **Siegessäule** mit der

*Am 17. Juni 1953 wurde ein **Volksaufstand** für freie Wahlen und die Wiedervereinigung Deutschlands durch das SED-Regime mithilfe von sowjetischen Panzern brutal niedergeschlagen. Mindestens 55 Menschen kamen an diesem dunklen Tag ums Leben.*

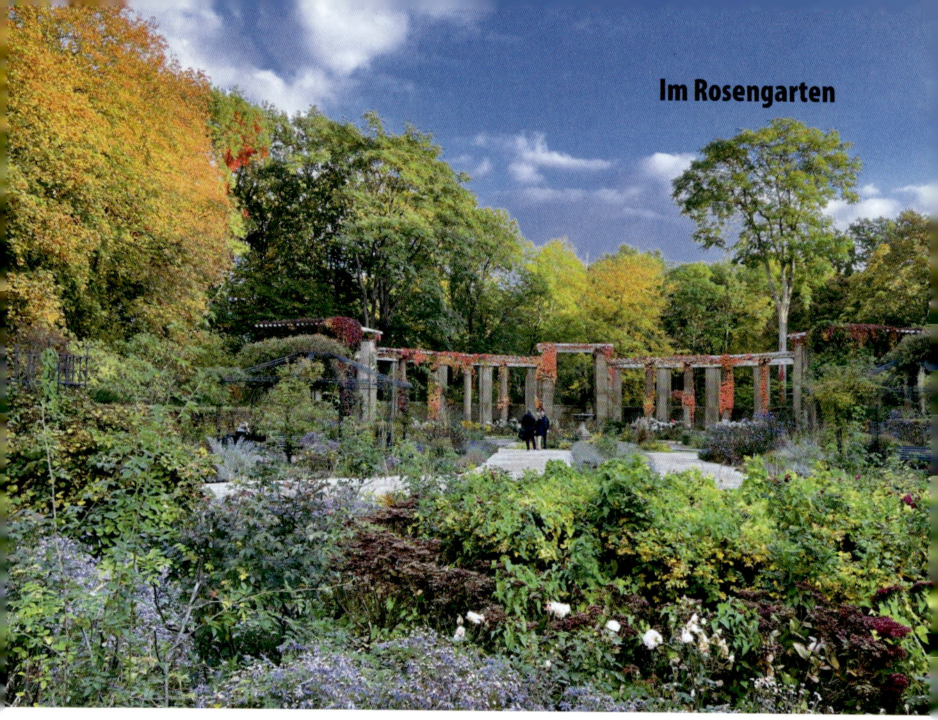

geflügelten Viktoria-Statue genauer anzuschauen, die die Berliner liebevoll spöttisch „Goldelse“ nennen. Auf der anderen Straßenseite betreten wir wieder die Parkanlage des Tiergartens, kreuzen den asphaltierten Hauptweg und halten uns geradeaus. Bald macht der Weg eine Biegung nach rechts und wir erreichen ein kleines Tor, durch das wir den **Rosengarten ⑫** betreten. Wir schlendern eine Runde zwischen den liebevoll angelegten Rabatten. Auf einer Bank lassen wir uns nieder, um kurz die Ruhe dieser kleinen Blumeninsel zu genießen.

Gegenüber dem Tor, durch das wir den Rosengarten betreten haben, führt uns ein anderes Tor zurück in den Tiergarten. Nach wenigen Metern stoßen wir auf einen Arm des **Tiergartengewässers.** Wir gehen rechts und bald wieder links über eine kleine Brücke. Immer der Nase nach kreuzen wir zwei Wege und biegen am dritten Weg rechts ab. Die **Hofjägerallee,** auf die wir nach kurzer Zeit treffen, ist einer der „Strahlen“ des Großen Sterns, dem mächtigen Platz, auf dem die Siegessäule thront und der von einem der größten Kreisverkehre Berlins unablässig umstrudelt wird. Auf der anderen Seite der Allee setzen wir unseren Weg durch den Park fort. Auch wenn der Tiergarten an so vielen Stellen vom Großstadtverkehr tangiert wird, so ist er doch ein faszinierender Ort der Ruhe und Erholung. Einst kurfürstliches Jagdrevier, ist er schon lange ein beliebter Volkspark im besten Sinne des Wortes. Wir kommen an einer großen Wiese vorbei, auf der sich die hohen Bäume zu majestätischen Naturschönheiten entfalten konnten.

Wenige Meter weiter biegen wir auf der **Fasanenallee** links ab und kommen an einem ganz unscheinbaren und doch besonderen Kuriosum vorbei, dem **Michael-Jackson-Baum ⑬.** Dieser wurde 2015 von der Fangemeinde des King of Pop zu seinem Gedenken gepflanzt.

Am Ende der **Fasanenallee** biegen wir rechts ab. Wer jedoch noch Lust auf eine Erfrischung hat, kann hier geradeaus weitergehen und erreicht rechter Hand das

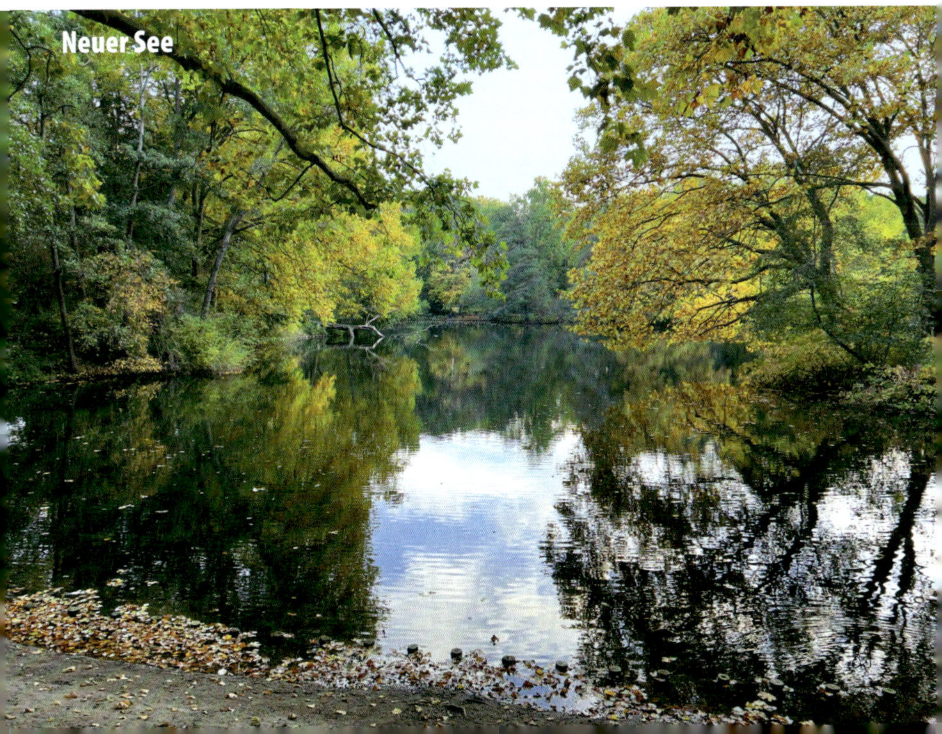

Neuer See

Café am Neuen See ⑭. Hier sitzt man auf einer herrlichen Terrasse direkt am Wasser. Als romantisches i-Tüpfelchen kann man mit einem der roten Ruderboote eine Runde über den See schippern.

Als letztes Highlight führt uns der breite Weg am Ufer des **Neuen Sees** entlang, wo wir uns auf einer der Bänke noch ein kurzes Päuschen genehmigen. Wir beobachten das bunte Treiben einer kleinen Wildgänsegruppe, die hier mit den einheimischen Stockenten um den besten Platz in der Herbstsonne streitet.

In einer weiten Rechtskurve legen wir die letzten Meter im Tiergarten zurück und stoßen schließlich wieder auf die **Straße des 17. Juni,** die wir überqueren, um die S-Bahn-Station Tiergarten zu erreichen.

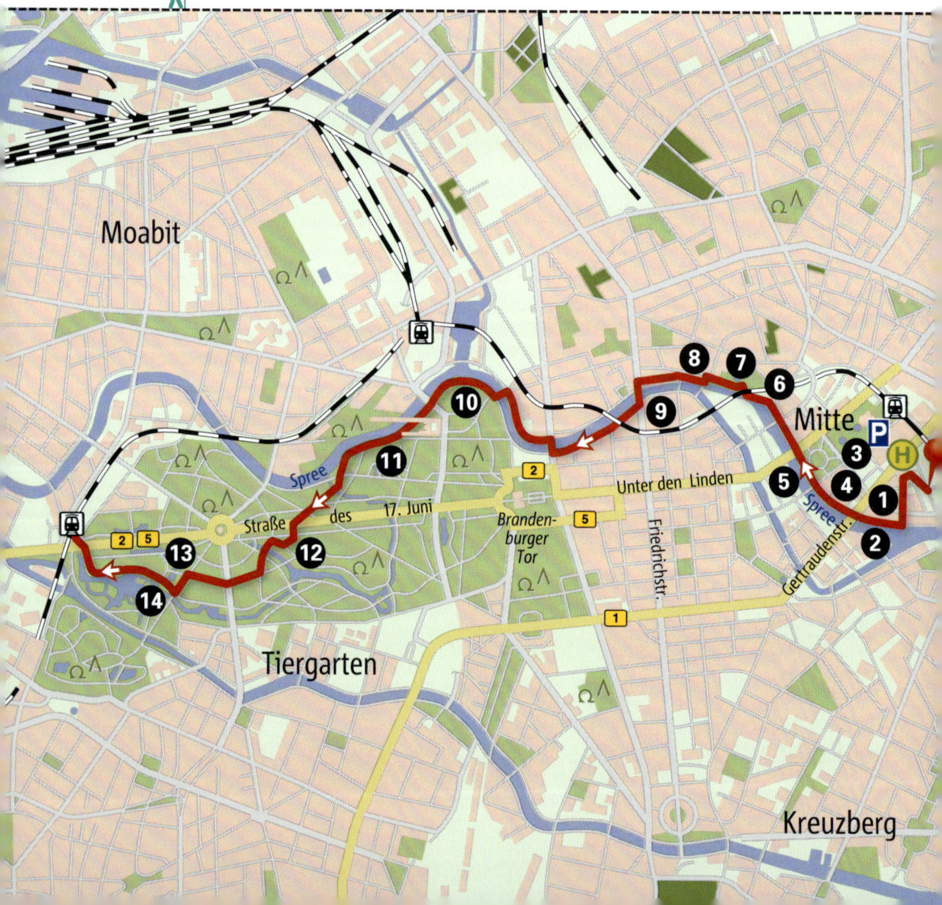

Alles auf einen Blick

WIE & WANN:
Die befestigten und häufig auch asphaltierten Wege entlang der Spree und im Tiergarten sind ganzjährig gut zu begehen.

HIN & WEG:
Auto: Parkhaus Rathauspassagen, Grunerstraße 7, 10179 Berlin (GPS: 52.518970, 13.411317). Da es sich um eine innerstädtische Streckenwanderung handelt, ist eine Anfahrt mit dem Auto allerdings unpraktisch und nicht zu empfehlen.
ÖPNV: U2 bis U-Bahn-Station Klosterstraße; Rückkehr zum Ausgangspunkt: S3, S5, S7oder S9 ab S-Bahn-Station Tiergarten bis Alexanderplatz, dann U2

ESSEN & ENTSPANNEN:
Restaurant Zille-Stube ❹ Spreeufer 3, 10178 Berlin, Tel. (0 30) 2 42 52 47, www.zillestube-nikolaiviertel.de

Entspannung ✱✱✱✱✱
Genuss ✱✱✱✱✱
Romantik ✱✱✱✱✱

Café Petit Bijou ❽ direkt an der Spree, Monbijoustraße 1, 10117 Berlin, Tel. (0 30) 30 88 20 73, www.petitbijou.de
Beach Bar im Spreebogenpark ❿ Ludwig-Erhard-Ufer, 10557 Berlin
Weltwirtschaft am Haus der Kulturen der Welt ⓫ John-Foster-Dulles-Allee 10, 10557 Berlin, Tel. (0 30) 5 85 82 24 91, www.weltwirtschaft.berlin
Café am Neuen See ⓮ Lichtensteinallee 2, 10787 Berlin, Tel. (0 30) 25 44 93 21, www.cafeamneuensee.de

ENTDECKEN & ERLEBEN:
Parochialkirche ❶ **Mühlendammschleuse** ❷ **Nikolaiviertel** ❸
Berliner Schloss / Humboldt Forum ❺ Schloßplatz, 10178 Berlin, Tel. (0 30) 9 92 11 89 89, www.humboldtforum.org
James-Simon-Park ❻ **Monbijoupark** ❼
Tränenpalast ❾ Reichstagufer 17, 10117 Berlin, Tel. (0 30) 4 67 77 79 11, www.hdg.de/traenenpalast
Rosengarten ⓬ **Michael-Jackson-Baum** ⓭

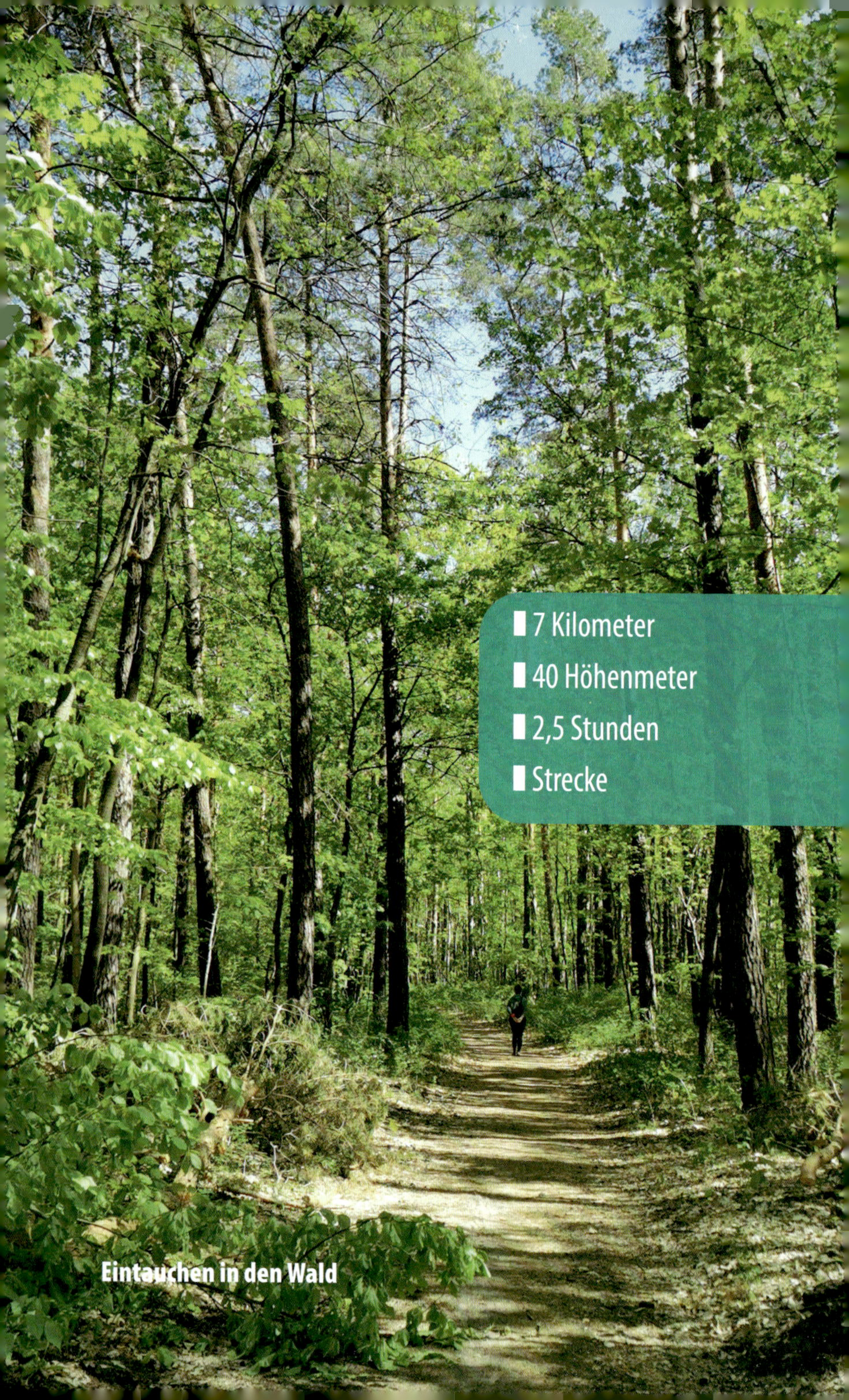

- 7 Kilometer
- 40 Höhenmeter
- 2,5 Stunden
- Strecke

Eintauchen in den Wald

Wir verlassen den S-Bahnhof Rahnsdorf und überqueren die Straße. Hier sehen wir schon die **Haltestelle der historischen Straßenbahn ❶**, die uns direkt nach Woltersdorf-Schleuse bringen würde. Doch dieses Schmankerl heben wir uns für die Rückfahrt auf.

Wir gehen an der Haltestelle vorbei und folgen der **Hauptstraße** gut 200 Meter, bis wir in einer Kurve wieder auf die Tramgleise stoßen. Vor den Schienen überqueren wir die Straße und gehen rechts an den Gleisen entlang in den Wald hinein. Nach wenigen Metern halten wir uns rechts und passieren eine Schranke. Der schöne Mischwald mit seinen jungen Ahornbäumen, Birken, Eichen und Kiefern scheint einem Bilderbuch zu entstammen. Den weichen Sandboden unter den

Seit 1913 verbindet die ***Woltersdorfer Straßenbahn*** *auf einer Strecke von 5,6 Kilometern Rahnsdorf mit der Gemeinde Woltersdorf. Die landschaftlich reizvolle Fahrt mit der historischen Bahn durch den Berliner Forst ist ein einmaliges Erlebnis.*

Waldbaden

Von Rahnsdorf nach Woltersdorf

Füßen schalten wir vom Großstadttempo endlich einen Gang runter. Der Weg windet sich in leichten Kurven durch den Wald und ohne jede Anstrengung setzen wir einfach einen Fuß vor den anderen und genießen die Schönheit der Natur. Am Wegesrand recken die ersten Maiglöckchen ihre schneeweißen Hütchen aus dem grünen Blättermantel.

Wir folgen dem Waldweg für 1 Kilometer und passieren zwei größere Waldkreuzungen, erst an der dritten biegen wir

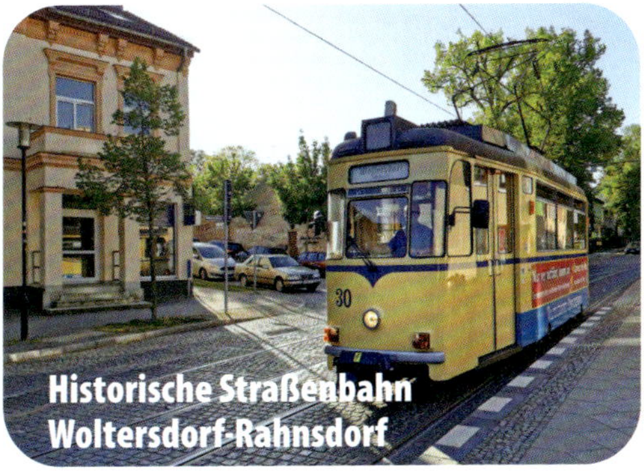

Historische Straßenbahn Woltersdorf-Rahnsdorf

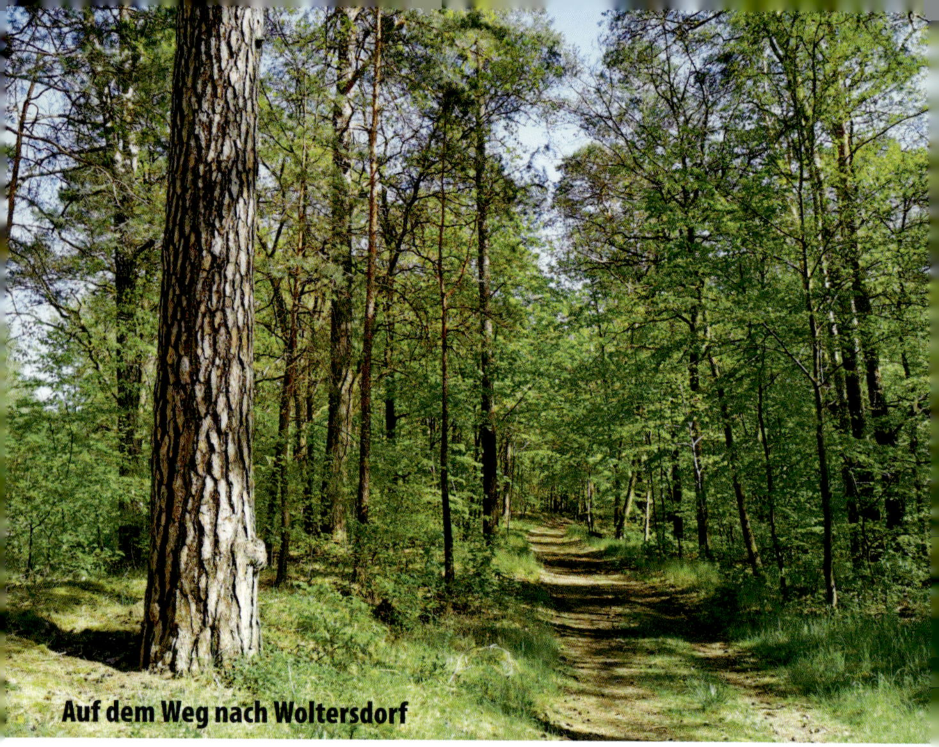

Auf dem Weg nach Woltersdorf

rechts ab. Die Bäume schließen sich über uns wie das Deckengewölbe einer Kathedrale, dementsprechend andächtig schreiten wir durch den grünen Buchen-Dom. An der kurz darauf folgenden **Gabelung** halten wir uns links. Nach wenigen Metern kreuzen wir einen Forstweg und gehen weiter geradeaus. Der Mischwald macht jetzt nach und nach Kiefern Platz, die nun dicht an dicht den Wegesrand säumen. Immer wieder queren wir Waldwege, halten uns aber weiter geradeaus. An einer der Waldkreuzungen lädt ein langer **Baumstamm** zum Pausieren ein. Im weiteren Verlauf unserer Wanderung ändert sich die Landschaft zunächst kaum, dann aber immer mehr und bald kündigt sich ein Naturhighlight an. Auf beiden Seiten des Weges erheben sich sanfte vom Wald bewachsene Sandhügel. Wir erreichen den **Wilhelmshagen-Woltersdorfer Dünenzug 2.**

In Brandenburg gibt es immer wieder dünenähnliche Erhebungen, auch wenn das Meer weit weg ist. Zur Linken öffnet sich der Wald ein wenig und gibt eine Schneise frei. Hier könnte man rechts hinaufgehen,

*Der **Wilhelmshagen-Woltersdorfer Dünenzug** ist ein 4 Kilometer langer und 1 Kilometer breiter Binnendünenkomplex, der auf offenen Sandstellen, Trockenrasen- und Waldbereichen einigen seltenen und gefährdeten Arten einen geschützten Lebensraum bietet.*

doch wir folgen dem immer schmaler werdenden Weg geradeaus, bis er schließlich als ein von Gras umwachsener Pfad in die Dünenlandschaft hineinführt. Unter unseren Füßen verwandelt sich der Waldboden in einen Sandweg, der Ostseefeeling aufkommen lässt. Wir kommen an eine **Lichtung,** die komplett von Sand und unzähligen kleinen Kiefern bedeckt ist. Wir lassen die Lichtung rechts liegen und biegen links auf einen weiteren **Sandweg.** Zu unserer Rechten trennt ein Metallzaun das Naturschutzgebiet ab. Wir folgen dem Weg weiter entlang des Zauns. Immer wieder gibt es Stichwege nach links, die von unserem Pfad abgehen und zum Erkunden der Dünen verführen. Am Ende des Zauns biegen wir in einen schmaleren **Pfad** nach rechts ab.

Für die Seele

Umgeben vom Grün prächtiger Bäume erleben wir die erholsame Stille des duftenden Waldes und entdecken dann die beeindruckende Kraft der Woltersdorfer Schleuse.

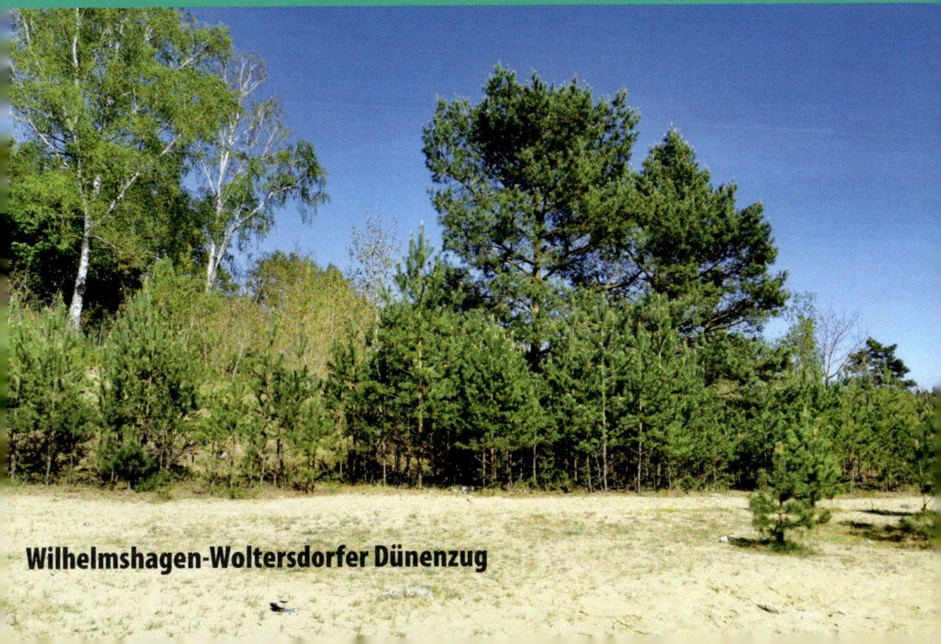

Wilhelmshagen-Woltersdorfer Dünenzug

Verwöhntour 10

Wie eine natürliche Berg-und-Tal-Bahn führt uns der Weg immer wieder auf und ab und bietet hier und da Ausblicke auf ein Meer von Bäumen. Bald erreichen wir einen der breiteren **Schotterwege,** überqueren diesen und gehen wieder, vorbei an einem **Brunnen,** in den Wald hinein. Wir folgen dem Weg mit seinem stetigen Auf und Ab weiter geradeaus. Unterwegs überqueren wir mehrere Wege. Wir lassen beim Wandern unseren Blick immer wieder in den Wald schweifen. An einer der alten Kiefern geht ein Buntspecht seinem Tagwerk nach. Sein weiches Klopfen mischt sich mit den Gesängen der anderen Waldvögel. Wir lauschen diesem großartigen Naturkonzert, während wir immer tiefer in den Wald eintauchen. Je näher wir Woltersdorf kommen, umso dichter wird der Wald und desto schmaler werden die Pfade. An einer etwas maroden Pausenbank gehen wir weiter geradeaus, um dann einen kleinen Hügel zu erklimmen. An der anschließenden **Weggabelung** halten wir uns links. Wir lassen uns für einen Moment der Besinnung auf einem der leuchtend weißen Birkenstämme nieder und beobachten ein Eichelhäher-

Blick von der Schleusenbrücke zum Restaurant Liebesquelle

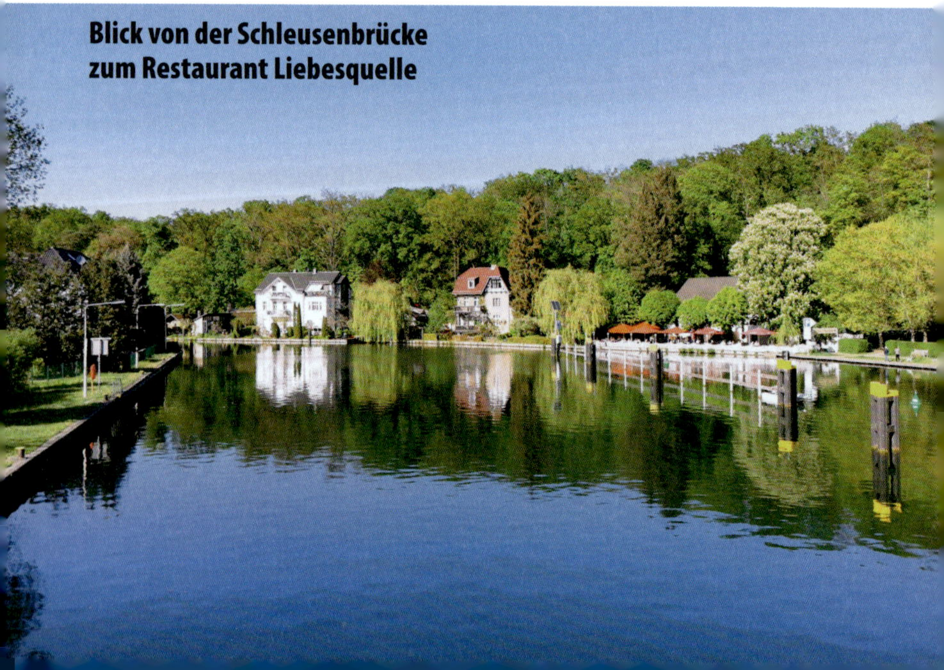

pärchen, das mehrmals an uns vorbeizischt. Auch an der nächsten **Gabelung** gehen wir nach links und erneut einige Male bergab und bergauf.

Als der Pfad steil über Wurzeln und Sand hinunter zur Straße führt, erreichen wir die ersten Häuser von Woltersdorf. Als ein letzter Gruß des Waldes erinnert uns ein Meer von zartblauem Vergissmeinnicht daran, auch im stressigen Alltag die Ruhe und Kraft der Natur in uns zu tragen. Wir treten aus dem Wald heraus auf eine kleine **Dorfstraße,** in die wir zunächst rechts einbiegen, um dann links über die **Rahnsdorfer Straße** auf die **Ethel-und-Julius-Rosenberg-Straße** zu treffen. Hier gehen wir auf dem rechten Gehweg bergab in Richtung Ortskern. Nach etwa 500 Metern erreichen wir eine Ampelkreuzung, biegen rechts in die **Breitscheidstraße** und folgen dem Straßenschild, das Richtung Schleuse weist.

Woltersdorfer Schleuse

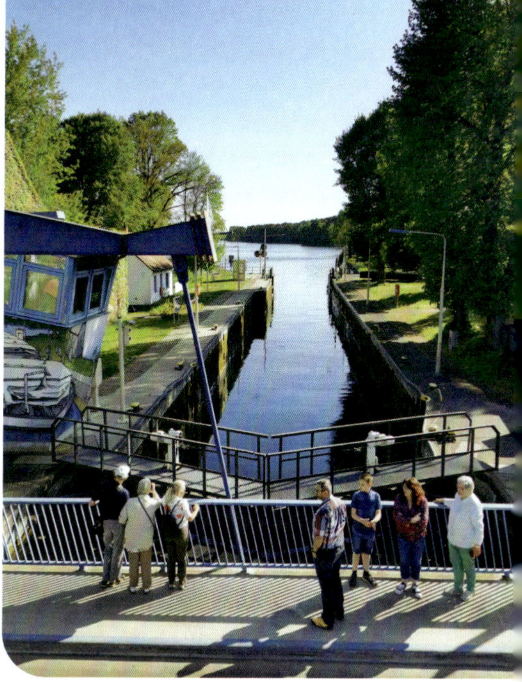

Die Straße ändert den Namen in **Schleusenstraße,** die wir nach einigen Schritten schon auf die **Gartenstraße** nach rechts wieder verlassen. Wie der Name schon sagt, führt der breite Sandweg an Gartenanlagen vorbei, plötzlich hüpft uns hier ein Eichhörnchen vor die Füße. Kurz hinter einer Kurve biegen wir rechts in die **Weserstraße** ab und folgen der Straße, bis wir nach 500 Metern links in die **Bergstraße** einbiegen und uns nach kurzer Zeit wieder auf der großen **Schleusenstraße** befinden, der wir nach rechts folgen. Nun ist es nicht mehr weit bis zum kulinarischen und kulturellen Zentrum **Woltersdorfs.** Im **Café Knappe** ❸ gibt es nicht nur

Bereits 1559 entstand in Woltersdorf das erste Stauwehr, um die etwa 2 Meter Fallhöhe zwischen Flakensee und Kalksee zu überbrücken. Heute wird die 2002 vollständig rekonstruierte ***Woltersdorfer Schleuse*** *zum Gütertransport und von Wassersportlern genutzt.*

Verwöhntour 10

*Wer mag, kann einen **Abstecher zur Liebesquelle** oberhalb des gleichnamigen Restaurants anhängen. Aus der Quelle mit ihrem charakteristischen Brunnenhaus, das einem Vogelkäfig ähnelt, sollte man sich einen kräftigen Schluck gönnen.*

Eis und frisch gebackenen Kuchen, sondern auch regionale Spezialitäten. Uns zieht es aber zunächst einmal zur berühmten **Woltersdorfer Schleuse ④.**

Hier überqueren wir die Schleusenbrücke und gehen nach links am Wasser entlang in Richtung der roten Schirme des **Restaurants Liebesquelle ⑤.** Hier finden wir ein Plätzchen auf der Terrasse und genießen den freien Blick auf den **Mühlenteich** und die Schleuse.

Frisch gestärkt geht es ganz bequem und angenehm nostalgisch zurück nach Rahnsdorf. Dazu besteigen wir auf Höhe vom Café Knappe die historische Woltersdorfer Straßenbahn, die uns gemütlich rumpelnd aus Woltersdorf raus, mitten durch den Wald zurück zur S-Bahn in Rahnsdorf bringt.

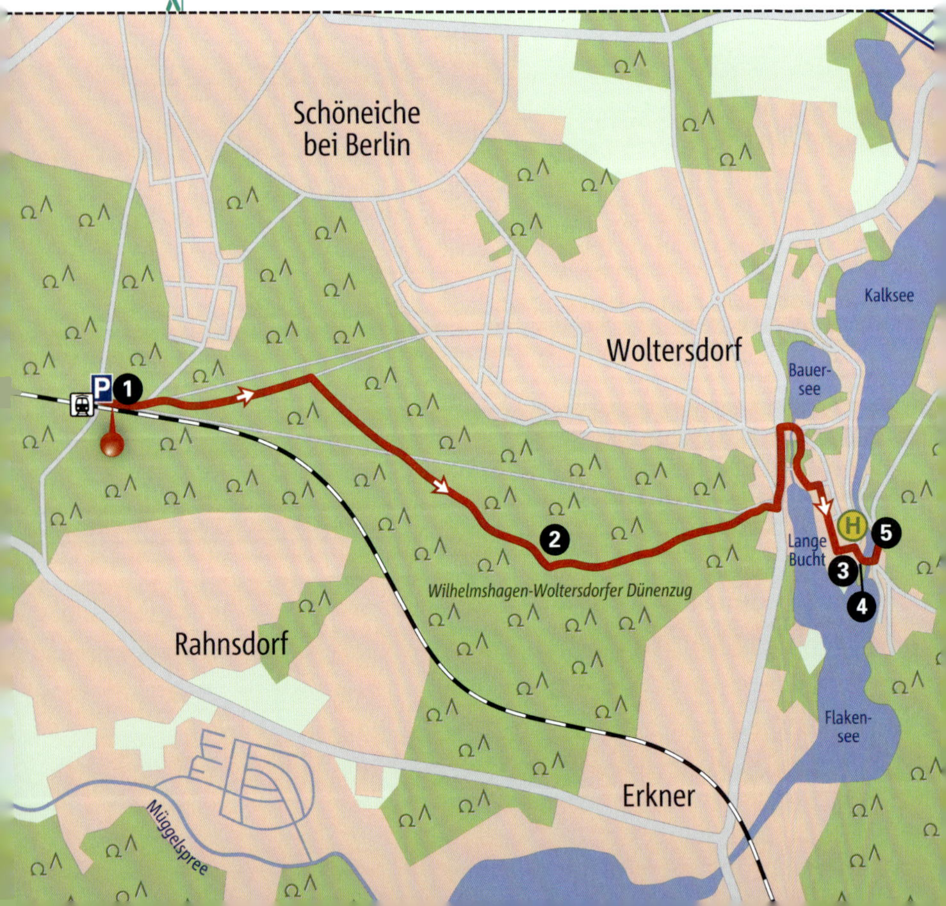

Alles auf einen Blick

WIE & WANN:
Wanderung auf breiten Waldwegen und schmalen Wurzelpfaden, innerorts befestigte Fußwege. Je nach Witterung ganzjährig begehbar. Die Waldpfade werden allerdings im Winter nur bedingt geräumt.

HIN & WEG:
Auto: Parkmöglichkeiten am S-Bahnhof Rahnsdorf, 12589 Berlin (GPS: 52.451736, 13.691319)
ÖPNV: S3 bis S-Bahnhof Rahnsdorf; Rückkehr zum Ausgangspunkt: Straßenbahn ab Woltersdorf

Entspannung ✱✱✱✱✱
Genuss ✱✱✱✱✱
Romantik ✱✱✱✱✱

ESSEN & ENTSPANNEN:
Konditorei Café Knappe ❸ Schleusenstraße 32, 15569 Woltersdorf, Tel. (0 33 62) 51 63, www.konditorei-cafe-knappe.de
Restaurant Liebesquelle ❺ Brunnenstraße 2, 15569 Woltersdorf, Tel. (0 33 62) 53 40, www.restaurant-liebesquelle.de

ENTDECKEN & ERLEBEN:
Haltestelle der historischen Straßenbahn ❶
Wilhelmshagen-Woltersdorfer Dünenzug ❷
Woltersdorfer Schleuse ❹

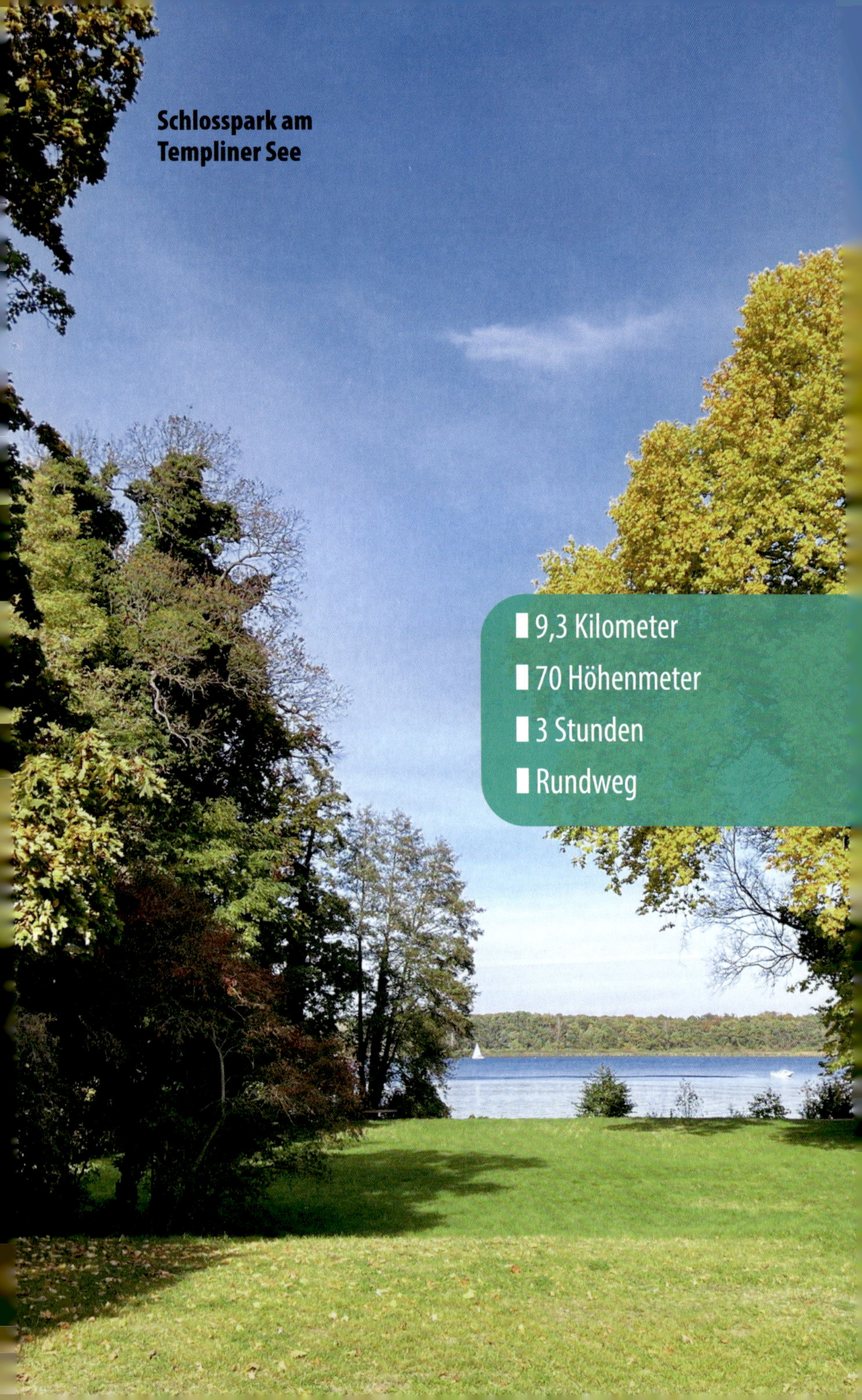

Schlosspark am Templiner See

- 9,3 Kilometer
- 70 Höhenmeter
- 3 Stunden
- Rundweg

Wir verlassen den Bahnhof Schwielowsee und gehen mit den Gleisen im Rücken zunächst leicht bergauf die **Geschwister-Scholl-Straße** entlang. Nach rund 300 Metern steigen wir die vielen Stufen einer Treppe hinauf zu einem **Aussichtspunkt.** Von hier genießen wir einen herrlichen Blick auf den Schwielowsee und bewundern die eindrucksvolle **Altmann-Linde ①,** die nach der Potsdamer Gärtnerlegende Peter Altmann benannt ist.

__Peter Altmann__ (1915 bis 2005) war gelernter Gärtner und Schüler des berühmten Staudenzüchters Karl Foerster. 1965 legte er in Caputh seinen Naturgarten mit Alpinum, Heide- und Bauerngarten an, der heute unter Denkmalschutz steht und besichtigt werden kann.

Weiter geht es geradeaus auf einem schmalen Weg und später über einige Stufen zwischen den Gärten hindurch leicht bergab, bis wir auf den **Schmerberger Weg** treffen, dem wir nach links folgen. Nach nur wenigen Metern biegen wir scharf rechts ab und bei nächster Gelegenheit links in den **Fasanenweg.** Diesen wandern wir weiter vorbei an hübschen Wohnhäusern mit gepflegten Gärten. Wir stoßen schließlich auf den **Spitzbubenweg,** in den wir links einbiegen. Immer der Nase nach laufen wir einen knappen Kilometer in einiger Entfernung am Ufer des **Caputher Sees** entlang. Zwar können wir an einigen Stellen schon das Glitzern des Wassers erahnen, doch das dichte Grün des Uferbiotops lässt noch keinen freien Blick auf den See zu.

Drei-Seen-Runde

Auf Einsteins Spuren durch Caputh

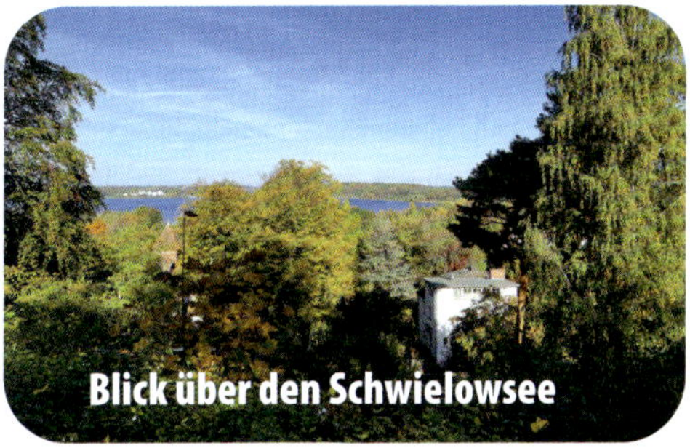
Blick über den Schwielowsee

Wenn der Spitzbubenweg rechts abbiegt, gehen wir geradeaus auf einem naturbelassenen **Waldweg** hinein

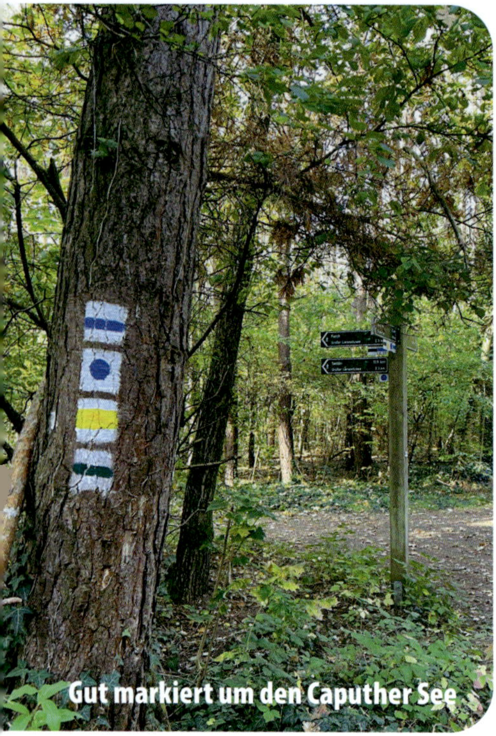

Gut markiert um den Caputher See

in das Naturschutzgebiet, das den Caputher See umgibt. Hier leuchten uns gleich mehrere verschiedenfarbige Wegmarkierungen von den Bäumen entgegen, denen wir erst einmal entspannt um den See herum folgen können. Über eine kleine, hölzerne **Brücke** wandern wir unter Kiefernwipfeln und über weiche Nadeln durch den schönen Wald. Nach 700 Metern auf gut markierten Wegen kommen wir endlich ganz nah an das **Seeufer** und gönnen uns eine kurze Kaffeepause auf einer der Rastbänke mit Aussicht aufs Wasser. Der nächste Wanderkilometer führt uns auf dem **Uferweg** an versteckten Buchten und prächtigen Bäumen vorbei weiter um den See. Einer der Wegweiser, die uns auf unserer Tour begleiten, verweist auf einen echten Fernwander-Klassiker der Region Berlin/Brandenburg. Mit der Markierung blauer Punkt auf weißem Grund führt der **66-Seen-Wanderweg** nicht nur um den kleinen Caputher See, sondern mit über 400 Kilometern einmal ganz um Berlin herum.

An diesem herbstlichen Tag scheint die Sonne durch das bunte Blätterdach, bei jedem Windstoß rieseln die gelben Blätter auf uns herab. An der breitesten **Badestelle ❷** lassen wir uns noch einmal auf einer Bank nieder. Den Gedanken an ein erfrischendes Herbstbad verwerfen wir schnell wieder und beobachten stattdessen einen Hund, der im Wasser herumtollt. Er scheint nicht zu frieren.

Gleich hinter der Badestelle steigt der Weg leicht an und geht nach wenigen Metern in die **Seestraße** über. Hier öffnet sich unser Blick auf saftige Wiesen und

Weideflächen. Wir folgen dem Verlauf des Weidezauns und biegen nach einigen Metern rechts auf einen schmalen Pfad ab. Schon nach 150 Metern lassen wir die Weide hinter uns und gehen an einer dicken, stark verzweigten Eiche links weiter. Wir folgen dem Wegverlauf etwa 200 Meter und erreichen dann einen **Sportplatz,** an dem wir entlanggehen, bis wir schließlich auf ein kleines Gewerbegebiet stoßen. Die nächste Querstraße biegen wir links ein und folgen dieser, bis wir auf die **Michendorfer Chaussee** treffen. Auf der anderen Straßenseite verläuft ein breiter Fußweg, dem wir nach rechts folgen, bis wir schon nach einigen Schritten auf die schmalere Straße **Am Steineberg** stoßen. Hier biegen wir links ab und machen uns auf den Weg zu einem der

Einsteins Sommerhaus *und Garten können von April bis Oktober an den Wochenenden und feiertags im Rahmen einer Führung besichtigt werden. Als Ergänzung dazu lohnt sich ein Besuch des kleinen Einstein-Museums im Zentrum Capuths.*

Für die Seele

Unsere Wanderung bietet verträumte Uferwege, Orte der Ruhe inmitten herrlicher Natur und eine Zeitreise in die faszinierende Caputher Dorfgeschichte.

bekanntesten Häuser Capuths – dem **Sommerhaus von Albert Einstein ③.** Hier lebte der weltberühmte Physiker von 1929 bis 1932 fast ganzjährig mit seiner Frau Else und deren beiden Töchtern.

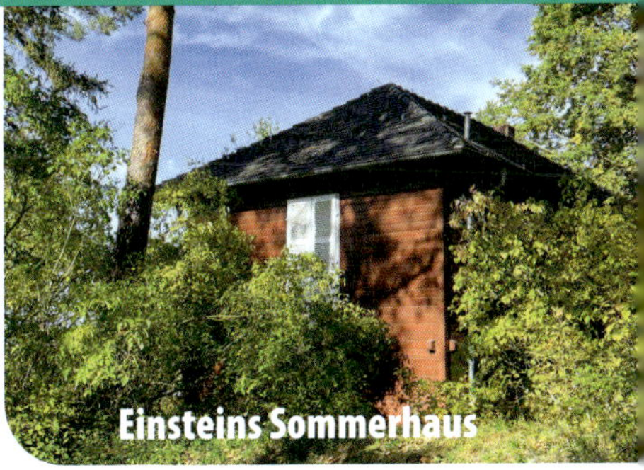
Einsteins Sommerhaus

Nach gut 800 Metern auf einer schmalen Asphaltstraße erreichen wir das Einsteinhaus. Auf Wunsch des Paares wurde das schlichte, elegante Haus noch recht untypisch für die Zeit aus Holz gebaut. Einstein genoss vor allem den Blick von der geräumigen Dachterrasse über Caputh und die Nähe zu den umliegenden Seen: „Das Segelschiff, die Fernsicht, die einsamen Herbstspaziergänge, die relative Ruhe, es ist ein Paradies", so Albert Einstein 1929.

Verwöhntour 11

Auf dem Rückweg folgen wir einfach den Wandermarkierungen des **66-Seen-Wanderwegs** (blauer Punkt auf weißem Grund). Wir biegen also gut 200 Meter nach dem Einsteinhaus rechts in die **Rosenstraße** ein und halten uns an der nächsten Straßengabelung leicht links. Die **Lindenstraße** bringt uns auf direktem Weg nach 600 Metern ins **Zentrum von Caputh.** Wo die Lindenstraße eine Kurve beschreibt, stoßen wir auf die Mauern des **Schlossparks.** Bevor wir uns diesem Kleinod widmen, machen wir noch einen Abstecher nach rechts zum **Schiffsanleger Schloss Caputh ❹.** Von dem langen Steg aus haben wir einen weiten Blick über den Templiner See, der bis zu den ersten Häusern Potsdams reicht. Wir atmen tief die frische Seeluft ein und machen uns wieder auf den Weg zurück zur Lindenstraße. Dabei passieren wir das **Kavalierhaus Caputh ❺,** in dem man am Wochenende einen wirklich guten Brunch und sonntags Kaffee und Kuchen genießen kann.

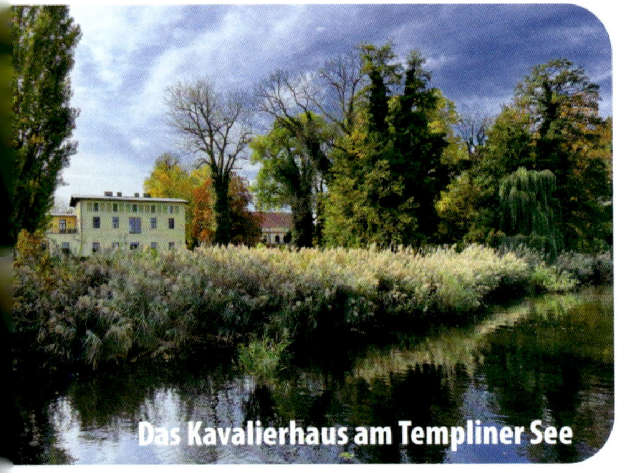

Das Kavalierhaus am Templiner See

Wieder zurück auf der Lindenstraße, gehen wir nun geradeaus auf die evangelische **Dorfkirche ❻** von Caputh zu, die sich mit ihrem schlanken Kirchturm vor uns erhebt. Sie wurde als Pfeilerbasilika um 1850 erbaut, es lohnt sich, eine Runde um das Bauwerk und durch den Kirchpark zu drehen.

Von der Kirche gehen wir auf der **Straße der Einheit** weiter bis zum Eingangsbereich des **Schlossparks.** Dabei kommen wir auch an der kleinen Ausstellung über Einsteins Sommerhaus vorbei. Durch ein Tor betreten wir den Park und stehen nun vor dem **Schloss Caputh ❼,** das ab 1662 im Stil des Frühbarocks erbaut wurde. Wir gehen links am Schlossgebäude vorbei über einen der

*Eine kleine Attraktion ist die **Luthereiche** im Kirchpark, die aus einer Eichel der berühmten Eiche in Wittenberg gezogen wurde, an der Martin Luther am 10. Mai 1520 die Bannbulle des Papstes zerrissen und verbrannt haben soll.*

Parkwege hinunter zum Wasser. Auf einer der Bänke direkt am Ufer des **Templiner Sees** gönnen wir uns eine kurze Pause und genießen das beruhigende Plätschern des Wassers.

Wir setzen unseren Weg nach links fort und verlassen den Park über eine kleine Brücke, die uns auf die Straße **Krughof** bringt. Rechts an den Gebäuden des Krughofs vorbei folgen wir der Straße, die in ihrem Verlauf mehrmals ihren Namen ändert und in einem weiten Bogen am Havelufer vorbei zurück auf die **Weberstraße** führt. Hier gehen wir rechts entlang der Weberstraße, bis wir auf Höhe eines kleines Parks, in dem das schlichte **Albert-Einstein-Denkmal** ❽ steht, wieder auf die große Straße der Einheit treffen. Auf der linken Straßenseite entdecken wir das kleine **Eiscafé Piccolo Gelato** ❾ und genehmigen uns für die letzten Meter unserer Tour einen kleinen Energieschub in Form einer Kugel italienischen Eises. Wer größeren Appetit hat, muss sich noch kurz gedulden, aber schon nach gut 300 Metern erreichen wir den **Anleger der Seilfähre Caputh** ❿. Hier kann man im **Fährhaus Caputh** ⓫ auf der schönen Terrasse direkt am Wasser Platz nehmen und sich die Speisen der gutbürgerlichen Küche schmecken lassen.

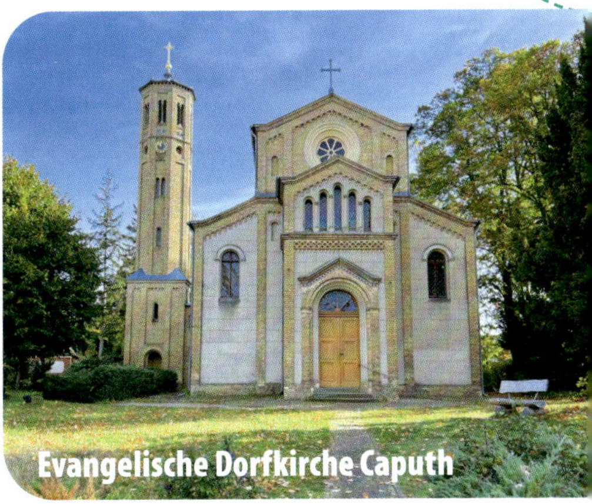
Evangelische Dorfkirche Caputh

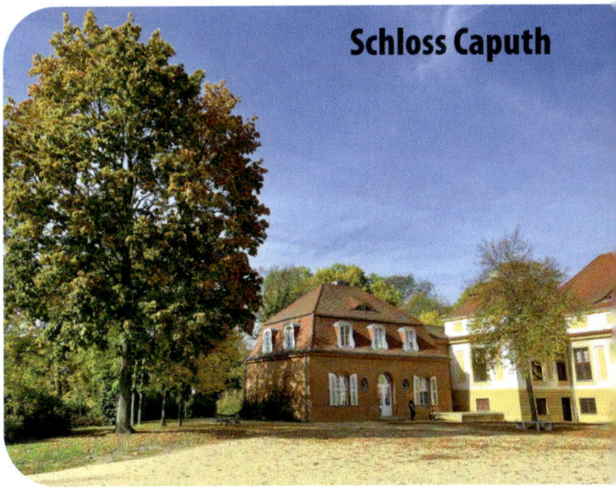
Schloss Caputh

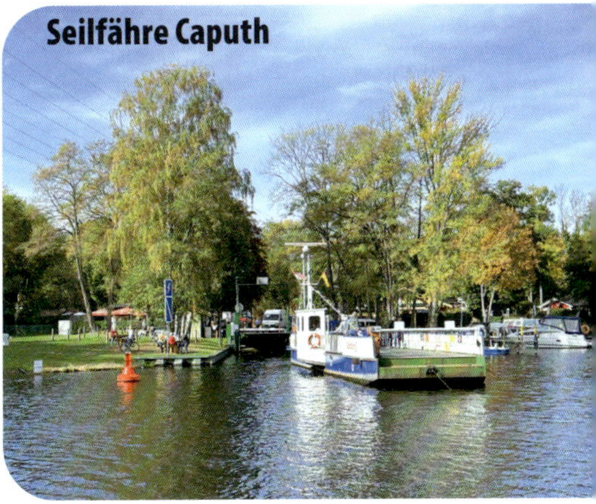
Seilfähre Caputh

Verwöhntour 11

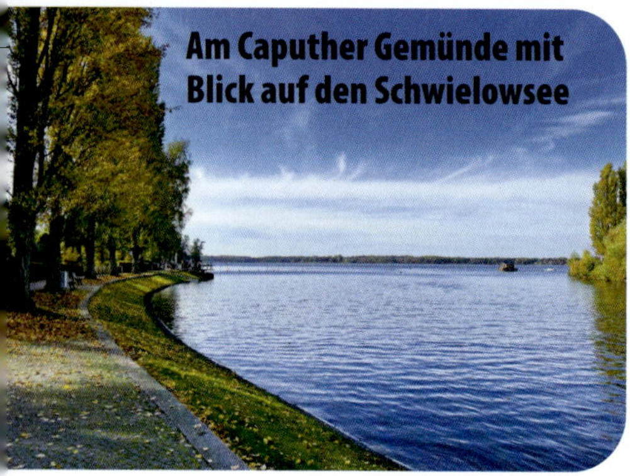

Am Caputher Gemünde mit Blick auf den Schwielowsee

Die Zielgerade unserer Tour könnte dann der perfekte Verdauungsspaziergang sein. Entlang des **Caputher Gemündes** schlendern wir auf der Uferpromenade bis zur **Aussichtsplattform ⑫,** die kurz hinter der Eisenbahnbrücke liegt. Von hier aus haben wir zum Abschluss noch einmal einen tollen Blick über die Havel und den Schwielowsee. Wir kehren hier um und biegen rechts in die **Schwielowseestraße** ein, die uns in knapp 250 Metern zurück zu unserem Ausgangspunkt bringt.

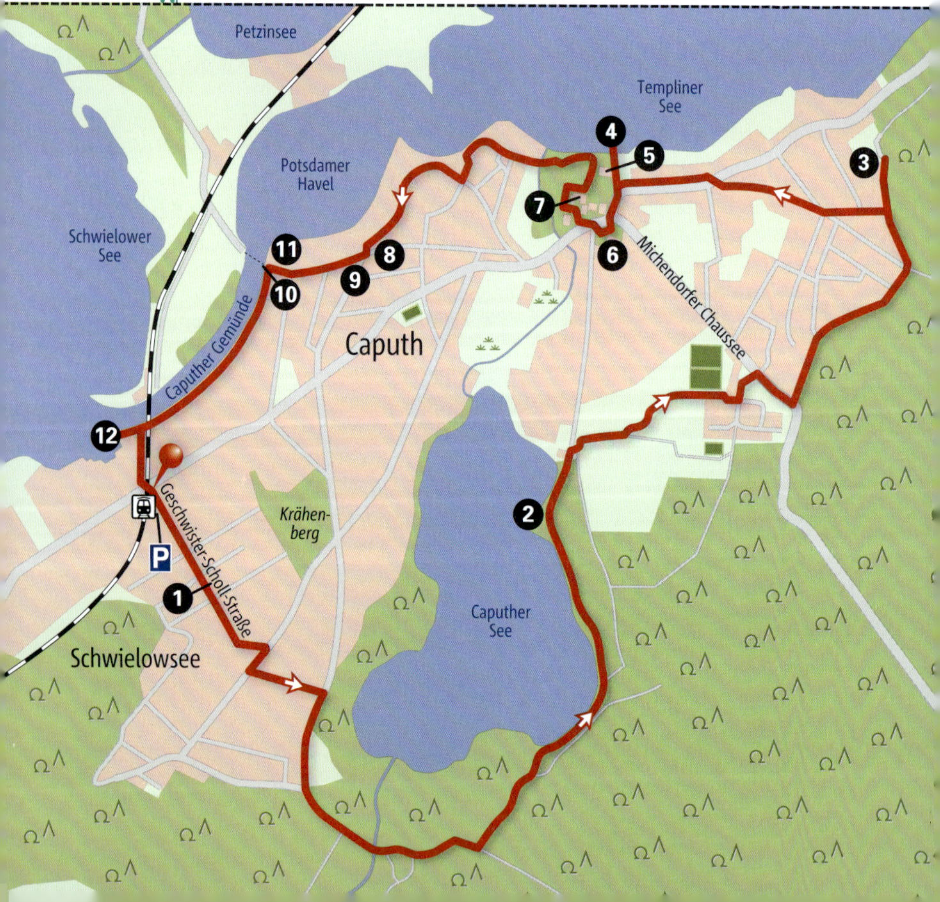

Alles auf einen Blick

WIE & WANN:
Kleine Asphaltstraßen wechseln sich mit naturbelassenen Wanderwegen ab, die ganzjährig gut zu begehen sind.

HIN & WEG:
Auto: Parkmöglichkeiten am Bahnhof Caputh-Schwielowsee, 14548 Schwielowsee (GPS: 52.340970, 12.980791)
ÖPNV: RB33 bis Bahnhof Caputh-Schwielowsee

ESSEN & ENTSPANNEN:
Kavalierhaus Caputh ❺ Lindenstraße 60, 14548 Schwielowsee, Tel. (03 32 09) 8 46 30, www.kavalierhaus-caputh.de
Eisdiele Piccolo Gelato ❾ Straße der Einheit 71, 14548 Schwielowsee

Entspannung ✱✱✱✱✱ (4 von 5)
Genuss ✱✱✱✱✱ (5 von 5)
Romantik ✱✱✱✱✱ (3 von 5)

Fährhaus Caputh ⓫ Straße der Einheit 88, 14548 Schwielowsee, Tel. (03 32 09) 7 02 03, www.faehrhaus-caputh.de

ENTDECKEN & ERLEBEN:
Aussichtspunkt Altmann-Linde ❶
Badestelle Caputher See ❷
Einsteins Sommerhaus ❸ Am Waldrand 17, 14548 Schwielowsee, Tel. (03 31) 27 17 80, www.einsteinsommerhaus.de
Schiffsanleger Schloss Caputh ❹
Dorfkirche Caputh ❻
Schloss Caputh mit Schlosspark ❼
Albert-Einstein-Denkmal ❽
Anlegestelle Seilfähre Caputh ❿
Aussichtspunkt Caputher Gemünde ⓬

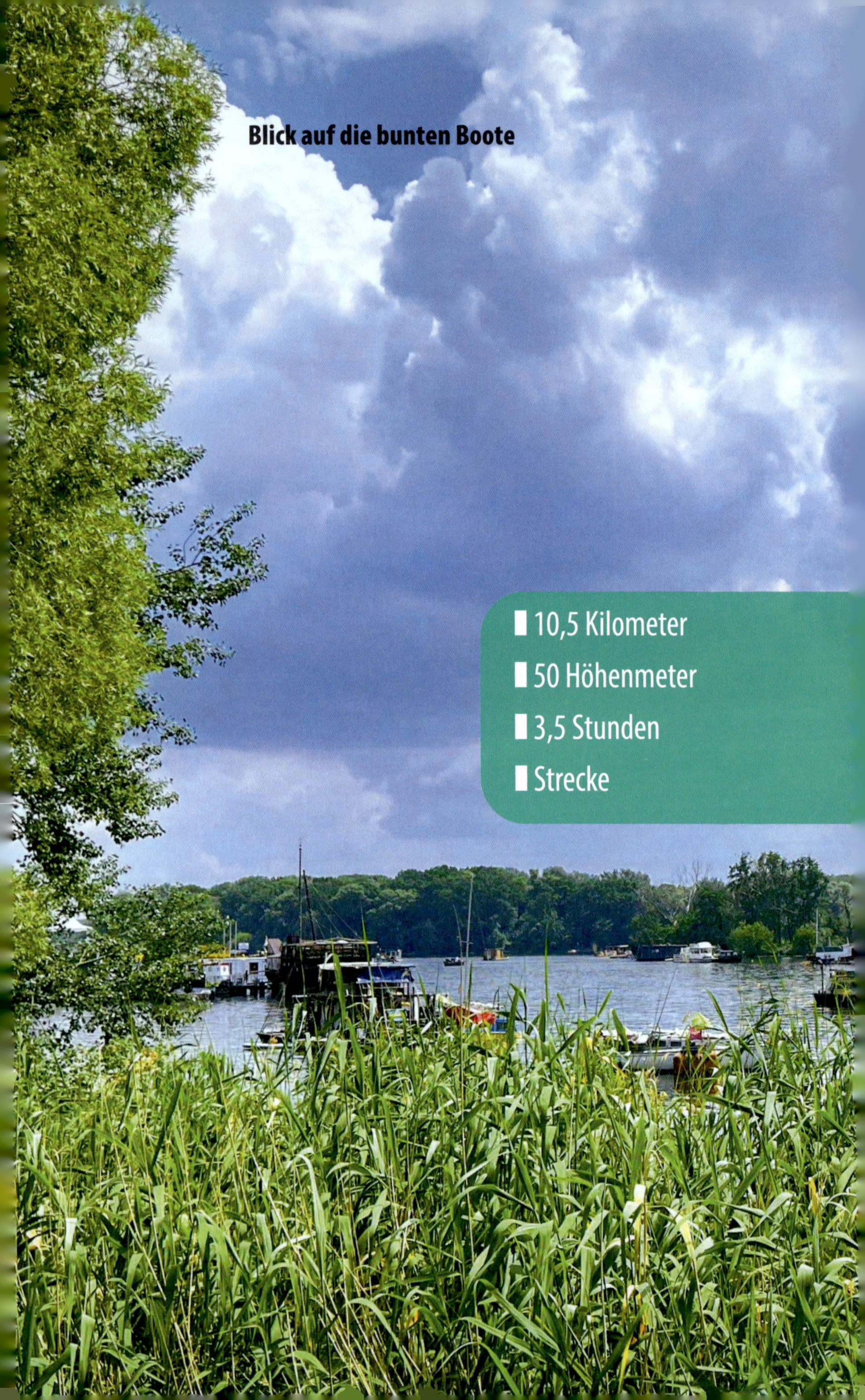

Blick auf die bunten Boote

- 10,5 Kilometer
- 50 Höhenmeter
- 3,5 Stunden
- Strecke

Unsere Spreewanderung beginnt an der Tramhaltestelle Gustav-Holzmann-Straße. Wir biegen links in die besagte Straße ein und erreichen schon nach wenigen Metern die **Spree.** Hier halten wir uns rechts, nun führt uns der Weg etwa 10 Kilometer lang immer am Ufer der Hauptwasserader Berlins entlang. Bald kommen wir an einen Steg, der nach oben auf eine **kleine Aussichtsplattform** ❶ mitten im urbanen Uferschutzgebiet führt. Wir setzen uns auf eine der Bänke und beobachten durch das Schilf hindurch, wie abenteuerlich aussehende Floße, schicke Boote und das eine oder andere Kanu zwischen den beiden Spreeinselchen **Liebesinsel** und **Kratzbruch** hin und her schippern. Es ist herrlich, in der Sonne zu verweilen, aber wir wollen weiter.

*Die **Spreeinseln Liebesinsel und Kratzbruch** stehen unter Naturschutz. Sie dürfen weder von Booten angesteuert noch betreten werden. Das war nicht immer so. Denn ihren Namen bekam die Liebesinsel, weil sie früher ein beliebter Treffpunkt für (heimlich) Verliebte war.*

Spree-Idylle

Von Rummelsburg zum Plänterwald

Unser Weg entlang des **Bolle-Ufers** führt durch ein Biotop, das uns an einen Dschungel erinnert. Lianenähnliche Pflanzenteile hängen von den Bäumen und die Vögel singen um die Wette. Auf der anderen Seite des Weges reihen sich Wohnhäuser in Premiumlage aneinander.

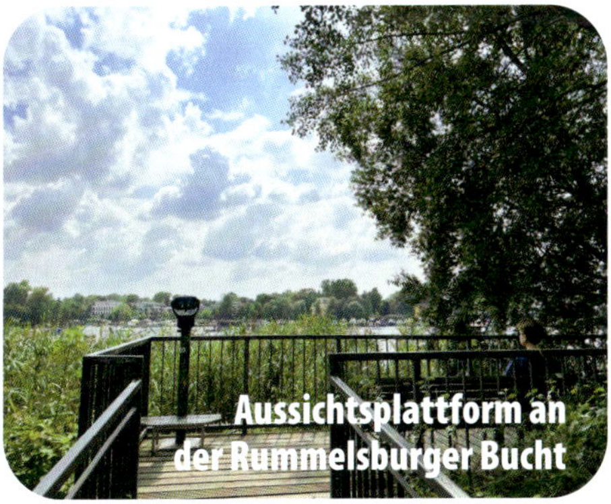

Aussichtsplattform an der Rummelsburger Bucht

Wo heute schicke Neubauten in verschiedensten architektonischen Ausführungen stehen, befanden sich früher das Berliner Arbeitshaus und eine Justizvollzugsanstalt, von der nur noch der **Wachturm** stehen geblieben ist. Dichtes Grün trennt

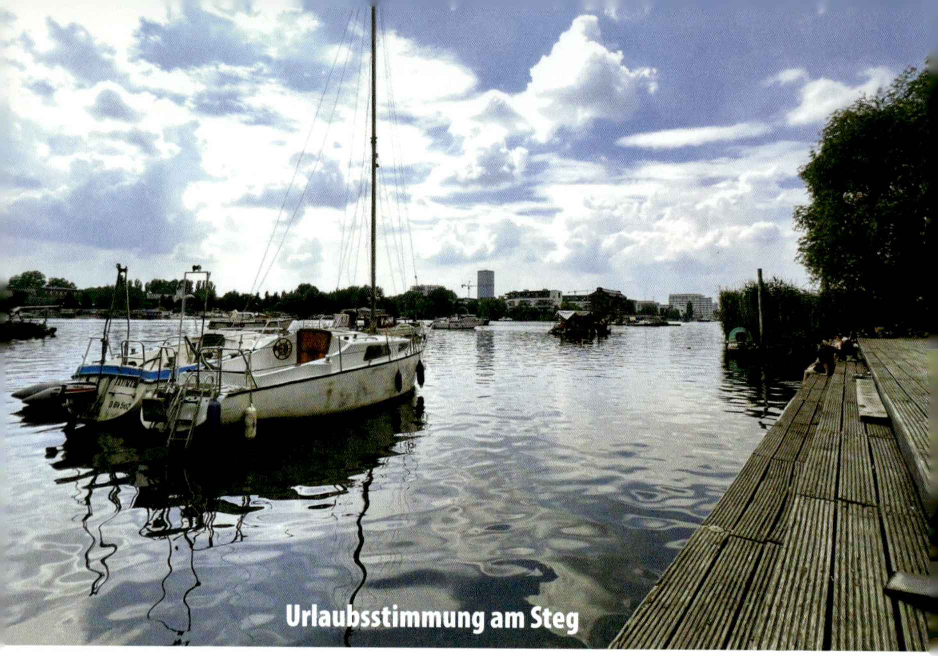

Urlaubsstimmung am Steg

uns von der Spree, doch schon nach kurzer Zeit kommen wir an einen unserer Lieblingsorte dieser Wanderung. Ein aus Holzbohlen geformter **Steg ❷** führt über breite Stufen direkt an die Spree heran. Die Anlage dient Booten als Liegeplatz und Badewilligen als perfekter Einstieg für eine kleine Abkühlung. Urlaubsfeeling kommt auf und so sitzen wir eine ganze Weile auf der Flusstreppe und schauen zu, wie die Wellen mit den Booten spielen.

Wir verlassen diesen Traumort und setzen unseren Weg fort. Nach wenigen Schritten kommen wir vorbei an den **Knabenhäusern** des Friedrichs-Waisenhauses, das ab Mitte des 19. Jahrhunderts für fast 100 Jahre eine Heimstatt für elternlose Kinder war.

Der Weg beschreibt eine Kurve und dann liegt sie in ihrer ganzen Schönheit vor uns: die **Rummelsburger Bucht.** Auf der modernen **Zillepromenade** spazieren wir vorbei an Segelschulen und Bootsverleihen, bis wir schließlich nach etwa 800 Metern die Spitze der Bucht erreichen. Von hier haben wir einen schönen Blick auf unsere bisher zurückgelegte Strecke, bevor wir unsere Tour auf der anderen Seite des Rummelsburger Sees fortsetzen. Die **Halbinsel Stralau** empfängt uns aber zunächst mit einer ausgedehnten Kaffeepause im **Café URBAyN ③,** wo wir es uns in einem der Liegestühle mit Seeblick bequem machen.

Nach der Rast wandern wir die nächsten 1,5 Kilometer entspannt am Spreeufer entlang, passieren den **Kulturkahn Paula,** den aufwendig zu Wohnraum umgebauten **Palmkernölspeicher,** um uns der Spitze der Halbinsel Stralau zu nähern. Die **Kleingartenanlage Alfred Kowalke,** benannt nach einem antifaschistischen Widerstandskämpfer, wirkt zwischen den mondänen Townhouses fast schon exotisch, auch wenn sie schon Jahrzehnte vor der modernen Bebauung hier angelegt worden war. Besonders angetan sind wir von dem kleinen **Hausboothafen.** Gemütlich dümpeln die Boote auf

Für die Seele

Wir erkunden die Naturbiotope rund um die Rummelsburger Bucht und das sanfte Schaukeln der Boote auf der Spree lässt eine entspannte Urlaubsstimmung aufkommen.

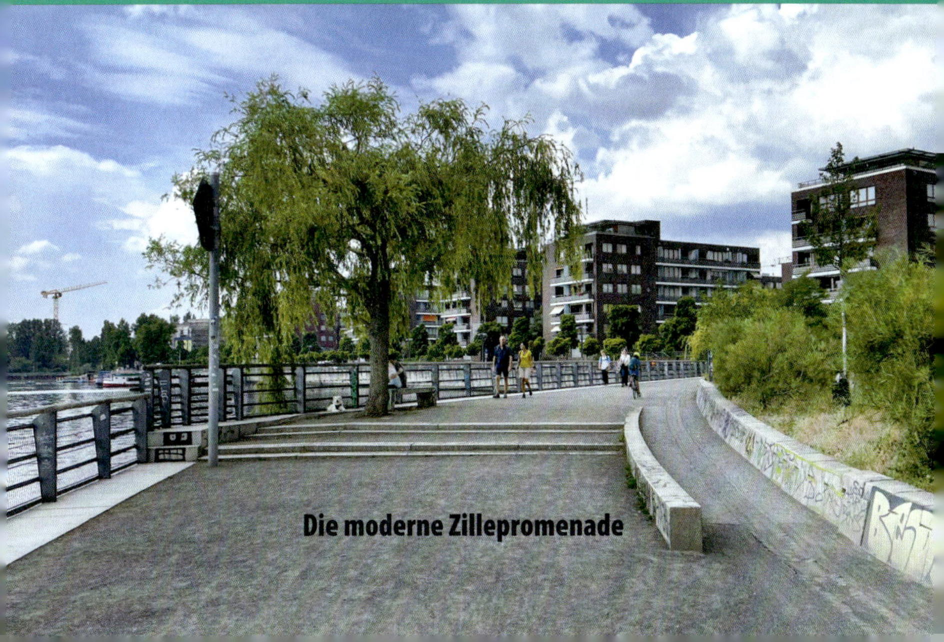

Die moderne Zillepromenade

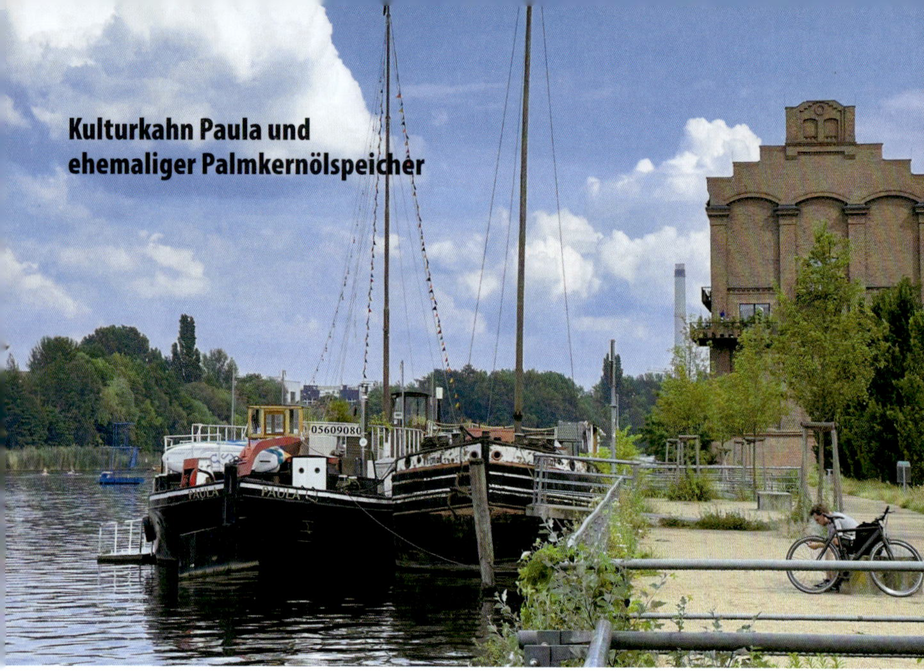

Kulturkahn Paula und ehemaliger Palmkernölspeicher

und ab. Auf ihren Dachterrassen stapeln sich die Kübel voll blühender Pflanzen. Dazwischen entdecken wir auch einige recht skurrile Schiffskonstruktionen, angesichts derer wir uns fragen, wie die sich über Wasser halten können. Wir schlendern vorbei an der **Hansa-Werft,** wo seit 1910 Boote gefertigt werden, und gehen weiter am zum Teil recht dicht bewachsenen Hansaufer entlang. Doch schon bald öffnet sich die Aussicht und wir erreichen die **Inselspitze Kap Stralau ❹.** Von hier haben wir noch einmal einen fabelhaften Blick auf die **Liebesinsel** und den **Kratzbruch** und uns wird wieder einmal bewusst, welche Kontraste die riesige Stadt bereithält. Im Vordergrund die schicken kleinen Boote, dazwischen die naturgeschützten Inseln und hin-

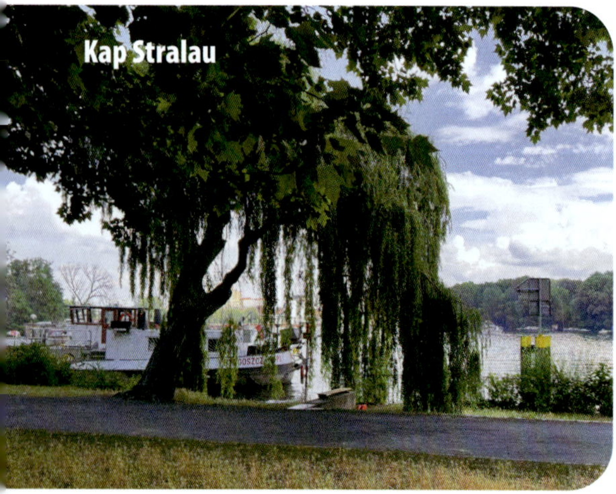

Kap Stralau

ter all dem ragen die Schlote des Vattenfall-Kraftwerks in die Höhe.

Das folgende Uferstück ist besonders gut geeignet, um sich kurz auszuruhen, ein bisschen die Füße im Wasser baumeln zu lassen und dabei das rege Treiben im **Treptower Park** auf der anderen Seite des Wassers zu verfolgen.

Der Gegensätze nicht müde, biegen wir nach wenigen Metern rechts ab, umgehen die **Jugendbegegnungsstätte Spreeinsel** und stehen schließlich vor der alten **Dorfkirche Alt-Stralau ❺.** Diese ist umgeben vom **Evangelischen Friedhof Stralau,** der bereits vor dem 17. Jahrhundert angelegt wurde und dank seiner Lage unmittelbar an der Spree eine unvergleichliche Atmosphäre besitzt.

Hinter dem Friedhof durchqueren wir den Park diagonal, um wieder ans Wasser zu gelangen. Uns sticht

*Das ehemalige **Fischerdorf Stralau** wurde bereits im 13. Jahrhundert zum ersten Mal urkundlich erwähnt. Mit Begründung des Volksfestes Stralauer Fischzug 1524 erlangte das Dörfchen Bekanntheit. Wegen zu wilder Ausschweifungen wurde das Fest allerdings 1873 verboten.*

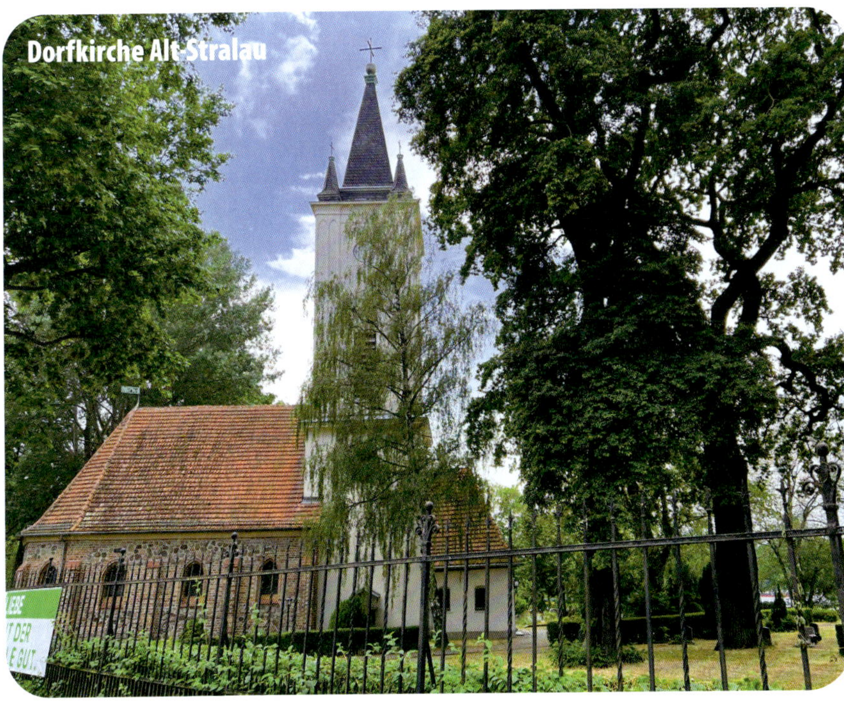
Dorfkirche Alt-Stralau

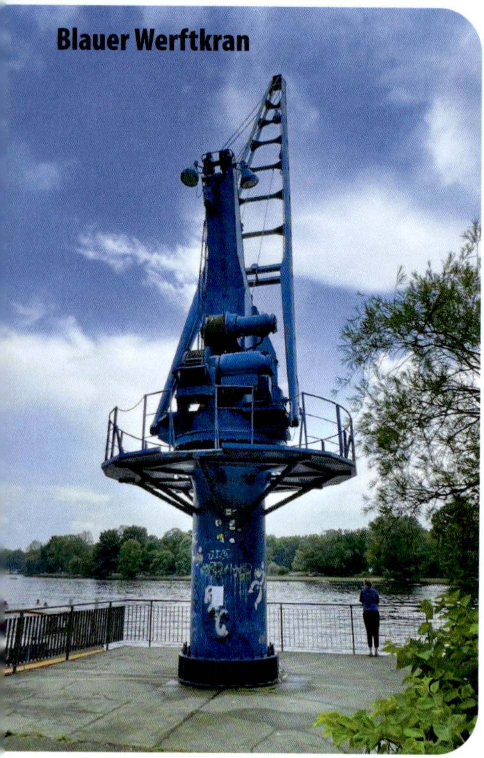
Blauer Werftkran

sofort der **blaue Werftkran** ❻ ins Auge. Bis 1993 gehörte er zur Werftanlage der „Weißen Flotte", mittlerweile dient er aber nur noch als Industriedenkmal und markanter Orientierungspunkt.

Wir gehen weiter immer am Ufer entlang. Nach gut 1 Kilometer überqueren wir die Spree auf einer Fußgängerbrücke, die uns zum Nordende des **Treptower Parks** bringt. Glücklicherweise hatten wir am Café zuvor nur ein Getränk zu uns genommen, denn an der **internationalen Fressmeile am Treptower Hafen** ❼ gilt es, einige kulinarische Schmankerl zu probieren. Von frisch geräuchertem Fisch über venezolanische Arepas bis hin zu Berliner Klassikern finden wir hier alles, was unser hungriges Wanderherz begehrt.

Frisch gestärkt machen wir uns an die zweite Hälfte unserer Tour, die uns weiter an der Spree durch den Park führt. Etwa 1 Kilometer nach der Imbisszeile wartet schon ein nächster Genusshöhepunkt auf uns. Der traditionsreiche **Biergarten Zenner** ❽ bot schon vor über 100 Jahren allen durstigen Ausflüglern eine Erfrischung mit Aussicht. Bei einem kühlen Bier hat man von der Zenner-Terrasse einen guten Blick auf die **Insel der Jugend.**

*Zu DDR-Zeiten wurde die frühere Abteiinsel zur **Insel der Jugend** umbenannt und als Ort für kulturelle Veranstaltungen genutzt. Ab 2010 entwickelte der Verein kulturALARM e.V. das Brückenhaus zu einem generationenübergreifenden Kulturhaus.*

Diese erreicht man über die eindrucksvolle **Abteibrücke** ❾ mit ihren hübschen Brückentürmen. Unter der Brücke wandern wir im weiteren Verlauf unserer Tour hindurch. Immer am Wasser entlang führt unser Weg vorbei am **Segelschiffrestaurant Klipper** ❿, dann durch den Plänterwald und in einem weiten Bogen um den ehemaligen Freizeitpark **Spreepark** ⓫. Bis 2026 soll

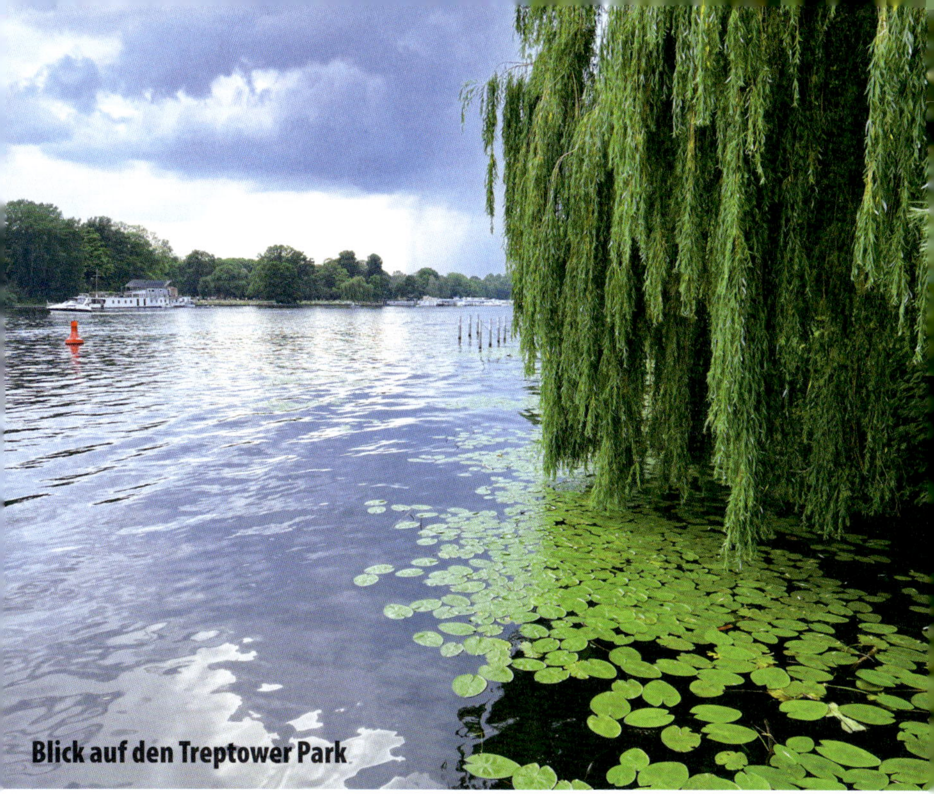

Blick auf den Treptower Park

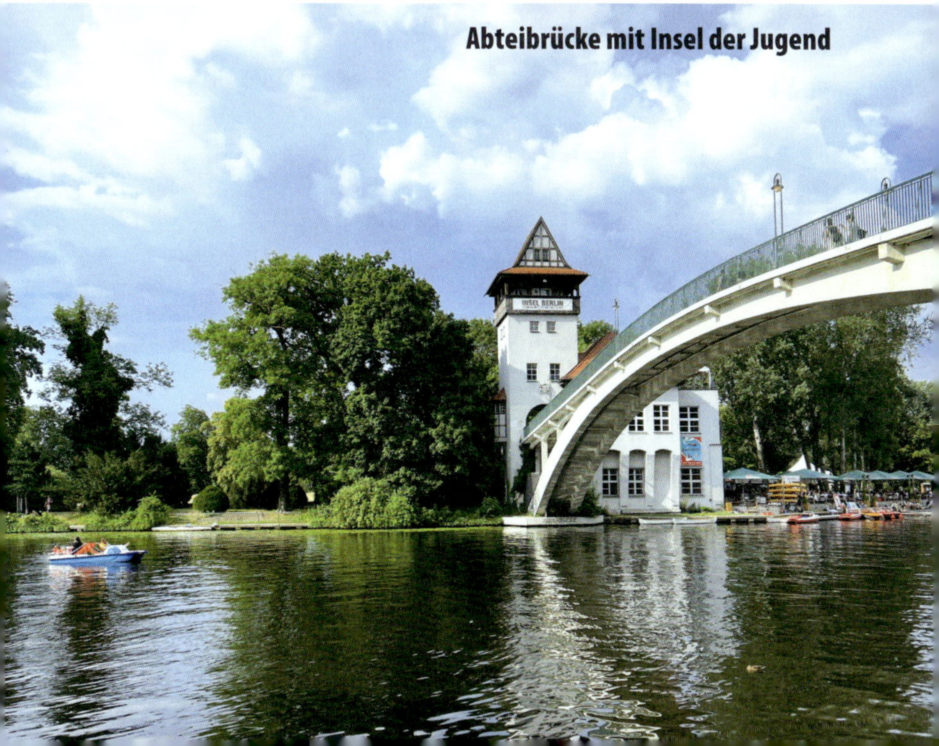

Abteibrücke mit Insel der Jugend

Verwöhntour 12

*Im Jahr 1969 entstand im Plänterwald der einzige Vergnügungspark der DDR. Das weithin sichtbare **Riesenrad** blieb auch nach der Insolvenz des privaten Betreibers 2001 das Wahrzeichen des Parks und soll auch in den neuen Spreepark integriert werden.*

hier eine neue Attraktion entstehen, die Kunst, Kultur und Natur miteinander vereint. Das neu renovierte **Eierhäuschen** und der dazugehörige Biergarten werden 2023 wieder mit Leben erfüllt sein.

Vom Eierhäuschen aus gehen wir einen weiteren Kilometer an der Spree entlang. Auf Höhe des **Fähranlegers F11** biegen wir rechts und kurz darauf wieder links ab. Nach wenigen Metern verlassen wir den Park und gehen rechts auf die **Baumschulenstraße,** kreuzen bald die **Neue Krugallee** und die **Köpenicker Landstraße.** Die Stadt hat uns wieder, so erreichen wir kurze Zeit später die S-Bahn-Station Baumschulenweg, wo unser Streifzug entlang der Spree endet.

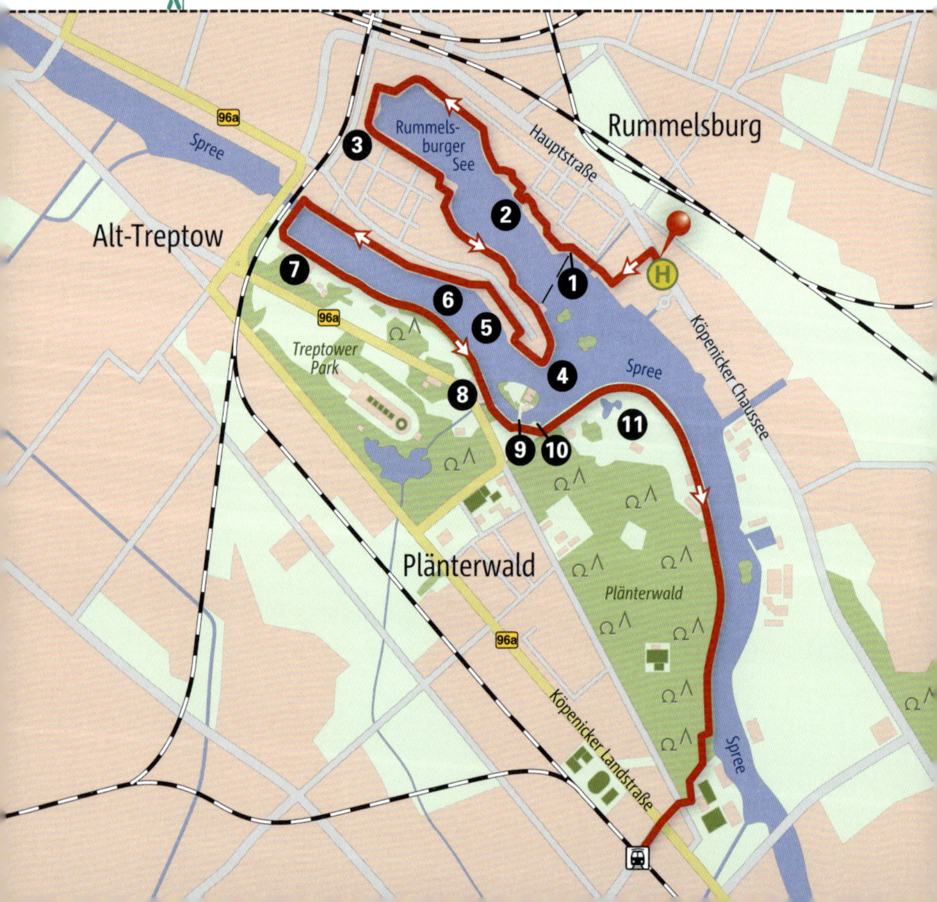

Alles auf einen Blick

WIE & WANN:
Der gut ausgebaute Weg entlang der Spree kann ganzjährig begangen werden.

HIN & WEG:
Auto: Parkmöglichkeiten in den umliegenden Straßen. Da es sich um eine innerstädtische Streckenwanderung handelt, ist eine Anfahrt mit dem Auto allerdings unpraktisch und nicht zu empfehlen.
ÖPNV: Tram 21 bis Haltestelle Gustav-Holzmann-Straße; Rückkehr zum Ausgangspunkt: S8 ab S-Bahn-Station Baumschulenweg bis Ostkreuz, dann Tram 21 ab Haltestelle Marktststraße

ESSEN & ENTSPANNEN:
Café URBAyN ❸ Glasbläserallee 25, 10245 Berlin, www.urbayn.de
Essensstände am Treptower Hafen ❼ Hafenkolonnaden, 12435 Berlin

Entspannung ✱✱✱✱✱ (3 von 5)
Genuss ✱✱✱✱✱ (5 von 5)
Romantik ✱✱✱✱✱ (3 von 5)

Biergarten Zenner ❽ Alt-Treptow 15, 12435 Berlin, Tel. (0 30) 5 33 73 70, www.zenner.berlin
Segelschiffrestaurant Klipper ❿ Bulgarische Straße, 12435 Berlin, Tel. (0 30) 53 21 64 90, www.klipper-berlin1.jimdofree.com

ENTDECKEN & ERLEBEN:
Aussichtsplattform ❶
Steg am Rummelsburger Ufer ❷
Inselspitze Kap Stralau ❹
Dorfkirche Alt-Stralau ❺
Industriedenkmal Werftkran ❻
Abteibrücke zur Insel der Jugend ❾
Spreepark ⓫

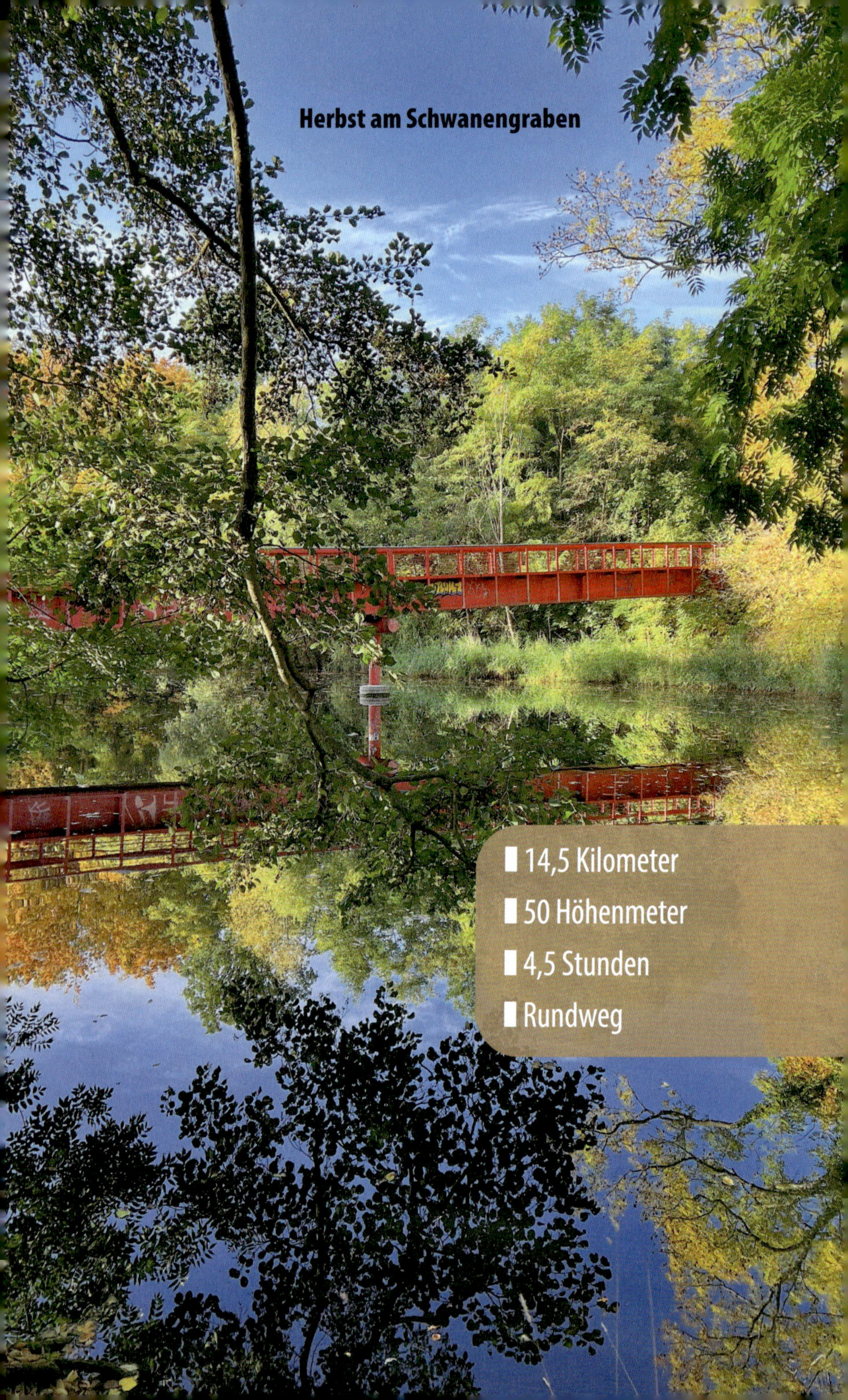

Herbst am Schwanengraben

- 14,5 Kilometer
- 50 Höhenmeter
- 4,5 Stunden
- Rundweg

Wir verlassen den Bahnhofsvorplatz von Dallgow-Döberitz und biegen rechts auf die **Bahnhofsstraße.** Schon nach 100 Metern führt ein Fußweg nach links an dem anfangs noch recht unscheinbaren **Schwanengraben** entlang. Doch schon bald wird der Wasserarm breiter und nach etwa 500 Metern erreichen wir den in der Herbstsonne leuchtenden **Steg über den Schwanengraben ❶.** Wir bestaunen das malerische Farbenspiel aus blauem Himmel, bunten Laubbäumen und dem intensiven Rot der Brücke. Weiter geht es an der **linken Uferseite** direkt am Wasser entlang. Wo der Bachlauf einen Bogen beschreibt, lassen wir uns auf einer Bank nieder. Gleich mehrere Entenpaare ziehen ruhig ihre Bahnen auf der spiegelglatten Wasseroberfläche. Ganz entspannt setzen wir unsere Wanderung am herbstlichen Schwanengraben fort, bis wir die **Hamburger Chaussee** erreichen. Hier wenden wir uns nach rechts und überqueren die mehrspurige Straße an der nächsten Ampel. Anschließend wandern wir auf der **Wilmsstraße** hinter der Unterführung weiter durch ein kleines Industriegebiet. Erst links und gleich wieder rechts

Wilde Weite

Durch die Döberitzer Heide

geht es weiter auf der Straße **Artilleriepark,** die uns zurück in die Natur bringt. Auf einer **Informationstafel** ist das gesamte Gebiet der Döberitzer Heide dargestellt. Es ist eine von drei Sielmanns Naturlandschaften in Brandenburg. Im Rahmen dieses groß angelegten Naturschutzprojektes wurde der ehemalige Truppenübungs-

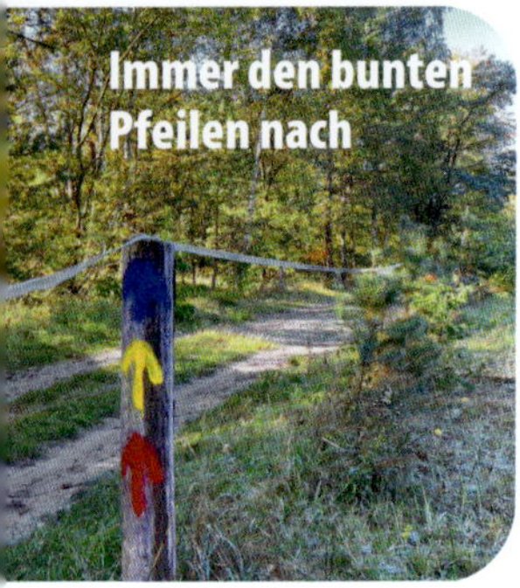

Immer den bunten Pfeilen nach

platz Döberitz zu einem neuen Lebensraum für viele vom Aussterben bedrohte Wildtiere. Mal sehen, ob wir das eine oder andere von ihnen zu Gesicht bekommen.

Auf unserer Tour erkunden wir die nordöstliche Ecke des Heidegebietes entlang der Wildniskernzone, die nicht betreten werden darf. Dazu folgen wir zunächst allen drei Pfeilen, deren Farben verschiedene Routenlängen markieren. Da die Strecken anfangs parallel verlaufen, geht es für alle rechts ab in den schönen Mischwald. Unterwegs lassen wir einen Pfeil nach dem anderen hinter uns. Der gelbe Weg geht nach knapp 1 Kilometer geradeaus weiter, wir jedoch halten uns an die Farben rot und blau, die nach rechts weisen. Nach etwa 400 Metern macht uns die rote Markierung hinter einer **Pausenbank mit Tisch** auf den 21 Kilometer langen Rundweg um die gesamte Döberitzer Heide aufmerksam. Diese Route heben wir uns für das nächste Mal auf und folgen jetzt dem blauen Pfeil nach links.

Allmählich verändert sich die Umgebung. Der Wald wird immer lichter, bis sich vor uns eine leicht hügelige Landschaft ausbreitet. Die vielen Erdwälle sind Überbleibsel aus der Zeit, als hier Soldaten für den

*Die gemeinnützige **Heinz-Sielmann-Stiftung** wurde 1994 von dem berühmten Tierfilmer und seiner Frau Inge gegründet, um die Vielfalt und die letzten Refugien der Natur zu schützen und um die Menschen für Umweltschutz zu sensibilisieren.*

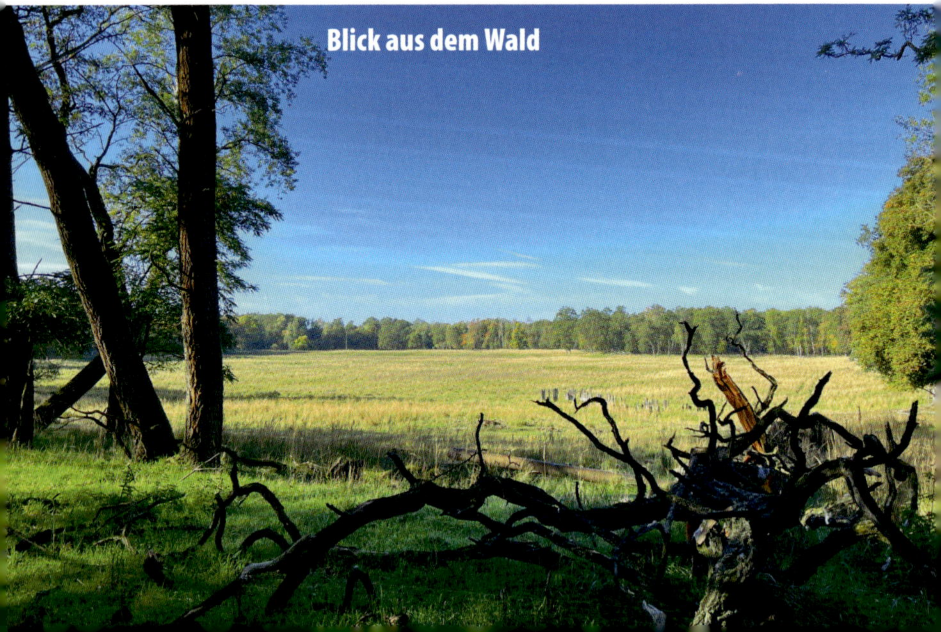

Blick aus dem Wald

Ernstfall probten. Auf uns wirken sie wie riesige Maulwurfshügel. Nach etwa 700 Metern erreichen wir einen **Zaun,** der die Wildniskernzone vom begehbaren Teil der Heide abgrenzt.

*Die **Wildniskernzone** ist 1860 Hektar groß und zum Schutz der wilden Bewohner von einem dreifachen (zum Teil elektrischen) Zaun umgeben. Hier leben die Tiere weitestgehend in freier Wildbahn, sie werden zum Beispiel weder gefüttert noch geimpft.*

Auf einer hübschen Allee folgen wir der Absperrung etwa 500 Meter geradeaus. Linkerhand tauchen immer wieder steinerne Reste der ehemaligen Verteidigungsanlagen auf. Die **Allee** macht eine Linkskurve, wir biegen jedoch schon kurz darauf wieder rechts in einen schmaleren **Wiesenweg** ab. Die Luft ist frisch und wir bewegen uns durch einen relativ dichten, wenn auch sehr niedrigen Wald, der hier einen ganz anderen Charakter hat als noch wenige Meter davor. Wir können kaum weiter sehen, als der nächste Busch zulässt und dennoch blitzt die Sonne durch das Blätterdach, der Waldboden leuchtet in einem satten Grün. Nach und nach steigt der Weg leicht an, erneut öffnet sich uns eine hügelige Landschaft. In einer Kurve verschnaufen wir kurz auf einer Bank, bevor wir unsere Wanderung auf

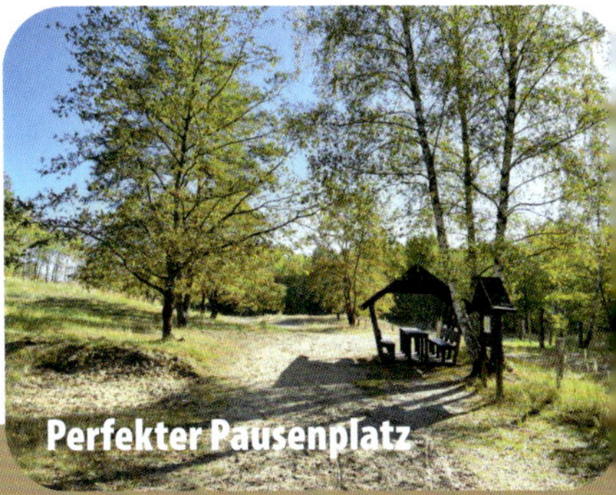

Perfekter Pausenplatz

Für die Seele

Wir genießen bei einer entspannenden Wanderung auf weichen Sandwegen die Weite der Heidelandschaft und die Vielfalt ihrer Flora und Fauna.

sandigen Pfaden und vorbei an knorrigen Eichen bergan fortsetzen. An einem schönen, **überdachten Rasthäuschen** ❷ mit Blick über die sanfte Heidelandschaft gönnen wir uns eine längere Pause.

Danach geht es weiter leicht bergan durch eine mediterran anmutende Umgebung, zwischen Weidezäunen hindurch hin zu ausgedehnten Wiesen, auf denen

*Der 11,7 Meter hohe **Obelisk** wurde 1903 von Kaiser Wilhelm II. zu Ehren der ersten Manöver der Truppen Friedrich des Großen errichtet. Einschusslöcher und eingeritzte kyrillische Schriftzeichen erinnern an die Nutzung des Truppenübungsplatzes durch die Rote Armee (1945 bis 1992).*

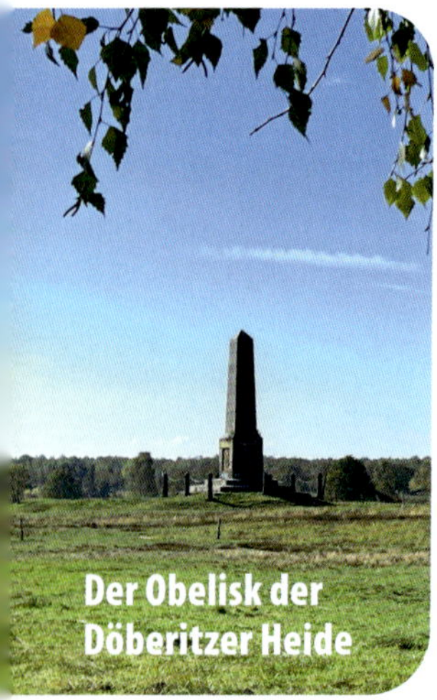

Der Obelisk der Döberitzer Heide

*Durch Landschaftspflegemaßnahmen oder Munitionsräumarbeiten kommt es in der Döberitzer Heide hin und wieder zu **temporären Wegsperrungen.** Auf Querwegen kann man diese aber meist problemlos umgehen. Aktuelle Infos unter: www.sielmann-stiftung.de/doeberitzer-heide*

einzelne Bäume stehen. Von einer stark versandeten Wegkreuzung führt der Weg nach links ins **Naturschutzgebiet.** Nach einem sanften Anstieg halten wir uns wieder links. Auf den nächsten 1,3 Kilometern bewegen wir uns in leichtem Auf und Ab an der **Absperrung zur Wildniskernzone** entlang. Wenn man Glück hat, kann man hier einige wilde Bewohner der Döberitzer Heide beobachten. Neben Schafen und Rotwild leben hier sogar etliche Wisente und die seltenen mongolischen Przewalski-Pferde.

Die erste Abbiegemöglichkeit ignorieren wir und nehmen erst den **zweiten Weg,** der an einer Kreuzung links abgeht. Nach gut 300 Metern kommen wir an einer ehemaligen Panzergarage vorbei, die heute als **Schafstall** ❸ dient. Auf sandigen Wegen geht es weiter geradeaus, wir halten uns an der nächsten **Gabelung** links und nähern uns auf einer langen Geraden einem der Wahrzeichen der Döberitzer Heide: Auf freiem Feld erhebt sich ein markanter **Obelisk** ❹ aus Granit. Beim Näherkommen entdecken wir einen **überdachten Rastplatz** – der perfekte Ort für ein Picknick! Nach unserer Mittagsstärkung steigen wir noch auf den hölzernen **Aussichtsturm** abseits des Weges und erfreuen uns an dem weiten Heideblick.

Nachdem wir den Obelisken hinter uns gelassen haben, kommen wir bald an eine größere **Wegkreuzung,** auf der es für uns erst nach links und dann gleich nach rechts geht. Immer wieder begegnen wir den Resten der militärischen Vergangenheit an diesem inzwischen so friedlichen Ort. Wir gehen an den Ruinen eines ehemaligen **Wachhäuschens** ❺ vorbei und kurze Zeit später erreichen wir einen verfallenen **Gefechtsstand** ❻, der dank seiner unzähligen bunten Graffitis seinen Schrecken ein wenig verloren hat.

Nach 300 Metern kreuzen wir den ersten quer verlaufenden Weg, weitere 400 Meter später einen zweiten und biegen kurz darauf rechts ab. Nun befinden wir uns wieder auf dem schon bekannten **Zubringerweg.** Wir

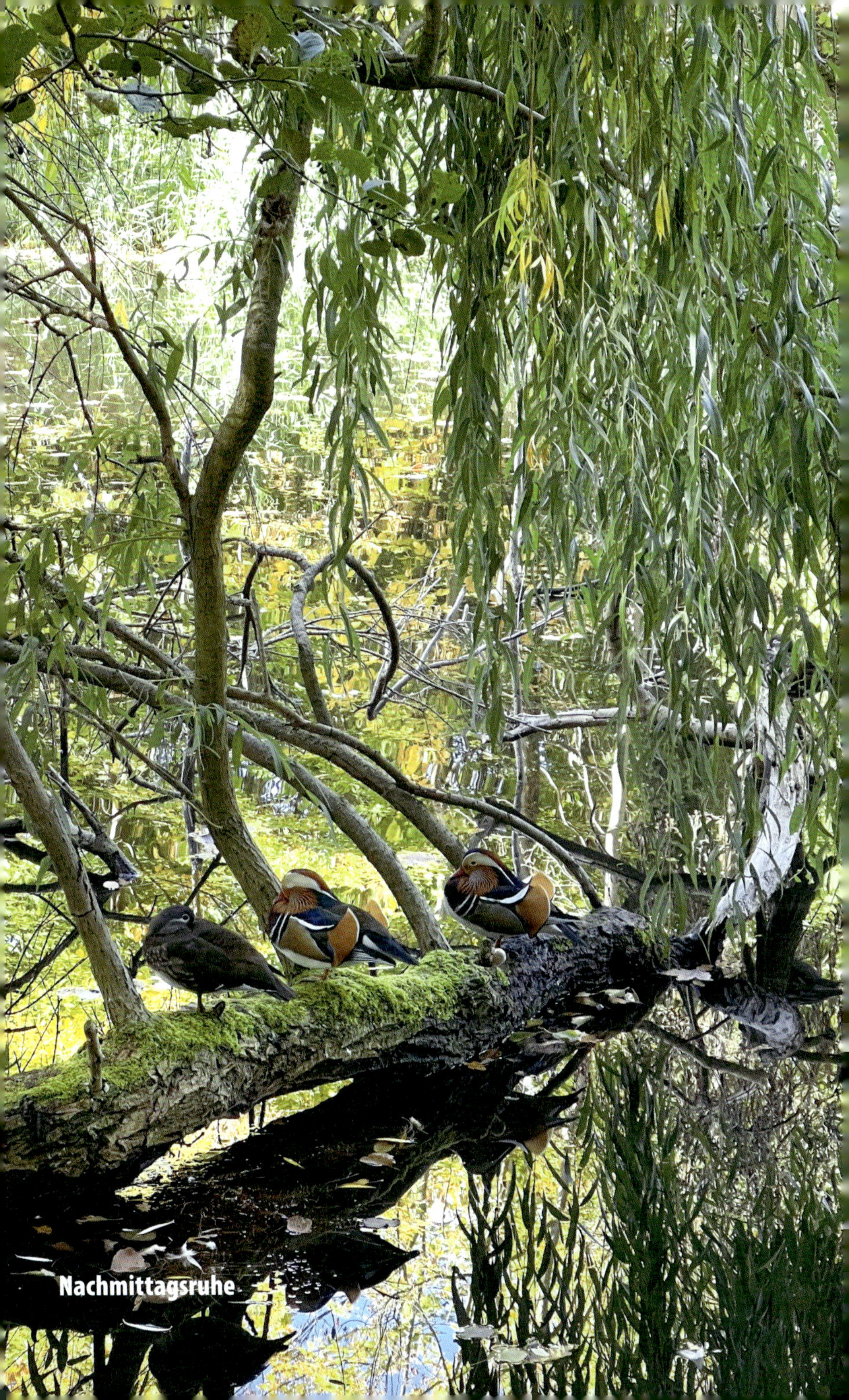
Nachmittagsruhe

verabschieden uns von der Döberitzer Heide und begeben uns auf den Rückweg zum Bahnhof. Dabei passieren wir wieder das kleine **Gewerbegebiet,** anschließend die **Hamburger Chaussee** und biegen dann erst nach links und wieder nach rechts, um auf den schönen Weg entlang des **Schwanengrabens** zu gelangen.

Noch einmal genießen wir die Farbenpracht der Laubbäume, die das Ufer säumen und schauen den Enten bei der Nachmittagsruhe zu. Wieder auf der Bahnhofstraße, biegen wir rechts ab und erreichen nach wenigen Metern den Vorplatz des Bahnhofs Dallgow-Döberitz. Wen das Wandern hungrig gemacht hat, lässt den Tag auf der Terrasse des **Steakhauses Casa Toro Negro** **7** mit einem leckeren Essen ausklingen.

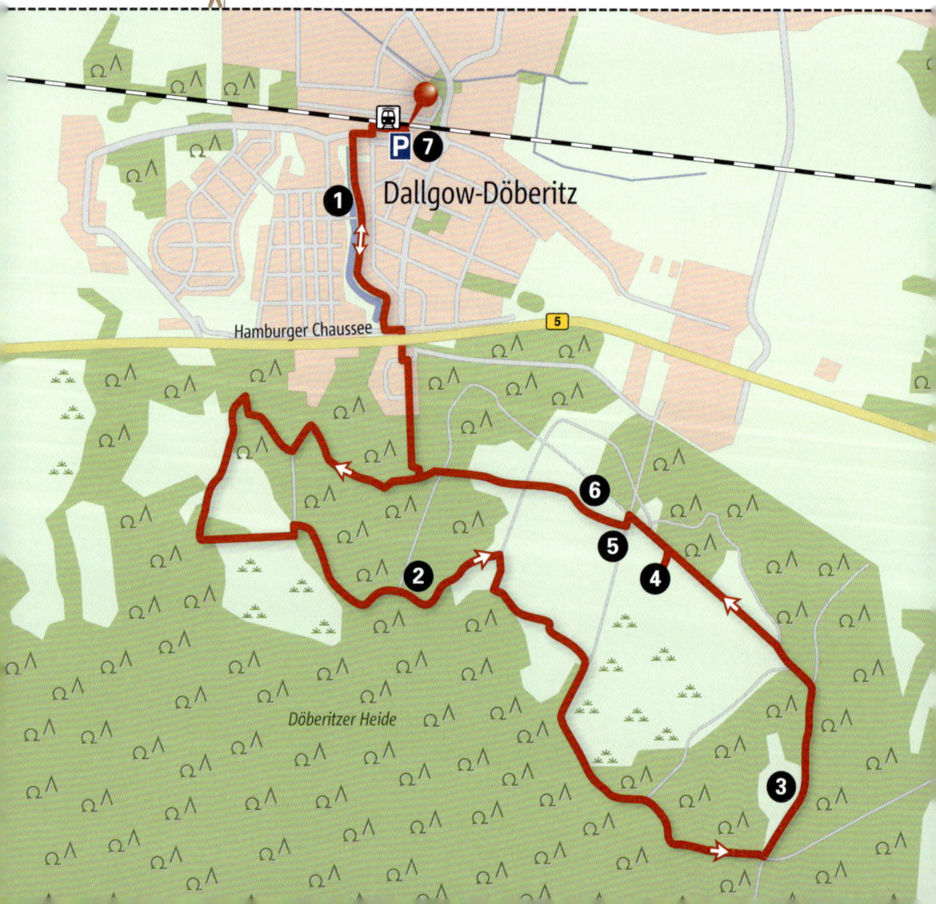

Alles auf einen Blick

WIE & WANN:
Die teils sandigen Wald- und Wiesenwege sind meist ganzjährig gut begehbar, jedoch ist unbedingt auf mögliche temporäre Sperrungen zu achten (Infos unter www.sielmann-stiftung.de/doeberitzer-heide).

HIN & WEG:
Auto: Parkmöglichkeiten am Bahnhof Dallgow-Döberitz, 14624 Dallgow-Döberitz (GPS: 52.543258, 13.058833)
ÖPNV: RE4 oder RB21 bis Bahnhof Dallgow-Döberitz

ESSEN & ENTSPANNEN:
Casa Toro Negro ❼ Bahnhofstraße 151, 14624 Dallgow-Döberitz, Tel. (0 33 22) 42 00 89, www.casa-toro-negro.de

ENTDECKEN & ERLEBEN:
Brücke am Schwanengraben ❶
Überdachter Rastplatz ❷
Schafstall ❸
Obelisk mit Rastplatz und Aussichtsplattform ❹
Altes Wachhäuschen ❺
Ruine eines ehemaligen Gefechtsstands ❻

Entspannung ✱✱✱✱✱
Genuss ✱✱✱
Romantik ✱✱✱✱

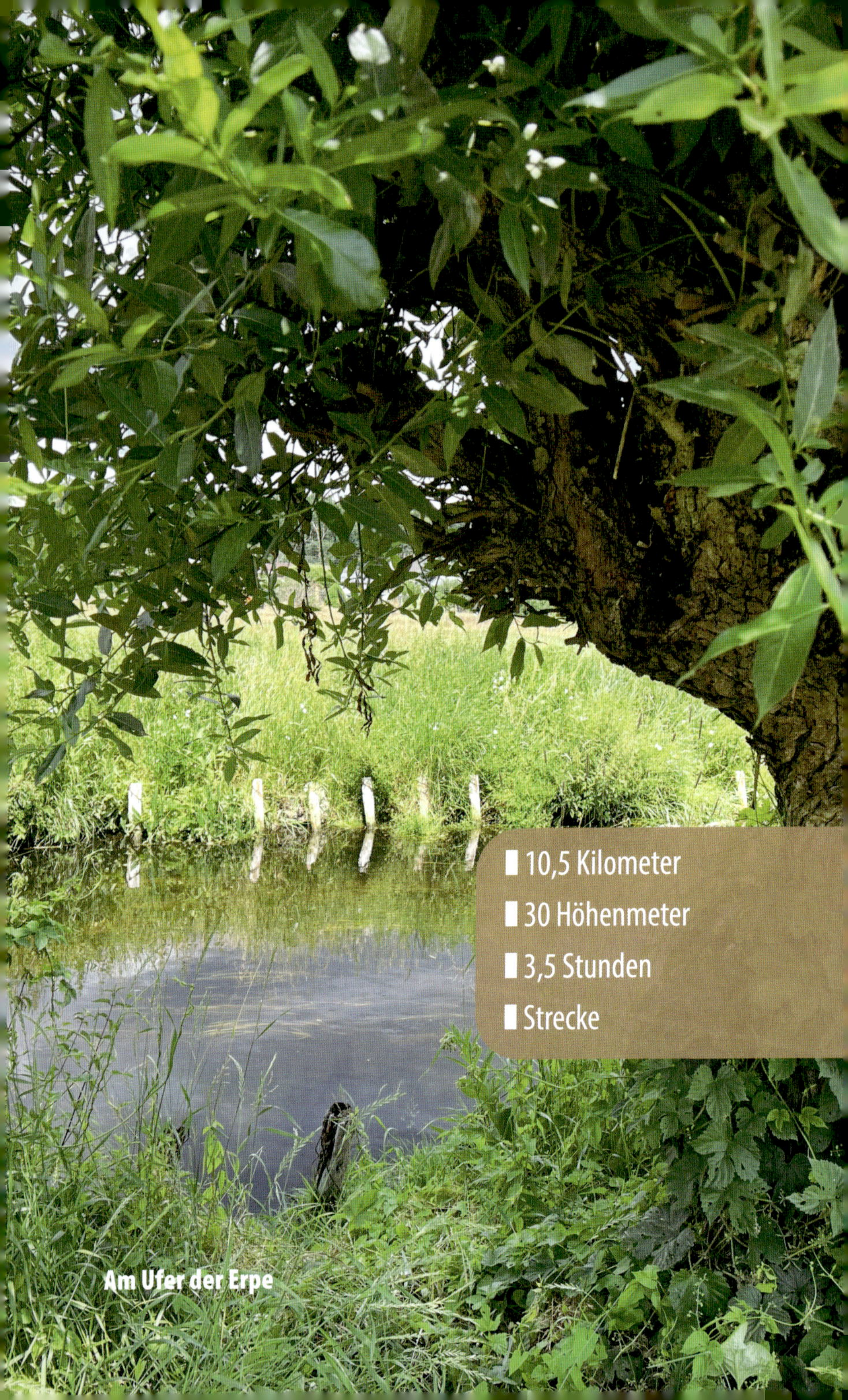

Am Ufer der Erpe

Unsere Tour beginnt an der S-Bahn-Station Hirschgarten. Wir gehen rechts an den Fahrradständern vorbei auf einem schmalen Pfad entlang des Zaunes einer Gärtnerei, bis wir die Straße **Hinter dem Kurpark** erreichen. Hier biegen wir rechts in die Straße, folgen ihr knapp 400 Meter, bis eine Brücke die Erpe überquert. Wir nehmen den Weg nach links und betreten die **Weidelandschaft Erpetalwiesen.**

*Die Wiesenlandschaft des **Erpetals** bietet zahlreichen Tierarten ein geschütztes Zuhause. An dem 32 Kilometer langen Fluss tummeln sich Biber, Moorfrösche und Eisvögel. Auf einigen Abschnitten übernehmen Wasserbüffel die aufwendige Mahd der Feuchtwiesen.*

Auf einem schmalen Pfad zwischen Weiden und dicht bewachsenen Uferrändern fühlen wir uns der Natur sehr verbunden. Wir sind überrascht, wie schnell uns die ratternde S-Bahn aus der Stadt in ein solches Paradies befördert. Zwischen den leuchtend weißen Zaunwinden hindurch beobachten wir, wie geschickt eine Entenmama, ihre quicklebendigen Küken beieinanderhält, während der Reiher im Schilf nebenan sich weder von uns noch von dem aufgeregten Geschnatter der Enten beeindrucken lässt. Aber plötzlich scheint es ihm dann doch zu bunt

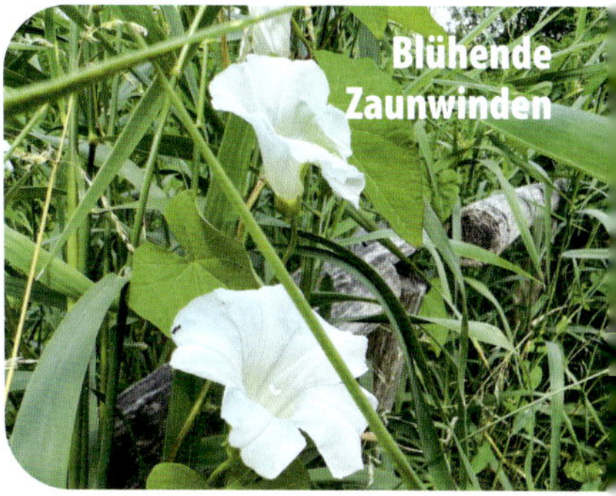

Blühende Zaunwinden

Bachgeflüster

Durchs Erpetal nach Hoppegarten

zu werden, er hebt ab und segelt schon bald über uns hinweg.

Beseelt folgen wir dem ruhig dahinfließenden Fluss, der hier von dicken Kopfweiden gesäumt wird. Zu unserer Rechten erstrecken sich hinter einem Weidezaun ausgedehnte Felder und blühende Wiesen. Nach

400 Metern überqueren wir auf Höhe einer Brücke eine schmale Straße und setzen unseren Weg auf der gleichen Flussseite durch eine liebevoll gepflegte **Kleingartenanlage** fort. Sträucher und Bäume hängen voll mit Früchten, die noch nicht ganz reif sind, aber bereits reiche Ernte versprechen.

Das **Neuenhagener Mühlenfließ,** wie dieser Abschnitt der Erpe auch genannt wird, begleitet uns nun eine Weile. Unser Weg schlängelt sich mal näher am Fluss, mal mit größerem Abstand durch dichtes Grün. Mächtige Trauerweiden lassen ihre schweren Zweige ins Wasser hängen. Im weiteren Verlauf überqueren wir den **Hauptweg** und stoßen nach 700 Metern auf die **Mühlenstraße.** Auf der anderen Straßenseite führt uns ein schmaler Pfad die nächsten 1,2 Kilometer weiter am Wasser entlang. Nach und nach lassen wir die Gartenkolonien hinter uns und tauchen in die Weite der goldgelben Felder ein.

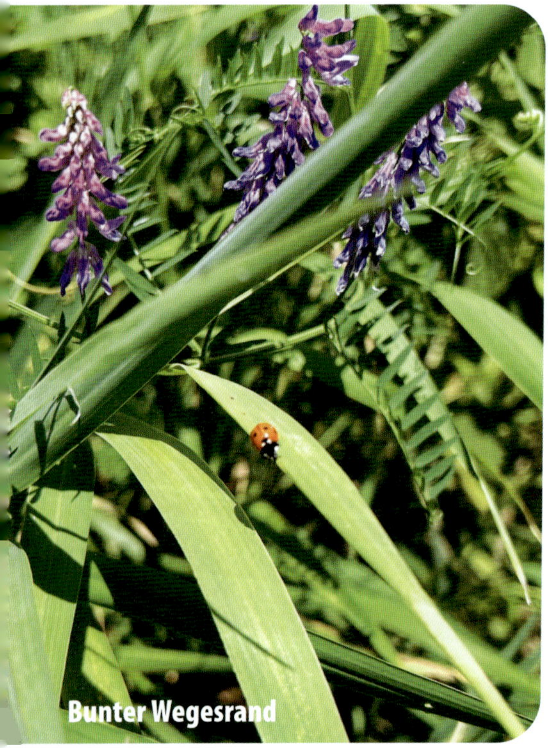
Bunter Wegesrand

Das frisch getrocknete Heu liegt in großen Ballen auf der Wiese, am gegenüberliegenden Waldrand rauscht der Wind in den Bäumen. Am Ende des Feldes lädt uns eine **Rasthütte** ❶ mit Bänken und einem Tisch zu einer Pause ein. Besonders an heißen Tagen bietet sie den auf dem Feldweg vermissten erholsamen Schatten. Erfrischt und gestärkt setzen wir unseren Weg links auf dem **Erpetal-Wanderweg** fort. Nur 400 Meter weiter führt der Pfad ganz nah am Wasser entlang, hier bieten sprudelnde **Stromschnellen** ❷ ein Wildwasserparadies für Enten, die sich geradezu tollkühn in die Fluten stürzen. Manche Steine im Wasser sind perfekt zum Sitzen, wir kühlen unsere Füße im glasklaren Nass.

Wir kehren der Erpe für einige Zeit den Rücken und wandern über eine **Brücke** an der ehemaligen **Heidemühle** vorbei. Bereits nach 150 Metern biegen wir von der Straße in den Wald ein. Hohe Kiefern wiegen sich im Wind, wir atmen ihren Duft tief ein.

Nach einem knappen Kilometer auf breitem Sandweg treffen wir auf die **Friedrichshagener Chaussee.** Wir überqueren die Straße und setzen unsere Wanderung auf der anderen Seite fort.

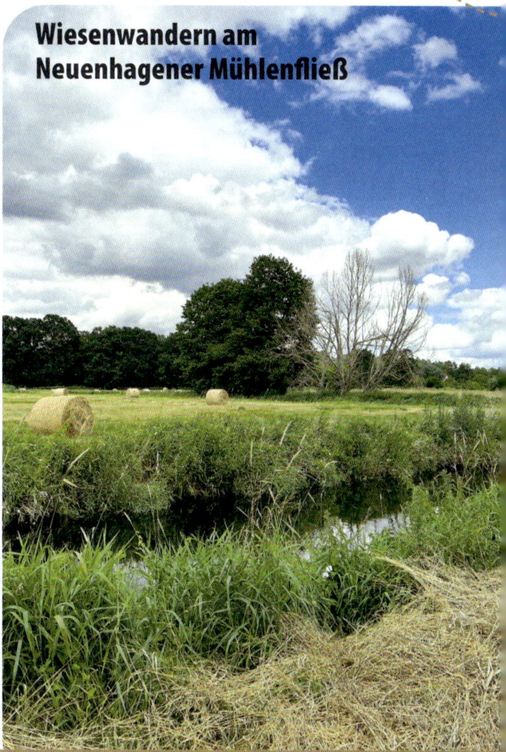

Wiesenwandern am Neuenhagener Mühlenfließ

Für die Seele

Wir folgen dem Lauf der Erpe durch eine artenreiche Weidelandschaft mit saftigen Wiesen und Feldern bis zur traditionsreichen Galopprennbahn Hoppegarten.

Ein nun recht schmaler Pfad führt uns weiter durch einen schattigen Wald, der besonders an heißen Sommertagen willkommene Erholung spendet. Immer wieder streifen wir den hier

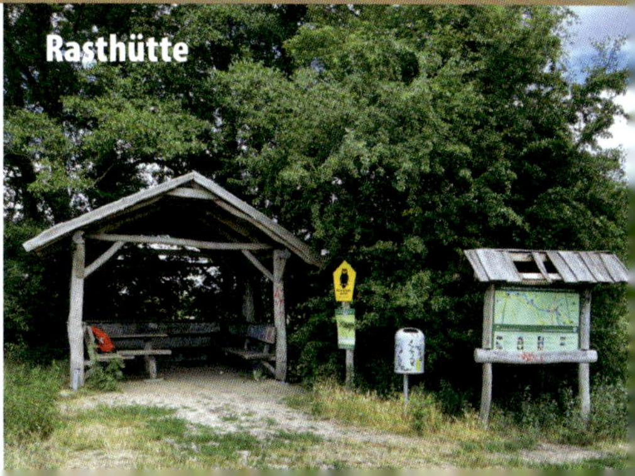

Rasthütte

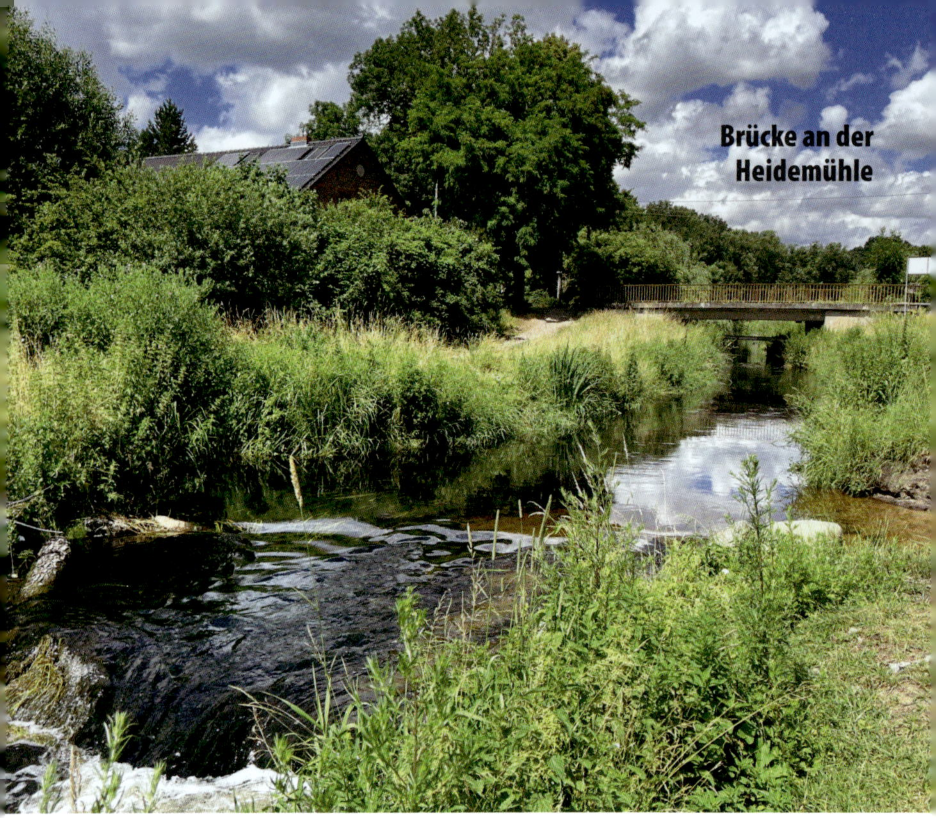

Brücke an der Heidemühle

sehr schmalen Wasserlauf des **Neuenhagener Mühlenfließes.** Wiederum 1 Kilometer weiter, kurz nachdem wir auf einer Lichtung die Erpe über eine kleine hölzerne Brücke überquert haben, halten wir uns an einer Weggabelung mit einer **überdachten Sitzgruppe** rechts. Nach etwa 400 Metern erreichen wir die **Berliner Straße.** Eine Unterführung bringt uns sicher auf die andere Seite. Wir halten uns rechts und wandern auf einem Wiesenpfad die Erpe entlang. Bald kommen wir an die **Alte Berliner Straße,** wo wir die Straßenseite wechseln und bei nächster Gelegenheit rechts in den **Schlosspark Dahlwitz** ③

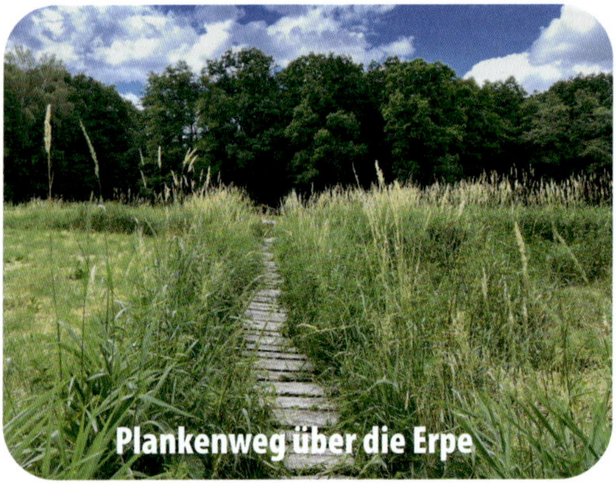

Plankenweg über die Erpe

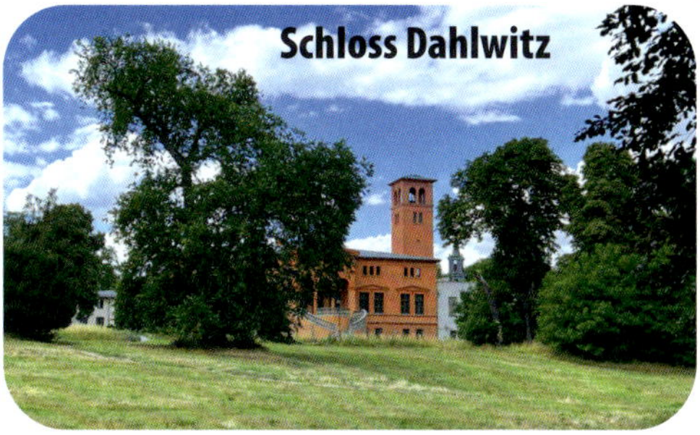

einbiegen. Wir folgen dem Weg durch den Park und halten uns rechts. Hinter den stattlichen Bäumen wird von links das leuchtend rote **Schloss Dahlwitz** ❹ sichtbar.

In einem weiten Bogen schlendern wir durch den weitläufigen **Schlosspark** und lassen uns für einen Moment auf einer der Bänke nieder. Der Weg führt am Schlossgebäude vorbei bis zu einem eisernen Tor, durch das wir auf einen kleinen Dorfplatz treten, an dem sich die **Dahlwitzer Kirche** und die **Schule** befinden. Hier wenden wir uns nach rechts und folgen der **Dorfstraße,** die aus dem Ort herausführt. Nach 400 Metern schlagen wir den Weg rechts am **Friedhof** vorbei ein. Ein Schild weist schon auf unser Tagesziel hin: Bahnhof Hoppegarten 2 km. Der Weg am Ortsrand von Dahlwitz entlang gewährt einen herrlichen Blick über Wiesen und Wäl-

Das spätklassizistische ***Schloss Dahlwitz*** *wurde 1855/56 für den Gutsbesitzer und Gründer der Rennbahn Hoppegarten Carl Heinrich von Treskow und dessen Frau Marianne erbaut. Es befindet sich heute in Privatbesitz und kann nicht besichtigt werden.*

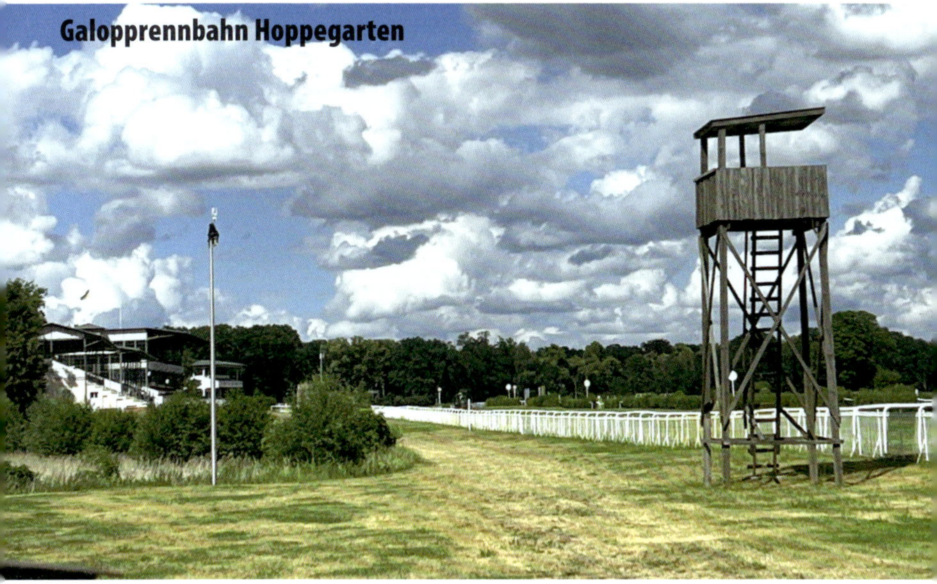

*Die **Galopprennbahn Hoppegarten** wurde 1868 gegründet und entwickelte sich zur wichtigsten Rennbahn Deutschlands. Hatte sie zu DDR-Zeiten stark an Bedeutung verloren, ist die Rennbahn heute wieder fester Bestandteil des deutschen Galoppsports.*

der, bevor wir den Ortsteil **Hoppegarten** erreichen. Die weißen Gebäude und Geländer der bekannten gleichnamigen **Pferderennbahn** ❺ sind schon von Weitem auszumachen.

Wir erreichen die **Rennbahnallee,** wenden uns nach links und nähern uns den charakteristischen schneeweißen Holztribünen. Vorbei am Haupteingang am **Erich-Klausener-Platz** folgen wir der **Rennbahnallee** bis zu einem großen Kreisverkehr und biegen rechts in die **Lindenallee** ab. Nach wenigen Metern halten wir uns halb rechts und gehen durch einen Park hinauf bis zum **Kaiserbahnhof Hoppegarten,** wo unsere Tour durch das schöne Erpetal ihren Abschluss findet.

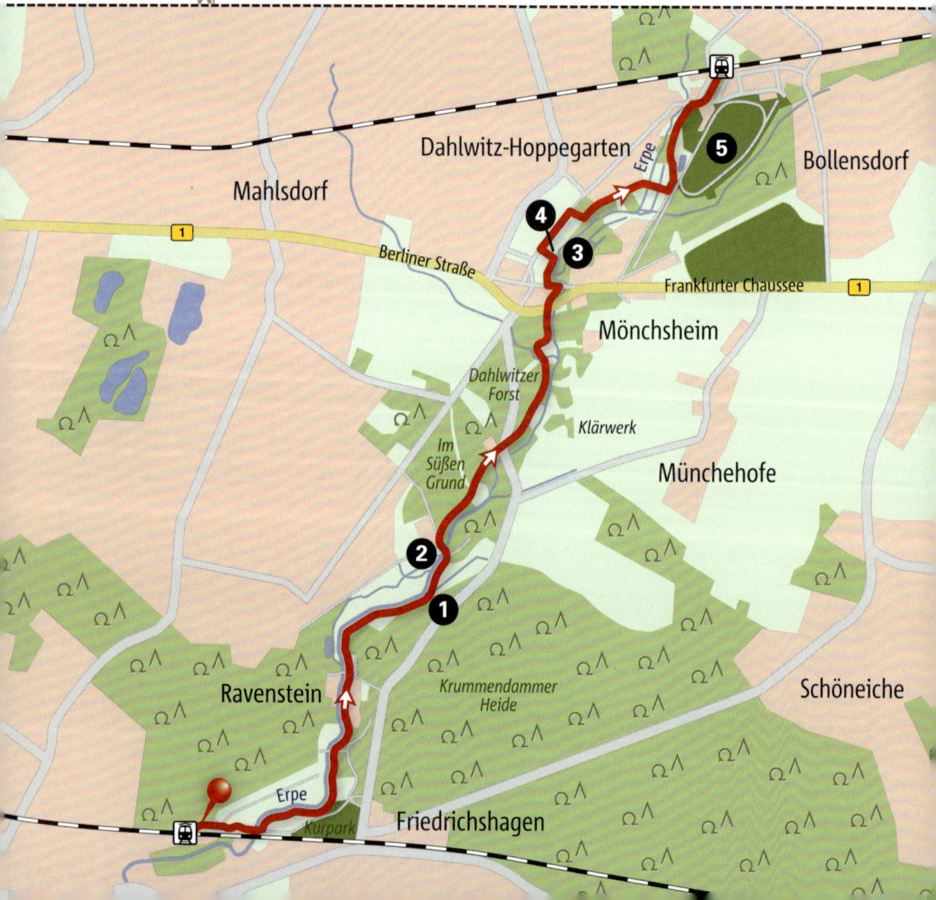

Alles auf einen Blick

WIE & WANN:
Befestigte Wald- und Wiesenwege und schmale Pfade, im Prinzip ganzjährig begehbar.

HIN & WEG:
Auto: Wenige Parkmöglichkeiten in den Straßen um die S-Bahn-Station Hirschgarten, z. B. Duftgeranienweg (GPS: 52.458340, 13.607074). Da es sich um eine innerstädtische Streckenwanderung handelt, ist eine Anfahrt mit dem Auto allerdings unpraktisch und nicht zu empfehlen.
ÖPNV: S3 bis S-Bahn-Station Hirschgarten; Rückkehr zum Ausgangspunkt: S5 ab S-Bahn-Station Hoppegarten bis Ostkreuz, dann S3

ESSEN & ENTSPANNEN:
Auf dieser Tour gibt es keine Einkehrmöglichkeiten direkt am Weg, eine schöne Rasthütte bietet sich aber für ein mitgebrachtes Picknick perfekt an.

ENTDECKEN & ERLEBEN:
Rasthütte ❶
Stromschnellen an der Heidemühle ❷
Schlosspark Dahlwitz ❸
Schloss Dahlwitz ❹
Pferderennbahn Hoppegarten ❺

Entspannung ★★★★★
Genuss ★☆☆☆☆
Romantik ★★★★★

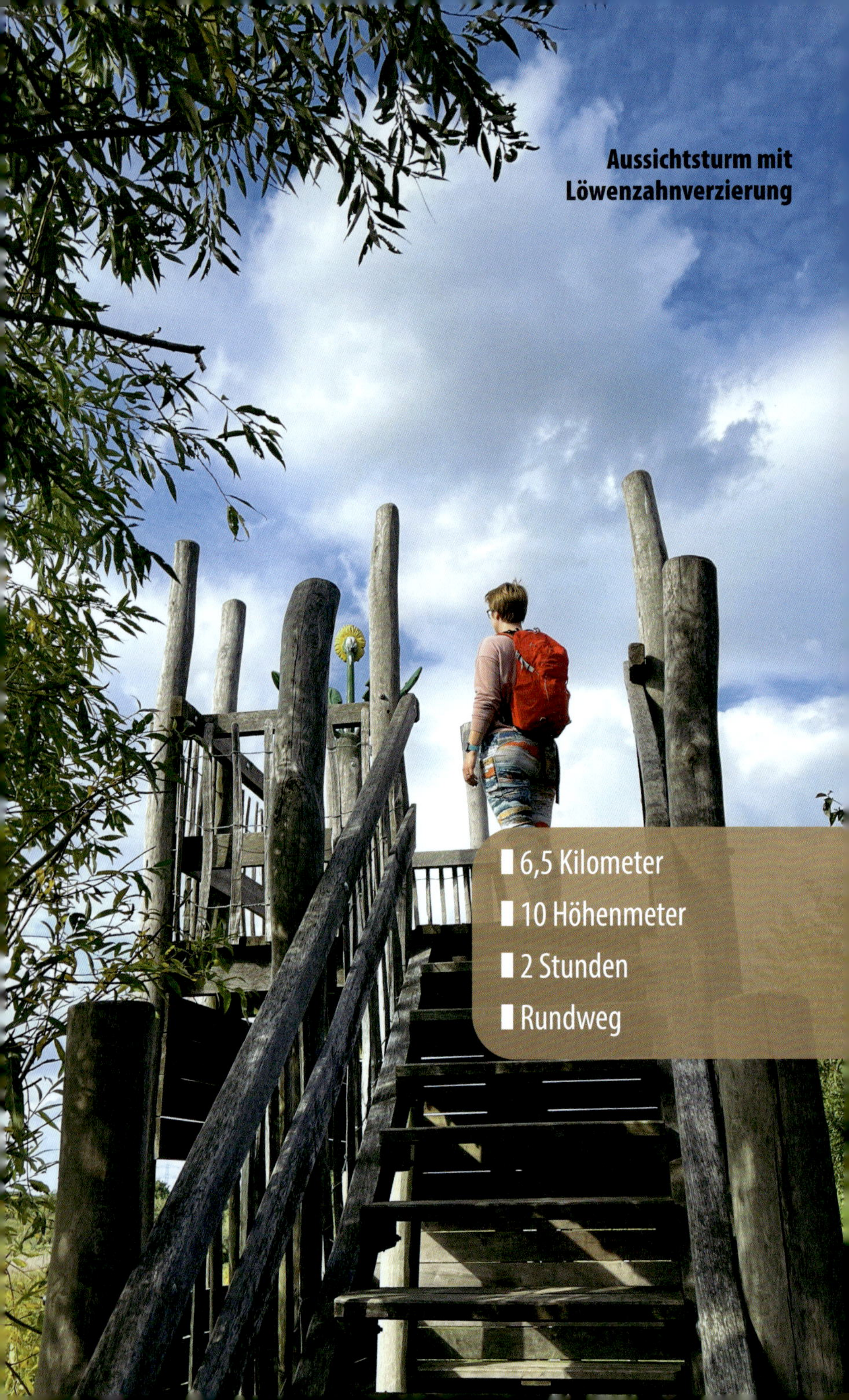

Aussichtsturm mit Löwenzahnverzierung

- 6,5 Kilometer
- 10 Höhenmeter
- 2 Stunden
- Rundweg

Unsere Tour rund um die Schönerlinder Teiche beginnt an der S-Bahn-Station Mühlenbeck-Mönchmühle. Unübersehbar weist uns an der Bahnunterführung ein großes, flott gestaltetes Graffiti den Weg zum **Löwenzahnpfad,** auf dem wir im ersten Teil unserer Wanderung unterwegs sein werden.

Nach der Unterführung halten wir uns rechts. Auch auf der **Blankenfelder Straße** biegen wir rechts ab und wandern durch ein Wohnviertel, bis wir an der nächsten Wegkreuzung auf den Löwenzahnpfad stoßen. Hier entscheiden wir uns, die Rundwanderung gegen den Uhrzeigersinn zu gehen und wenden uns nach links. An Weidezäunen entlang geht's anschließend Richtung Waldrand. Schon bald bekommen wir auch die Bewohner der Koppel zu sehen. Unter einem alten Apfelbaum lässt sich eine kleine Gruppe Konik-Ponys das zahlreiche Fallobst schmecken.

Nach einigen Ohrenkraulern und Nasenstupsern traben die Ponys weiter und auch wir setzen unseren Weg fort. Bei nächster Gelegenheit biegen wir rechts ab und kommen an einem interessanten **Rastplatz ①**

*Der **Löwenzahnpfad** hat wenig mit der gelbblütigen Pflanze zu tun. Der 4 Kilometer lange Rundweg ist als Naturerlebnispfad für Jung und Alt 2009/10 in Zusammenarbeit mit der gleichnamigen Kindersendung und dem Naturpark Barnim entstanden.*

***Konik-Ponys,** deren Name sich vom polnischen Wort für „Pferdchen" ableitet, gelten als menschenfreundlich, genügsam und ruhig. Helles Fell und dunkle Mähnen sind charakteristisch für die aus Mittel- und Osteuropa stammende Ponyrasse.*

Löwenzahnpfad

Rund um die Schönerlinder Teiche

vorbei. Um die Holzbänke herum wurden Baumstämme wie Säulen aufgestellt. Bei näherem Hinsehen entdecken wir, dass die alten abgesägten Bäume als Nistplätze für Wildbienen und andere Insekten dienen. Es summt und brummt um uns herum, wir beobachten das geschäftige Treiben eine Weile, bis wir uns wieder

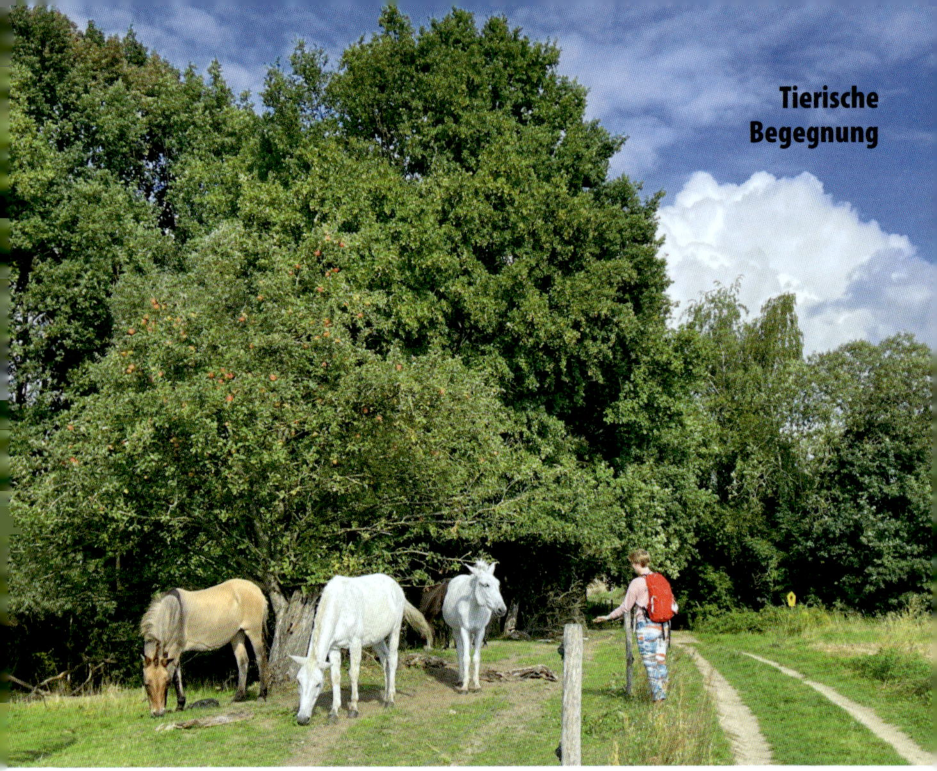
Tierische Begegnung

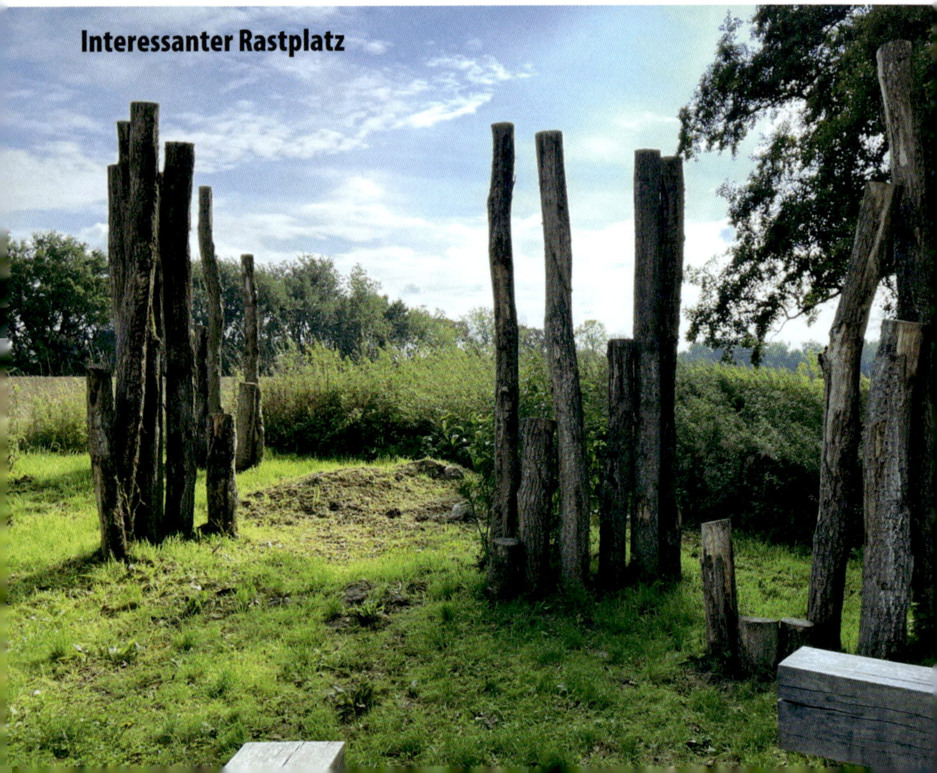
Interessanter Rastplatz

auf den Weg machen. Die Apfelbäume am Wegesrand tragen jede Menge Früchte. Ihr süßer Duft erfüllt die Spätsommerluft. Von der Apfelallee biegen wir nur wenige Meter hinter dem Rastplatz links ab und machen uns daran, auf dem Löwenzahnpfad die Schönerlinder Teiche zu umrunden.

Der Weg ist gut markiert und so müssen wir uns nicht so sehr auf die Orientierung konzentrieren, sondern können die wunderschöne Umgebung auf uns wirken lassen. Um uns herum ist nichts als Grün, die Weidezäune zu beiden Seiten lassen uns neugierig nach Tieren Ausschau halten. Und tatsächlich erreichen wir schon bald einen hölzernen **Steg mit Weidetoren.** Daneben warnt uns ein Schild vor frei laufenden Weidetieren. Auch ein Bulle ist hier wohl zu Hause. Daher ist uns ein wenig mulmig zumute, als wir das Gatter öffnen und die Weide betreten. Zum Glück können wir die Gefahrenzone schon bald durch ein weiteres Tor verlassen und bringen wieder einen Elektrozaun zwischen uns und die Rinder.

*Die **Schönerlinder Teiche** sind 1908 zur Verrieselung der Berliner Abwässer angelegt worden, sie dienten später der Karpfen- und Entenzucht. Seit 1997 steht das gut 40 Hektar große Gelände unter Naturschutz.*

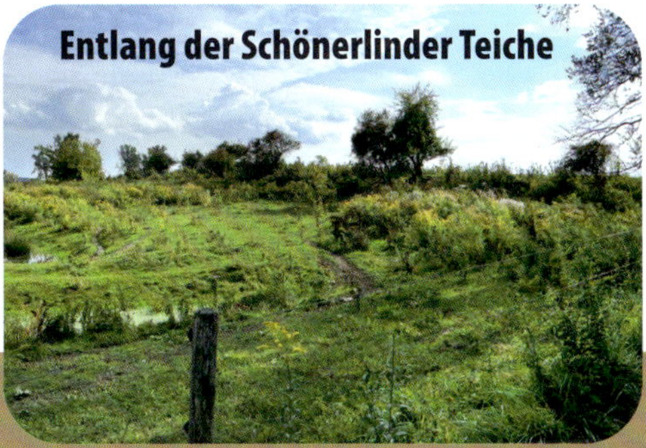

Entlang der Schönerlinder Teiche

Für die Seele

Dieser Rundweg hält faszinierende tierische Begegnungen ebenso bereit wie die erholsame Stille und unendliche Weite einer ursprünglichen Landschaft.

Nun wandern wir auf schmalem Pfad leicht bergan, bei weitem Blick über die Teichlandschaft genießen wir die strahlende Spätsommersonne. An einem **Rastplatz** mit einzelnen Sitzhockern machen wir eine kurze Pause. Wir scheinen uns irgendwo zwischen

Savanne und Dschungel zu bewegen. Am Horizont tauchen die **Arkenberge** auf und verstärken noch das Gefühl irgendwo weit draußen, aber nicht in der Nähe Berlins zu sein. Die Hügel stellen mit ihren 121,9 Metern die höchste nicht natürliche Erhebung Berlins dar und überragen damit sogar den Teufelsberg.

Kurz hinter einer weiteren urigen **Holzbrücke** erspähen wir durch das Schilf der Feuchtwiesen hindurch die schwarzen Leiber der mächtigen Bewohner der vor uns liegenden Koppel. Erst als wir uns den stattlichen Tieren nähern, erkennen wir, dass es sich um Wasserbüffel handelt. Gemächlich erheben sie sich aus ihrer Nachmittagslethargie und mustern uns in aller Ruhe. Um die Büffel besser beobachten zu können, klettern wir auf den **Aussichtsturm** ❷

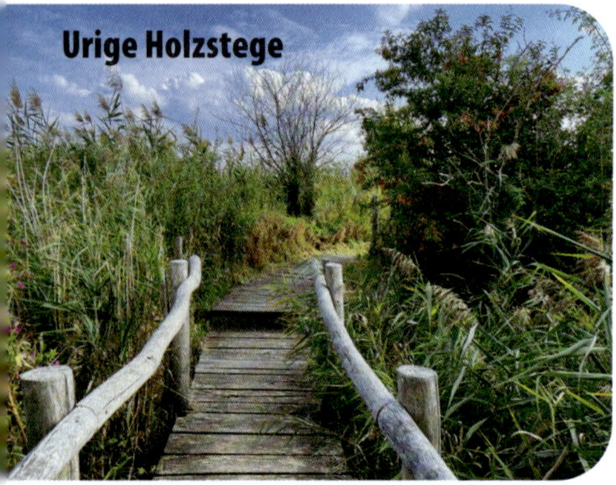
Urige Holzstege

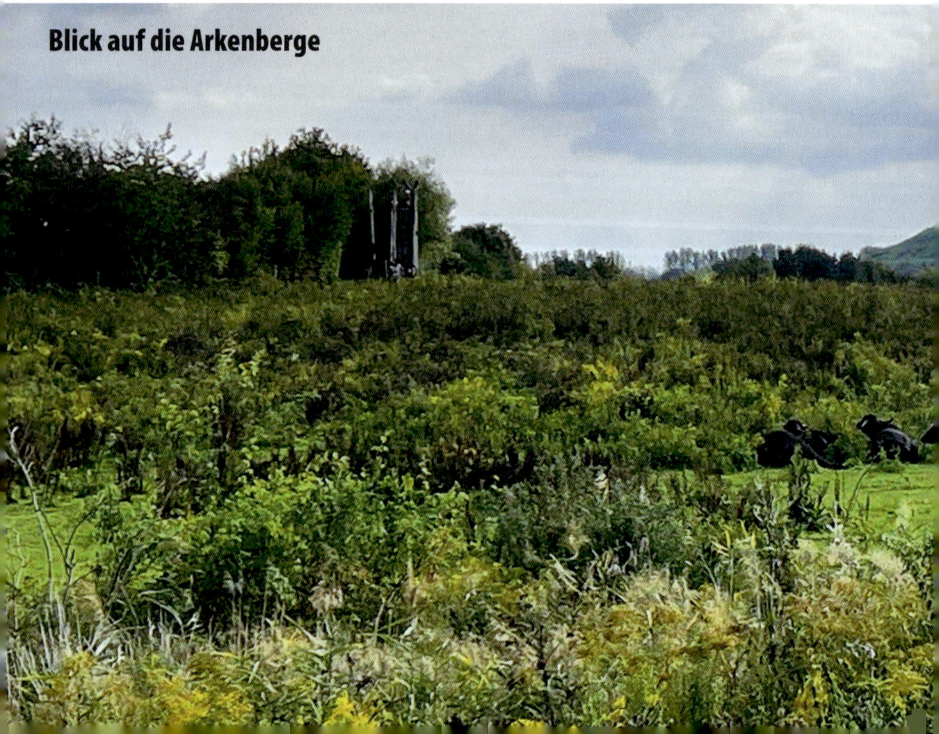
Blick auf die Arkenberge

mit seinen hübschen Löwenzahnverzierungen, an dem vorbei wir später unseren weiteren Weg fortsetzen werden. Doch jetzt überblicken wir erst einmal das gesamte Naturschutzgebiet Schönerlinder Teiche.

Wir ziehen weiter und kommen an leuchtend bunten **Bienenstöcken** ❸ vorbei. Das dort ausliegende Info-Material verrät uns mehr über die unterschiedlichen Bienenarten. Ganz besonders freuen wir uns aber über eine weitere Begegnung mit den freundlichen Konik-Ponys. Ein Teil der Herde galoppiert nah am Weidezaun entlang. Ihre Mähnen sind voller Kletten von ihren Streifzügen durch das Gestrüpp rund um die Teiche. Wir lauschen

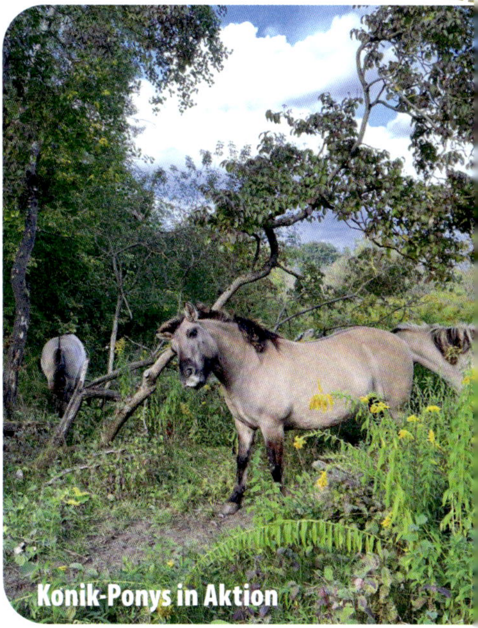

Konik-Ponys in Aktion

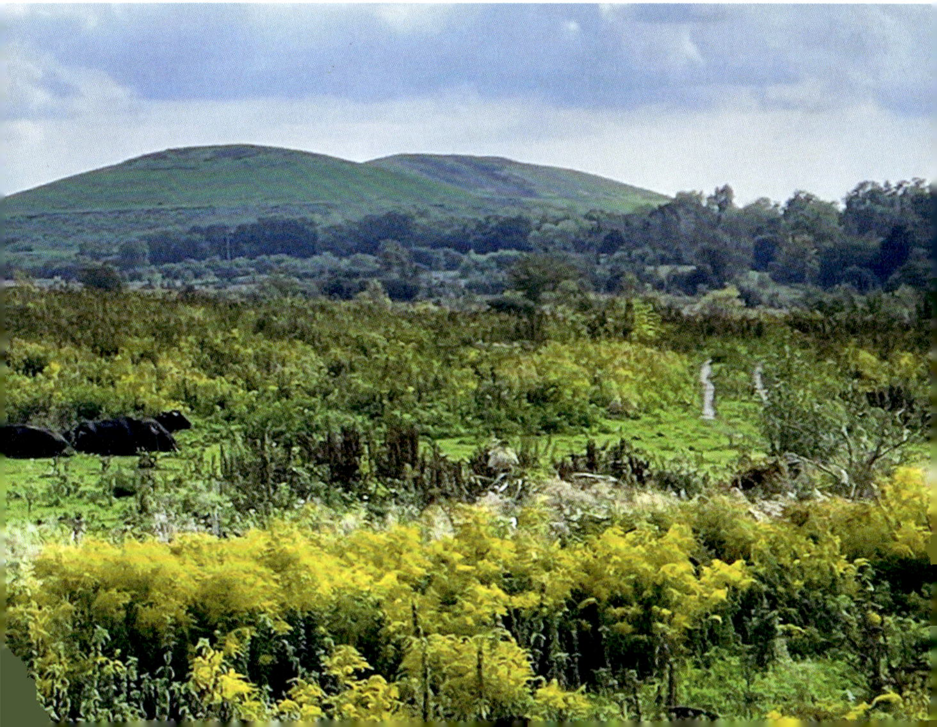

noch ein wenig ihrem sanften Traben, bis sie in dem nahen Wäldchen verschwinden.

Langsam neigt sich unsere Wanderung auf dem Löwenzahnpfad dem Ende zu. Auf den letzten Metern führt er uns noch einmal in die Ufernähe eines der Teiche, dicke Plusterwolken spiegeln sich in seinem Wasser. Nach etwa 500 Metern erreichen wir den Beginn unserer Rundwanderung und machen uns zunächst auf den Weg zurück Richtung **S-Bahn-Station.**

*Die **Mönchmühle** wurde um 1230 von Zisterziensermönchen gegründet und zählt zu den ältesten Wassermühlen Brandenburgs. Bis 1973 war die Mühle noch aktiv, heute erzeugt ein neues Mühlrad umweltfreundlichen Strom.*

Wer nur auf die Tour gehen wollte, kann nun einfach in die Bahn steigen. Wir allerdings haben noch Lust auf Kaffee und Kuchen. Deshalb gehen wir hinter der Unterführung am Bahnhof vorbei und folgen der **Kastanienallee** gut 600 Meter bis zur **Historischen Mönchmühle.** In den Sommermonaten ist sonntags das **Mühlencafé** ④ geöffnet und auch die alte Mühle selbst kann besichtigt werden.

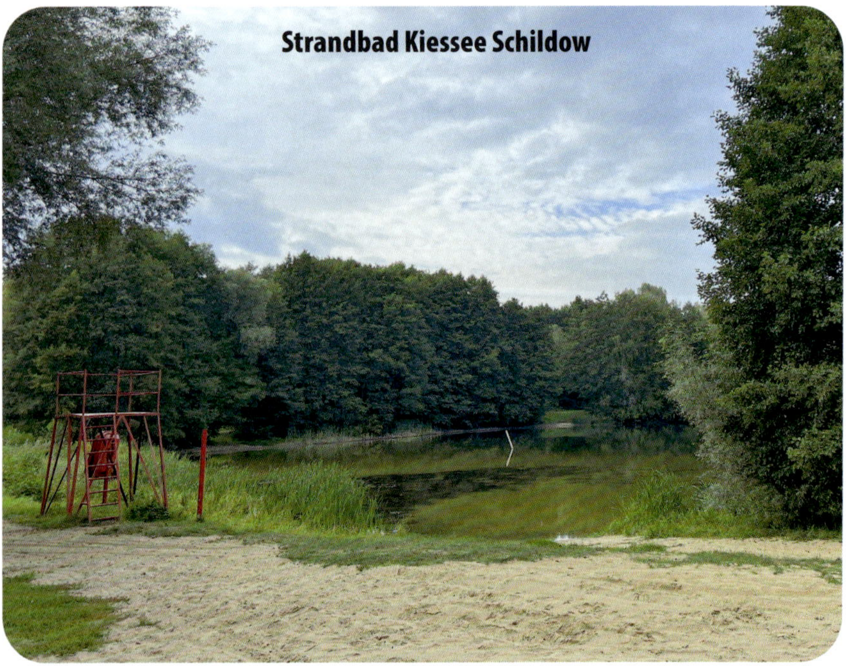

Strandbad Kiessee Schildow

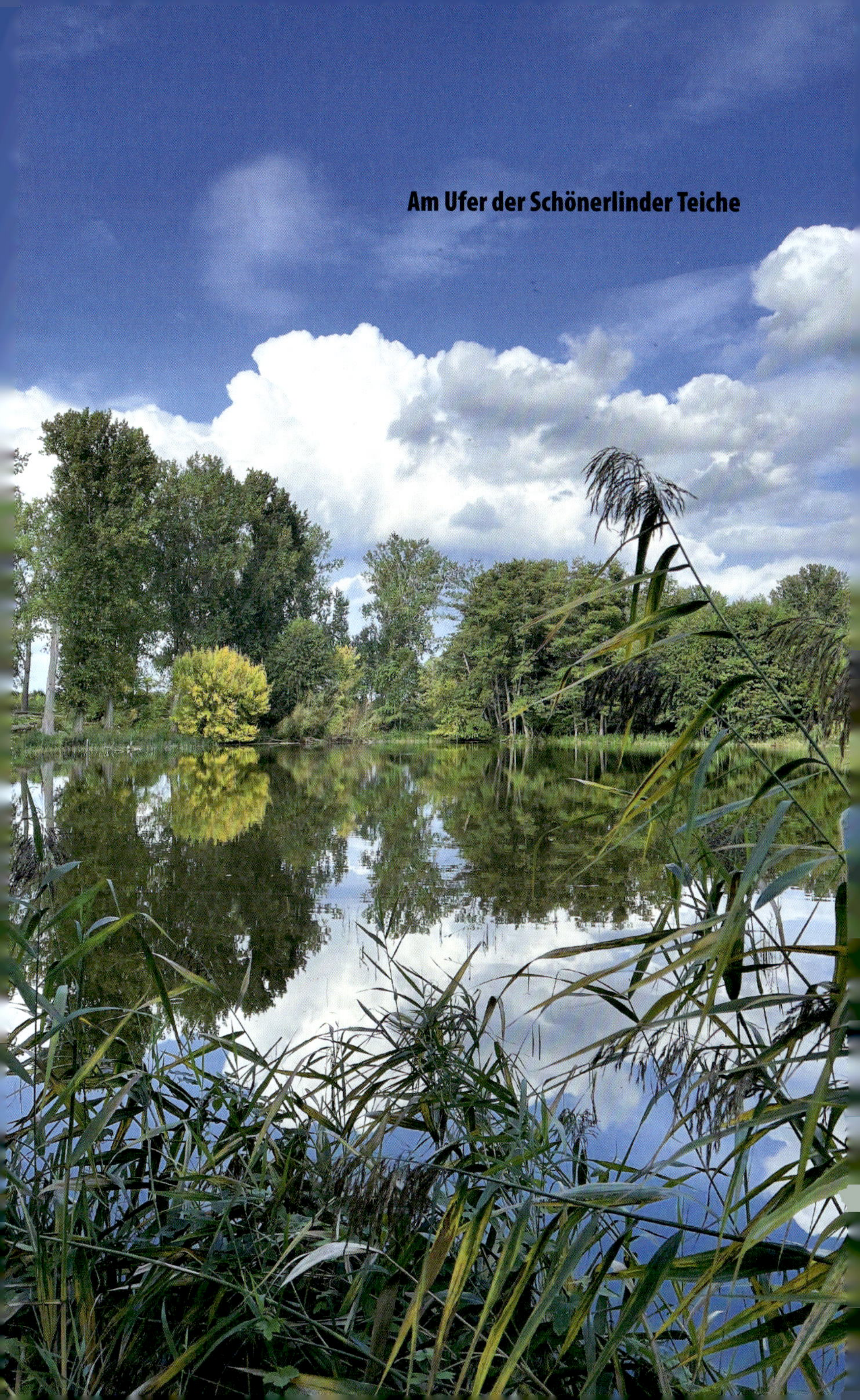
Am Ufer der Schönerlinder Teiche

Entschleunigungstour 15

Auf dem Rückweg verlassen wir die **Mönchmühlenallee,** um nach 200 Metern rechts in die **Schillerstraße** einzubiegen. Es geht geradeaus durch ein hübsches Wohngebiet. Nach etwa 400 Metern nehmen wir die **Lessingstraße** nach rechts und kommen an einen Parkplatz, der uns das **Strandbad Kiessee Schildow** ankündigt. An heißen Sommertagen bietet es eine willkommene Abkühlung, außerdem hält der **Sommerimbiss** ❺ das klassische Angebot an Freibaderfrischungen bereit.

Zurück zur S-Bahn-Station sind es nur noch wenige Minuten. Der Weg führt rechts am Zaun des Strandbades entlang durch den Wald, noch ein Stück durch das Tegeler Fließtal und bis zum Parkplatz am S-Bahnhof Mühlenbeck-Mönchmühle.

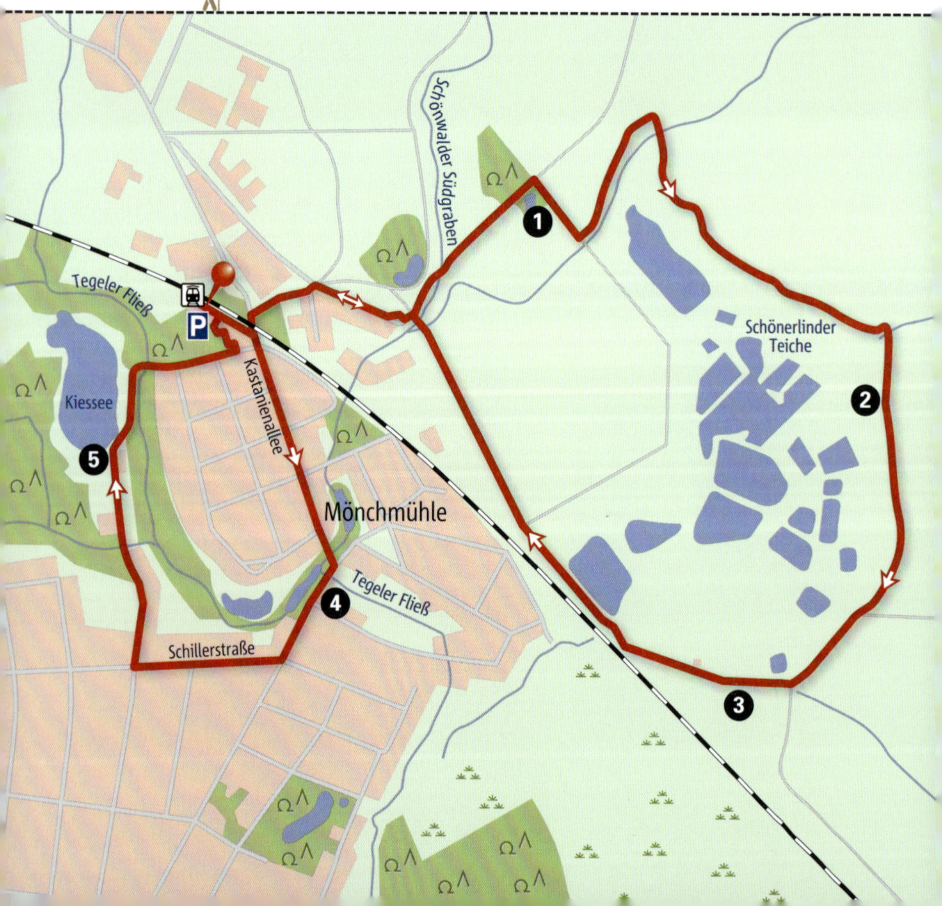

Alles auf einen Blick

WIE & WANN:
Breite Wege und schmale Pfade, die bei feuchtem Wetter schlammig sein können; ganzjährig begehbar.

HIN & WEG:
Auto: Parkplatz am S-Bahnhof Mühlenbeck-Mönchmühle, 16567 Mühlenbecker Land (GPS: 52.654142, 13.387570)
ÖPNV: S8 bis S-Bahnhof Mühlenbeck-Mönchmühle

ESSEN & ENTSPANNEN:
Mühlencafé in der Historischen Mönchmühle ❹
Mönchmühlenallee 3, 16567 Mühlenbecker Land,
Tel. (03 30 56) 43 42 16, www.historische-moenchmuehle.de
Sommerimbiss am Strandbad Schildow ❺ Lessingstraße 48, 16552 Mühlenbecker Land OT Schildow

ENTDECKEN & ERLEBEN:
Rastplatz mit Insektenhotel ❶
Hölzerner Aussichtsturm ❷
Bienenstöcke ❸

Entspannung ✱✱✱✱✱
Genuss ✱✱✱✱✱
Romantik ✱✱✱✱✱

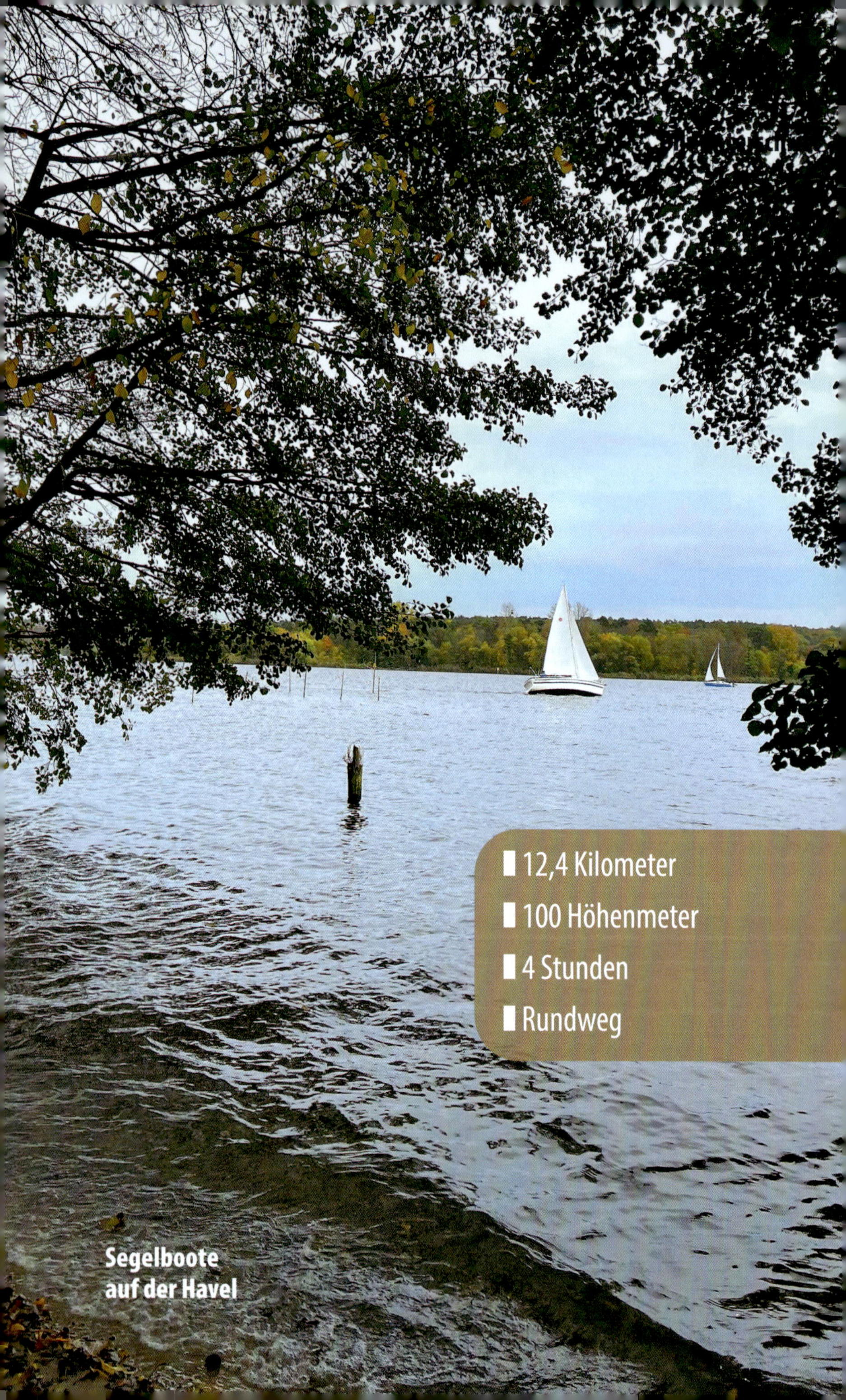

Segelboote auf der Havel

Wir steigen aus dem Bus und folgen der **Gatower Straße** zunächst in Fahrtrichtung vorbei an der **Gartenkolonie Sonnental.** Hinter einem kleinen Parkplatz biegen wir rechts in einen breiten Sandweg ein, der uns hinaus auf Feld und Wiesen führt. Auf einer hübschen Birkenallee wandern wir die nächsten 700 Meter geradeaus. Links von uns erstrecken sich die von Gräben durchzogenen **Rieselfelder Karolinenhöhe.** Die herbstlich bunten Blätter der Bäume leuchten mit dem sattgrünen Gras der Felder um die Wette.

Schließlich sehen wir von Weitem schon die **Potsdamer Chaussee,** um etwa 200 Meter davor an einer Kreuzung mit mehreren Abzweigungen rechts in einen gepflasterten Feldweg einzubiegen. Nur auf einem kurzen Stück folgen wir nun dem lila markierten **Pilgerweg Spandau.** Das Laub der alten Obstbäume färbt den Weg vor uns in strahlende Rot- und Orangetöne. An der zweiten Querstraße biegen wir rechts ab und verlassen den Pilgerpfad.

In einem weiten Bogen verläuft unser Weg nun zweispurig zwischen den Feldern hindurch. Wir kreuzen etliche Querverbindungen, halten uns aber im Prinzip immer geradeaus, dem natürlichen Verlauf folgend. Nach einem guten Kilometer wird der Weg zu einem sehr schmalen Pfad. Hier biegen wir links und gleich wieder rechts ab. Kurz darauf überqueren wir eine kleine **Landstraße.** Die Rieselfelder hinter uns

*Der **Spandauer Pilgerweg** verbindet seit 2020 auf knapp 75 Kilometern, die sich auf drei Rundwege verteilen, zahlreiche evangelische und katholische Kirchen rund um Spandau miteinander. Die Wege sind durchgehend mit einem violetten Kreuz markiert.*

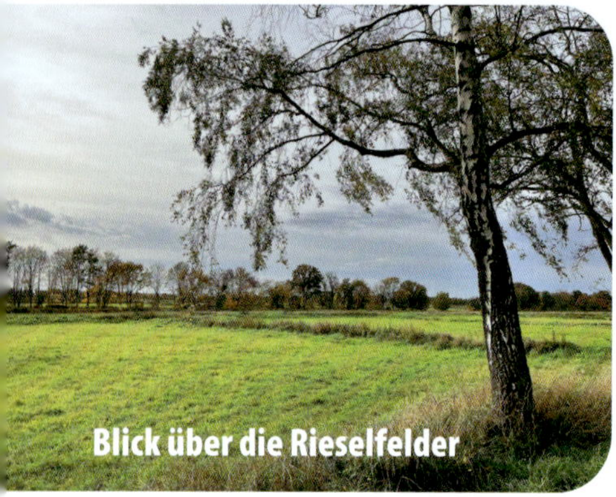
Blick über die Rieselfelder

lassend, geht es immer weiter geradeaus, bis wir auf einen Weg stoßen, dem wir nach rechts folgen.

Wir tauchen ein in ein Meer aus Farben. Die Sträucher und Bäume am Wegesrand changieren von hellem Gelb über kräftiges Orange bis zu tiefem Rot.

Nach etwa 900 Metern nutzen wir die erste Möglichkeit links, um anschließend durch ein dichtes Waldstück zu wandern. 400 Meter weiter kreuzen wir einen Weg und gehen halb links an einem Zaun entlang, bis wir schließlich an einer Bushaltestelle auf den **Groß-Glienicker Weg** treffen. Wir überqueren die Straße und gehen auf der gegenüberliegenden Seite wieder in den Wald hinein. In einem leichten Bogen folgen wir im Grunde dem Wegverlauf und biegen nach 300 Metern links ab. Nur kurze Zeit später erreichen wir in einer Waldkurve eine **Schutzhütte 1**, in der wir uns eine kleine Pause

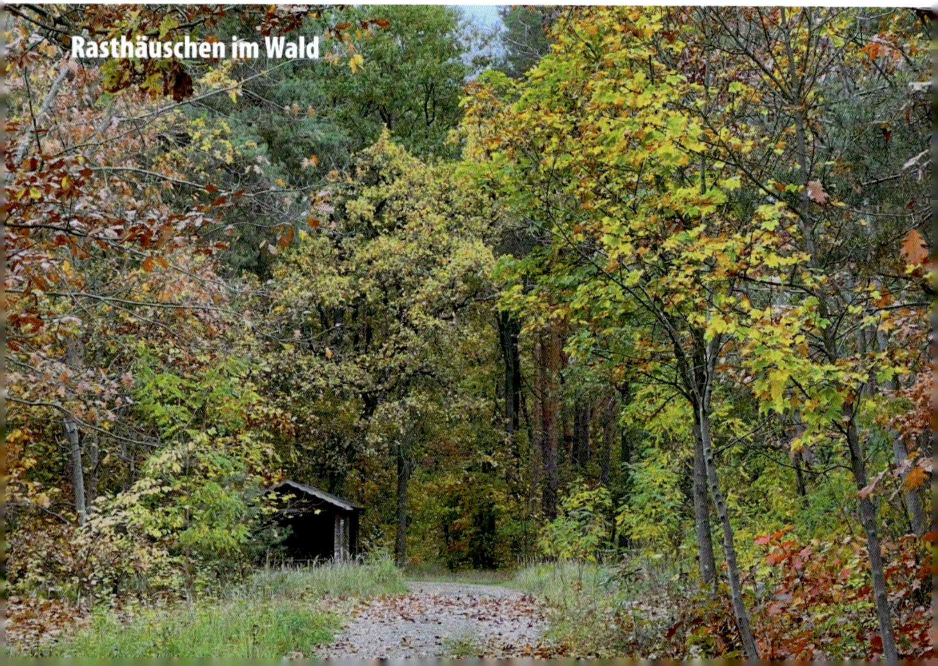
Rasthäuschen im Wald

gönnen. Selbst an diesem etwas trüben Tag zwitschern die Vögel von den hohen Kiefern am Wegesrand.

Nachdem unsere Thermoskannen wieder verstaut sind, folgen wir dem Weg weiter und kommen an dem Gelände des ehemaligen **Flugplatzes Berlin-Gatow** ❷ vorbei. Wir spähen über den Zaun und entdecken einen alten Hangar und den Turm der Horchfunker. Für

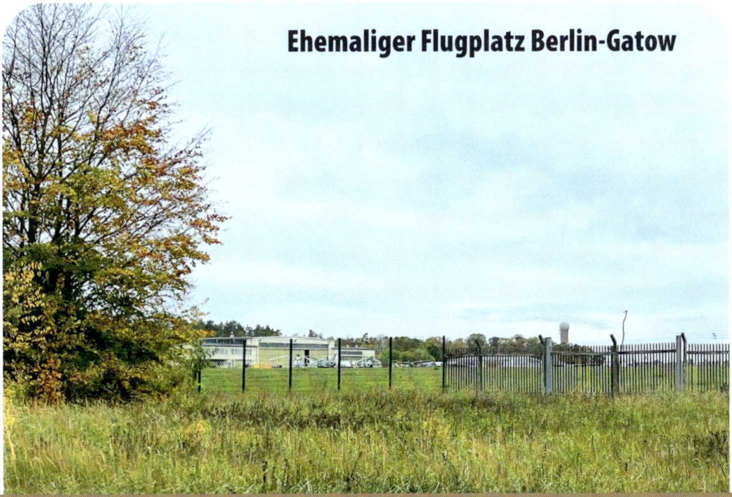

Ehemaliger Flugplatz Berlin-Gatow

Für die Seele

Die Weite der Rieselfelder auf den Karolinenhöhen macht den Kopf und die Seele frei. Das plätschernde Wasser der Havel lässt echte Urlaubsstimmung aufkommen.

eine ausführliche Besichtigung des Geländes und des Militärhistorischen Museums der Bundeswehr sollte man den Flugplatz von der gegenüberliegenden Seite ansteuern.

Gegenüber dem Zaun gehen kurz hintereinander zwei Wege links ab, wir nehmen den zweiten und folgen ihm 1 Kilometer lang durch den Wald. Wir kom-

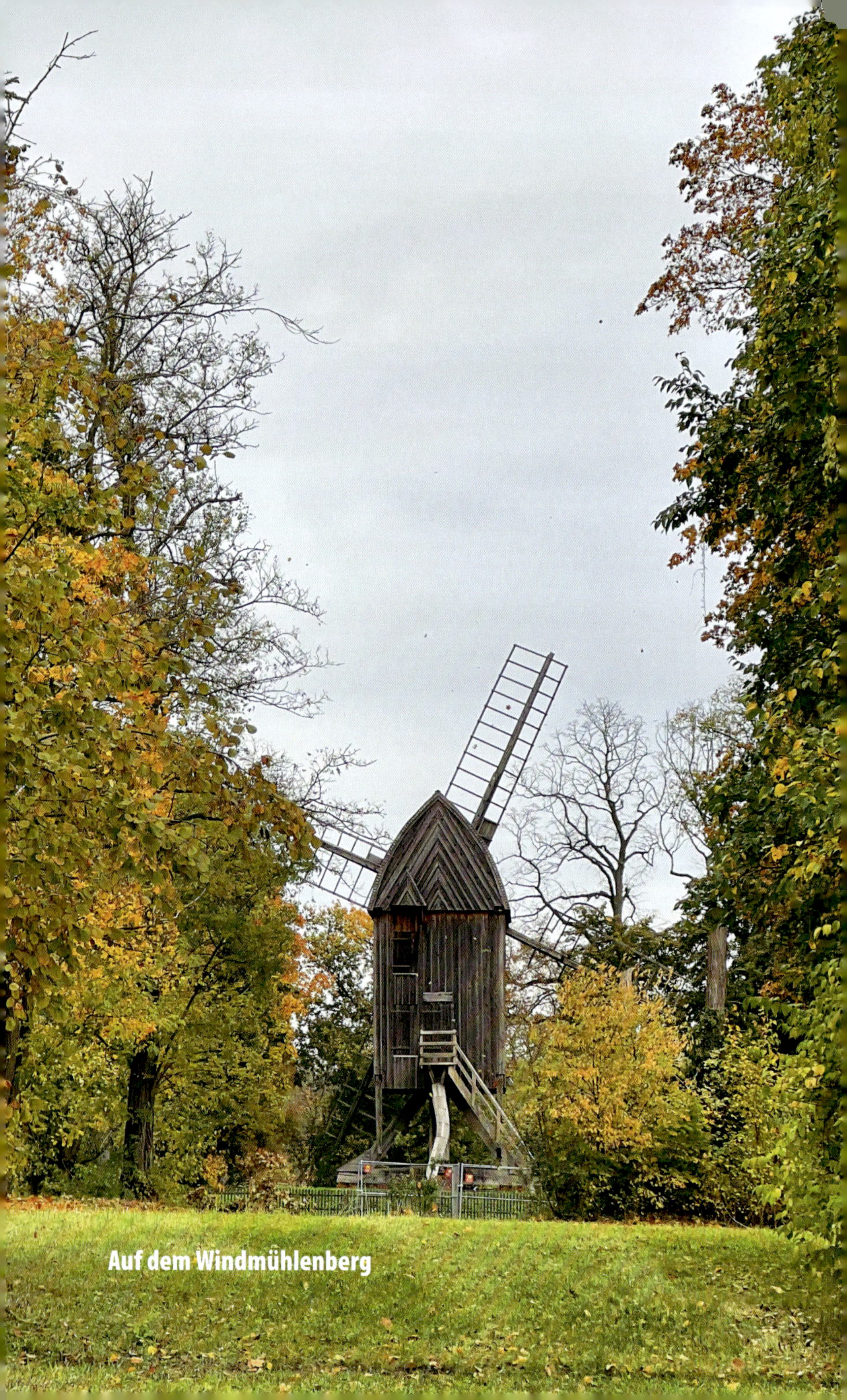

Auf dem Windmühlenberg

men hier an etlichen Querwegen vorbei und biegen erst bei der vierten Gelegenheit auf Höhe einer kleinen **Sitzgruppe** links ab. Wenn wir aus dem Wald heraustreten, öffnet sich vor uns ein weites Feld. Am Horizont sind mehrere Sehenswürdigkeiten nebeneinander aufgereiht. Zuerst entdecken wir die charakteristische Kuppel der ehemaligen Abhörstation auf dem Teufelsberg. Unser Blick wandert den Horizont entlang und bleibt an einem zweiten bekannten Bauwerk hängen: Der Grunewaldturm erhebt sich hoch über den Ufern der Havel, die wir von hier aus noch nicht sehen können, zu der wir uns aber nun auf den Weg machen.

Nach 600 Metern entlang des Feldes stoßen wir wieder auf den **Groß-Glienicker Weg,** dem wir einige Meter nach rechts folgen, um dann links in Richtung des Vierfelderhofs einzubiegen. Im **Hofcafé** 3 des anerkannten Biobauernhofs gibt es regionale Köstlichkeiten wie saisonal wechselnde Suppen oder frisch gebackenen Kuchen. In dem kleinen **Hofladen** kann man sich mit frischen Lebensmitteln aus erster Hand versorgen.

Wir gehen am Hof vorbei und hinter dem Parkplatz rechts in eine schmale Straße. Bei nächster Gelegenheit biegen wir links in den **Annenweg** ein. Der nur für Fußgänger zugängliche Weg bringt uns zwischen den Gärten der Wohnhäuser hindurch zur Straße **Weiter Blick.** Wir überqueren diese und gehen weiter auf der Straße **Am Kinderdorf.** Nach wenigen Metern treten wir rechts in eine Parkanlage ein. Unser Weg führt uns leicht bergauf tiefer in den Park hinein, schon bald sehen wir in der Ferne das besondere Bauwerk, das dem Gelände seinen Namen gibt: die **Gatower Bockwindmühle** 4 auf dem Windmühlenberg. Die Geschichte dieses Ortes ist recht skurril. Bei Filmdreharbeiten im Jahr 1921 wurde die 1845 errichtete Mühle als Teil der verfilmten Geschichte abgebrannt. Erst im Rahmen der 750-Jahr-Feier des Ortsteils Gatow im Jahre 2008 wurde sie mithilfe von Spendengeldern originalgetreu rekonstruiert.

*Nach der Abriegelung Westberlins im Jahr 1948 wurde der **Flugplatz Gatow** zu einem der wichtigsten Start- und Landeplätze für die Flugzeuge der sogenannten Luftbrücke, über die für die Bevölkerung der Westsektoren 500.000 Tonnen lebenswichtiger Güter transportiert wurden.*

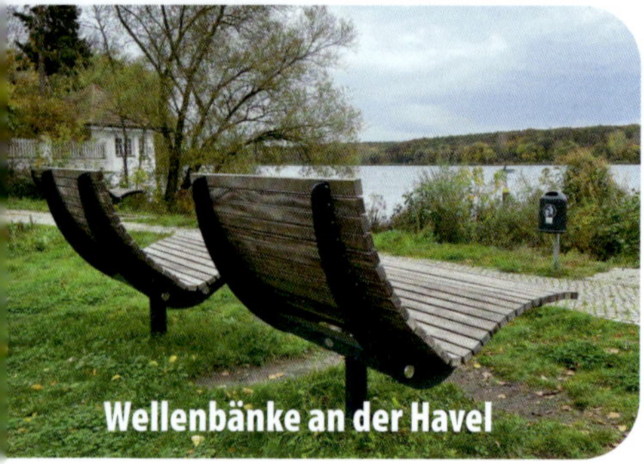

An der Mühle vorbei kommen wir auf die **Buchwaldzeile,** die uns ins alte Zentrum der Dorfgemeinde Gatow bringt. Am Friedhof mit der alten **Dorfkirche** biegen wir rechts ab und stoßen bald auf die große Straße **Alt-Gatow,** der wir nach links folgen. Hier finden wir einige Gasthäuser und Restaurants, zum Beispiel die **Kajüte am See** ❺ mit einem einladenden Sommergarten. Zwischen den Häusern blitzt nun auch immer wieder die Havel hindurch.

Kurz vor der **Freiwilligen Feuerwehr Gatow** verlassen wir die Hauptstraße und biegen hinunter zur Havel ab. Der Weg verläuft leicht links, wir folgen ihm bis zu einem kleinen Park, in dem wir auf einer der bequemen **Wellenbänke** ❻ mit Blick aufs Wasser eine kurze Pause einlegen. Wir gehen weiter an einem schmucken Landhaus mit weißen Zäunen und von Efeu berankten Mau-

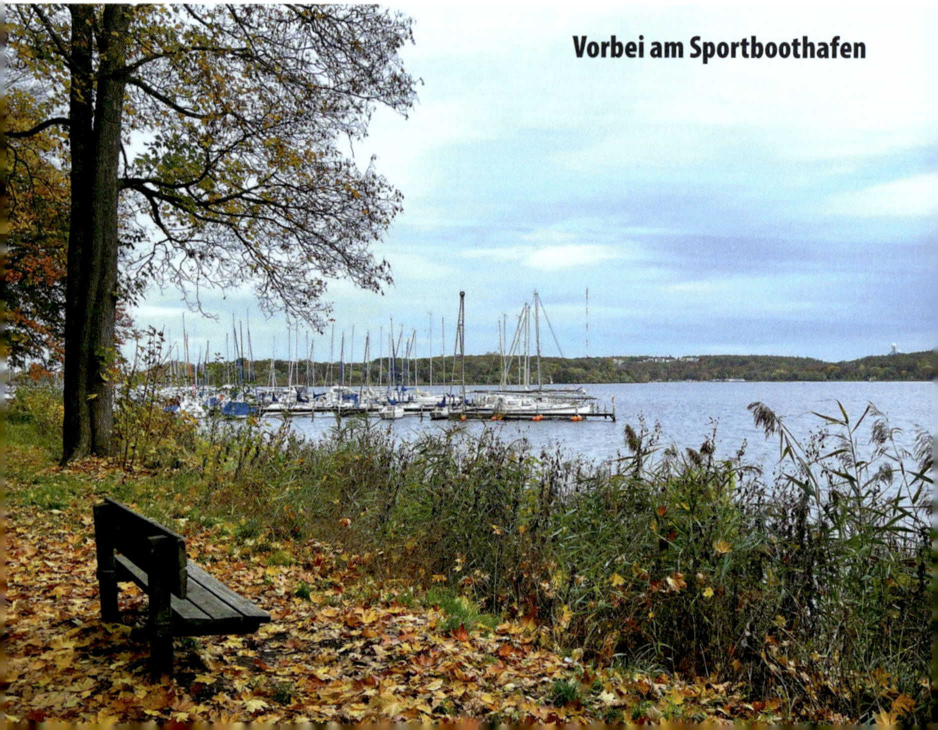

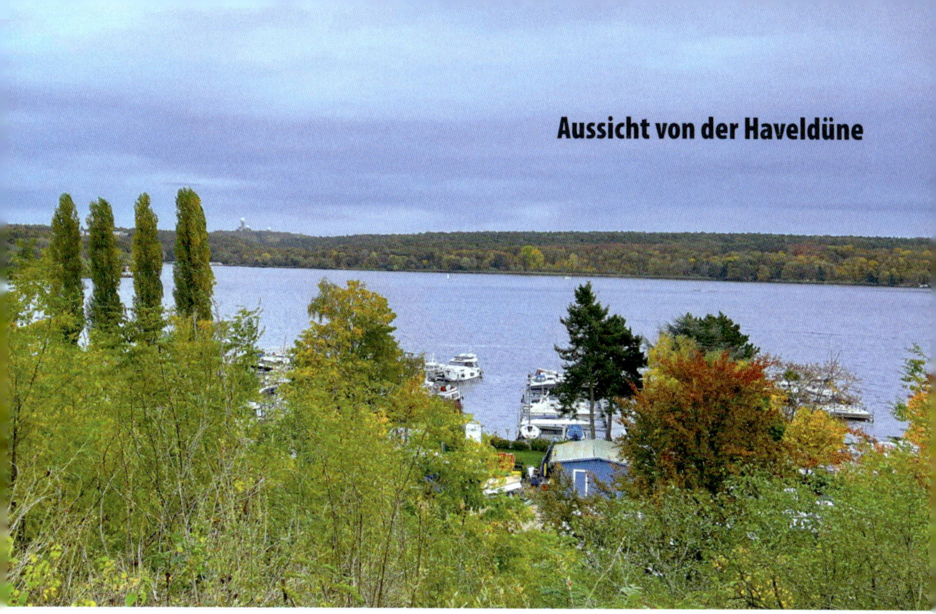

Aussicht von der Haveldüne

ern entlang. Es handelt sich dabei um die **Villa Lemm** ⑦, die sich der bekannte Berliner Schuhcremefabrikant Otto Lemm 1907 bauen ließ.

Am Ende des Anwesens biegen wir rechts ab und bestaunen den hübschen Gartenpavillon im weitläufigen Außengelände der Villa. Der Weg führt uns noch einmal kurz ans Ufer der Havel. Von einer Bank aus beobachten wir, wie die Segelboote ihre Runden ziehen. Nach 300 Metern verlassen wir erneut das Ufer, biegen jedoch bei der nächsten Gelegenheit wieder rechts in Richtung Havel ab. Wir schlendern an einem kleinen **Sportboothafen** vorbei und genießen die letzten Meter am Wasser.

Der Weg biegt schließlich nach links ab und trifft auf einen asphaltierten Parkweg, dem wir nach rechts folgen. Auf Höhe eines Toilettencontainers gabelt sich die Straße und wir nehmen die Stufen links hinauf. Vorbei an einem schönen **Spielplatz** steigen wir Schritt für Schritt höher. Wir halten uns immer geradeaus bzw. leicht rechts. Von einem **Aussichtspunkt** haben wir einen herrlichen Blick über die Havel mit dem Teufelsberg und dem Grunewaldturm. Hier oben auf der **Weinmeisterhöhe** ⑧, die auch **„Haveldüne"** genannt wird, kommt bei uns Meeresfeeling auf. Nicht nur wegen der großen

*Rund um die Dorfkirche entstand im 14. Jahrhundert das **Bauerndorf Gatow,** dessen alte Höfe und Gassen noch heute entdeckt werden können. Auch Albert Einstein schätzte Gatow, er verbrachte hier immer wieder Momente der Ruhe bei seinem geliebten Segelsport und beim Musizieren.*

*Die **Villa Lemm** überstand den Zweiten Weltkrieg weitgehend unbeschadet und diente von 1945 bis 1990 als repräsentative Residenz des Kommandanten des Britischen Sektors von Berlin. Heute befindet sich die Villa wieder in Privatbesitz.*

Wasserfläche vor uns. Auch die knorrigen, leicht windschiefen Kiefern erinnern an mediterrane Gefilde.

An einer weiteren Weggabelung wählen wir den rechten Weg, es macht aber im Prinzip keinen Unterschied für welchen der Wege wir uns entscheiden, da uns alle Optionen zu einer langen Treppe führen. Wir gehen die Stufen bis zur Hälfte hinunter und halten uns dann rechts weiter bergab. Unten angekommen treffen wir auf die **Scharfe Lanke,** der wir nach links folgen.

Langsam geht unsere Wanderung zu Ende. Nach 300 Metern biegen wir rechts in den **Weinmeisterhornweg** und gelangen nach weiteren 500 Metern wieder auf die **Gatower Straße** und an die Bushaltestelle, von der aus wir gestartet sind.

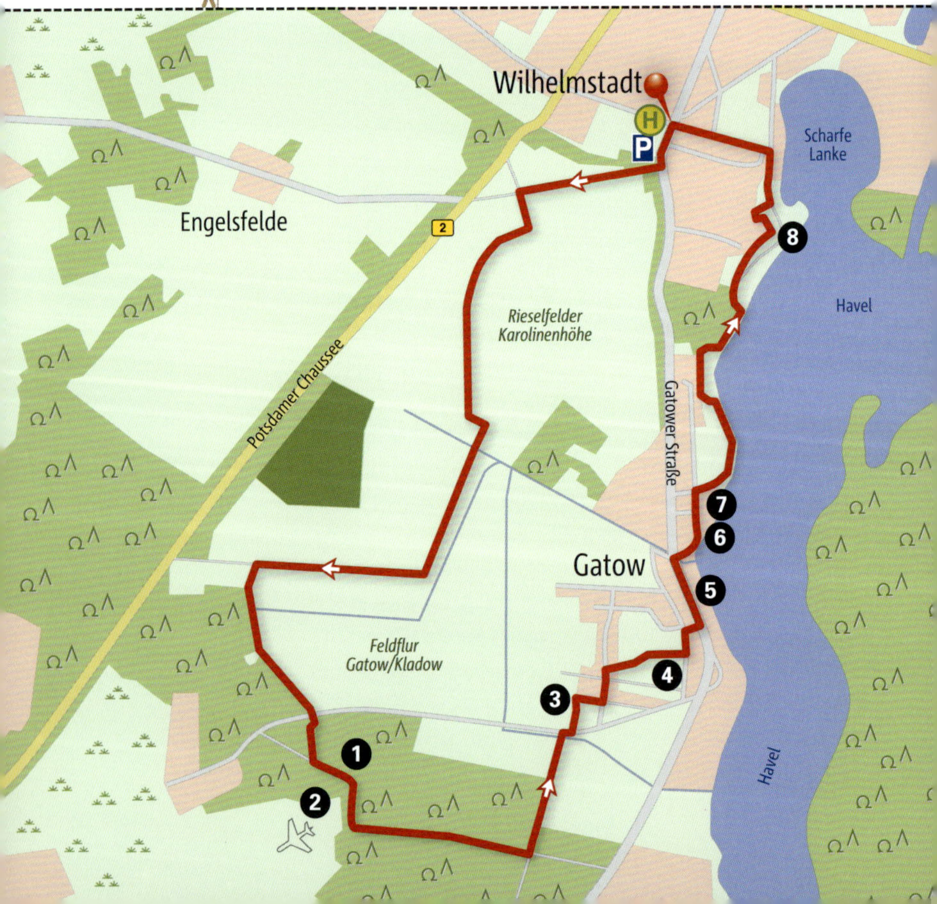

Alles auf einen Blick

WIE & WANN:

Feld- und Wiesenwege sowie asphaltierte Abschnitte, ganzjährig gut zu begehen.

HIN & WEG:

Auto: Parkplätze an der Gatower Straße, 13593 Berlin
(GPS: 52.508430, 13.179433 oder 52.507617, 13.179121)
ÖPNV: Bus 134 ab Rathaus Spandau oder Bus X34 ab Heerstraße bis Haltestelle Gatower Straße/Weinmeisterhornweg

ESSEN & ENTSPANNEN:

Hofcafé auf dem Vierfelderhof ❸ Groß-Glienicker Weg 30, 14089 Berlin, Tel. (0 30) 36 99 69 25, www.vierfelderhof.de/hofcafe
Restaurant Kajüte am See ❺ Alt-Gatow 23, 14089 Berlin, Tel. (030) 44 03 90 60, www.kajueteamsee.de

ENTDECKEN & ERLEBEN:

Schutzhütte im Wald ❶
Ehemaliger Flugplatz Berlin-Gatow ❷
Gatower Bockwindmühle ❹
Wellenbänke mit Seeblick ❻

Entspannung ✱✱✱✱✱
Genuss ✱✱✱
Romantik ✱✱✱✱

Villa Lemm ❼
Weinmeisterhöhe („Haveldüne“) ❽

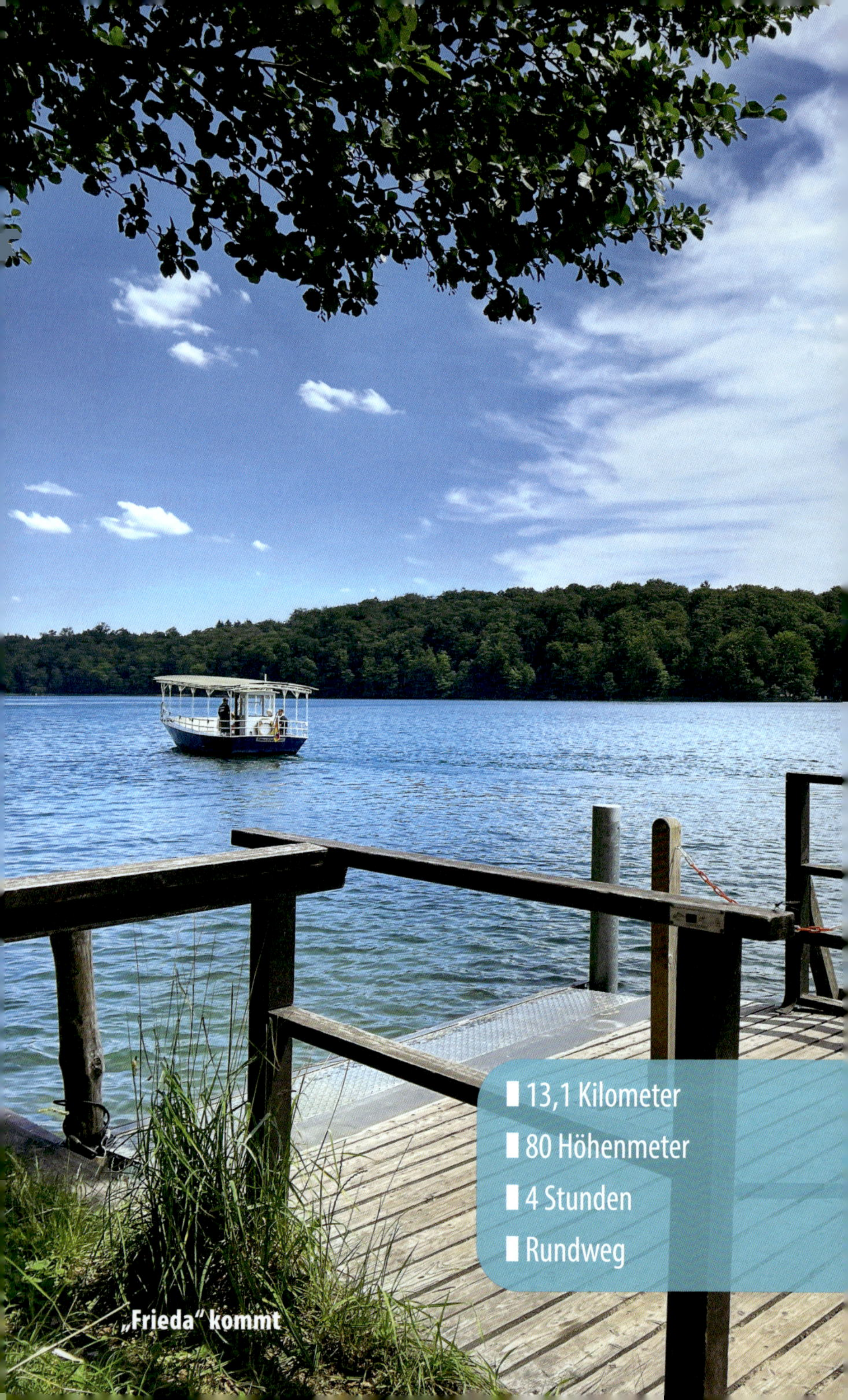

„Frieda" kommt

Am Bahnhof Wandlitzsee gehen wir rechts am Bahnhofsgebäude vorbei entlang der Gleise bis zu einem Bahnübergang. Hier sehen wir auf einem Wegweiser den blauen Punkt, der den 66-Seen-Wanderweg markiert und uns nach links in Richtung Liepnitzsee leitet. Wir folgen für knapp 300 Meter der **Ruhlsdorfer Straße,** bis wir halb rechts in die Straße **An der Bogenweide** einbiegen. Bei nächster Gelegenheit gehen wir rechts und wandern auf **An den Pfühlen** durch ein Wohngebiet. Zwischen den Häusern entdecken wir einen der Pfühle, die der Straße ihren Namen gegeben haben.

Nach 500 Metern kommen wir an einen kleinen Kreisverkehr und stoßen hier geradeaus in den Wald hinein. Sofort sind wir umgeben von dichtem Grün, durch das die Sonne ihre hellen Strahlen schickt. Die Stämme der hohen, knorrigen Kiefern sind mit Efeu bewachsen. Auch hier können wir vorerst dem **blauen Punkt** folgen, der uns zuverlässig von den Baumstämmen entgegenleuchtet. An der nächsten größeren **Kreuzung** mit einem regelrechten Schilderwald halten wir uns geradeaus und orientieren uns weiter an dem blauen Punkt. Ein schmaler Pfad führt uns weiter in den Wald hinein. Das dichte Blätterdach schützt uns an diesem heißen Sommertag vor den Sonnenstrahlen, bietet aber im Falle des Falles auch hervorragenden Regenschutz.

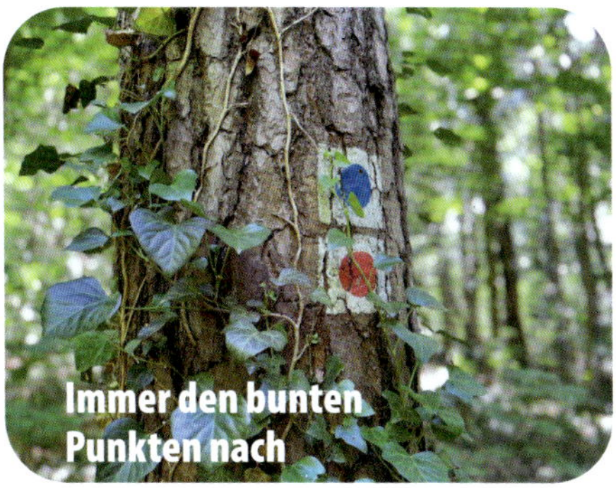

Immer den bunten Punkten nach

Inselfrische

Von Wandlitz zum Liepnitzsee

Knapp 500 Meter geht es immer der Nase nach unter den Bäumen hindurch. An einer größeren **Waldkreuzung** folgen wir dem blauen Punkt nach rechts. Doch schon nach wenigen Metern teilt sich der Weg erneut. Wir entscheiden uns für eine Abkürzung durch den Wald und biegen links in einen **schmaleren Weg.** Die bunten Punkte lassen wir für den Moment hinter uns, treffen jedoch bereits nach 300 Metern wieder auf unseren altbekannten 66-Seen-Wanderweg. Dieser führt uns ganz nah am Ufer des **Regenbogensees** ❶ entlang.

Wir beobachten eine Weile das geschäftige Treiben der winzigen Wasserläufer, die auf der Wasseroberfläche zwischen den tellergroßen Seerosenblättern hin und her gleiten. Schon reckt sich die eine oder andere orange Knospe gen Himmel, bald schon werden die herrlichen Wasserblumen in voller Blüte stehen. Im Regenbogensee kann man leider nicht baden und so machen wir uns auf in Richtung Liepnitzsee, wo die lang ersehnte Erfrischung auf uns wartet.

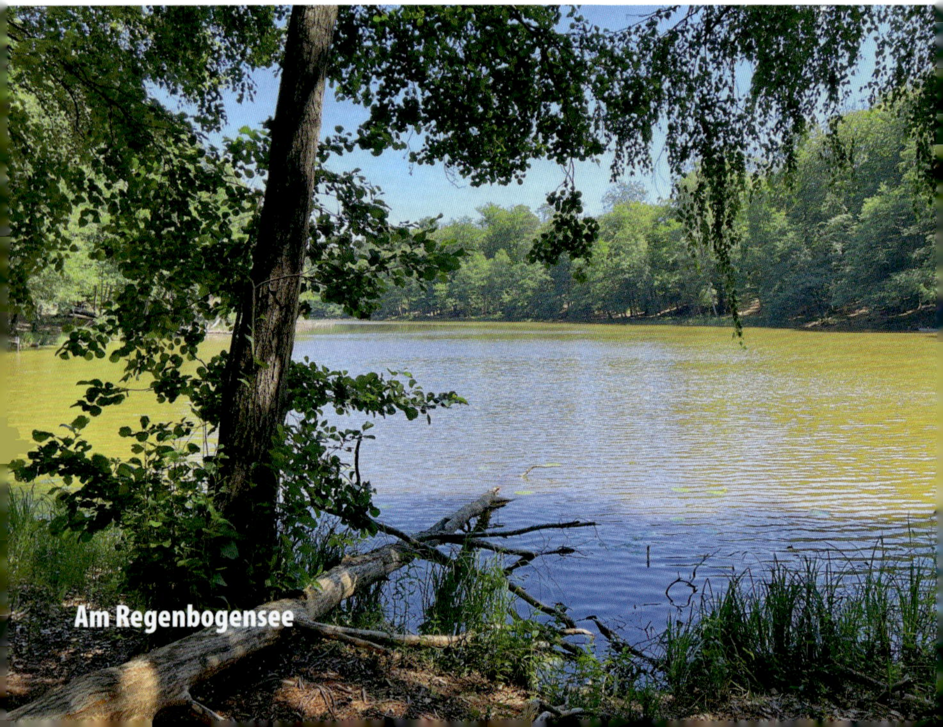

Am Regenbogensee

Nun können wir wieder der **blauen Markierung** folgen und gehen kurz hinter dem Regenbogensee an einer hölzernen Brücke vorbei. Etwa 200 Meter später biegen wir nach rechts ab und kraxeln über Wurzeln den hügeligen **Waldweg** nach oben. Endlich stehen wir an der Uferkante, von wo aus sich der **Liepnitzsee** zum ersten Mal durch die Bäume zeigt. Wir gehen entlang des Steilufers, das mit einem Holzgeländer gesichert ist, auf einem sandigen Weg leicht bergab.

*Der **Liepnitzsee** ist einer der beliebtesten Badeseen im Norden von Berlin, was sicher auch an seinem besonders klaren Wasser mit einer Sichtweite bis zu 5 Metern liegt. Am Westufer befindet sich das offizielle Strandbad des Liepnitzsees.*

Über das Wasser blicken wir nicht auf das andere Ufer des Liepnitzsees, sondern auf den **Großen Werder,** eine lang gezogene Insel in der Mitte des Sees. Genau da wollen wir hin! Nach 500 Metern, auf denen wir immer wieder an kleineren und größeren **Badebuchten** vorbeikommen und auch einen langen Holzsteg überqueren, erreichen wir den **Fähranleger Nordufer** ❷. Vom Nordufer verkehrt die Fähre stündlich (in der Hochsaison auch häufiger) mit einem Stopp an der Insel zum Südufer.

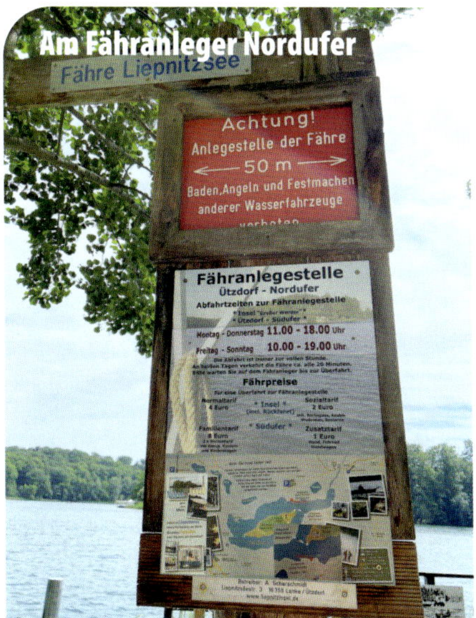

Am Fähranleger Nordufer

Wir haben Glück und sehen schon bald die „Frieda“ auf die Anlegestelle zutuckern. Unsere Vorfreude auf die Überfahrt mit frischem Wind in den Haaren und der Sonne im Gesicht steigt. Wir genießen jede Minute der Überfahrt, freuen uns aber auch

Für die Seele

Wir wandern an den Ufern des glasklaren Liepnitzsees und fühlen uns beim Ausflug auf die Insel Großer Werder wie in eine andere Zeit versetzt.

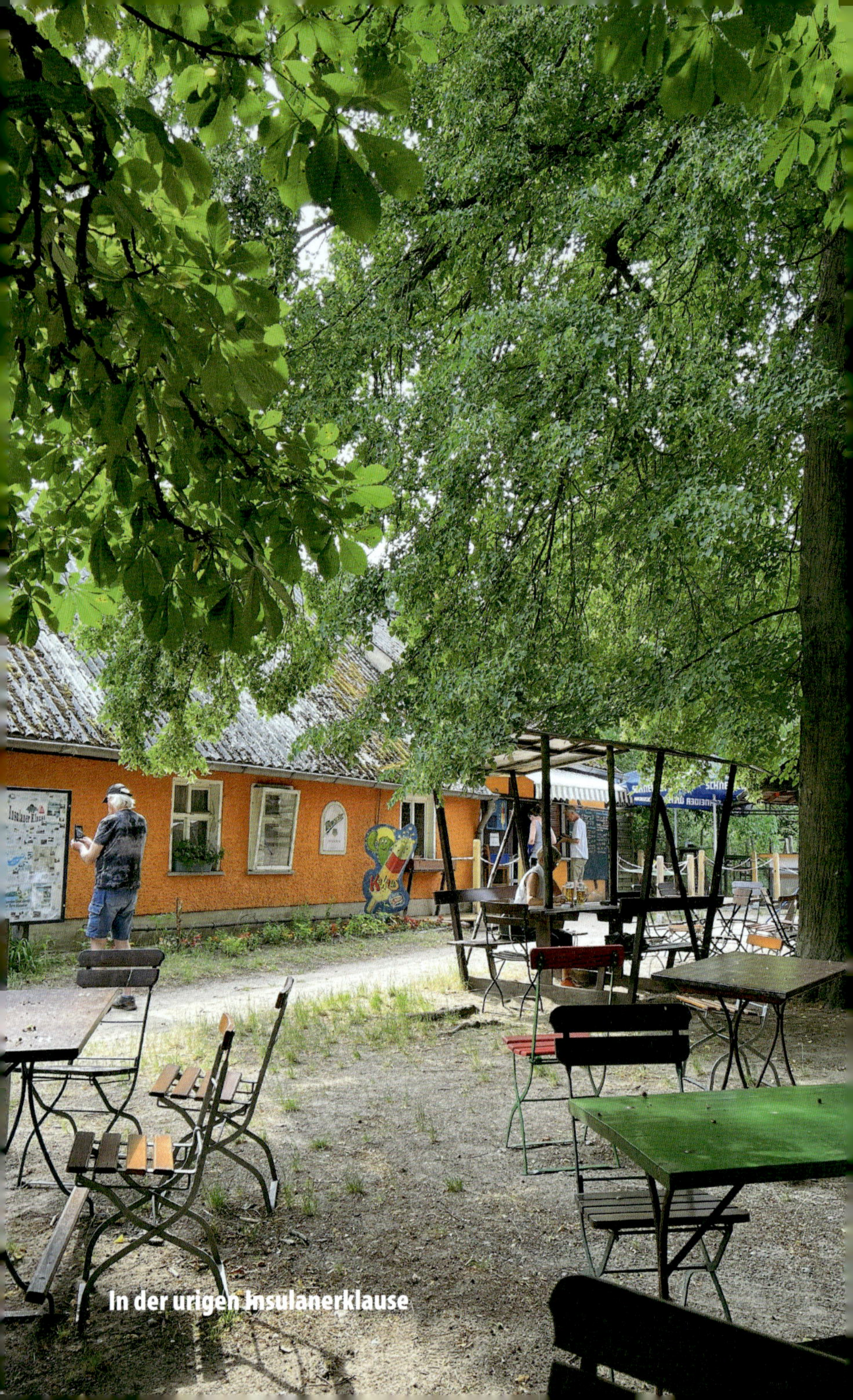

In der urigen Insulanerklause

schon auf die Wanderung über die Insel und ihre einladenden Badestellen.

Drüben angekommen, nehmen wir den **Sandweg,** der links leicht bergauf in Richtung des urigen **Biergartens Insulanerklause ③** führt. Sofort fühlen wir uns wie aus der Zeit gefallen. Das Gartenlokal empfängt uns mit einem aus Holz geschnitzten Bären in Lebensgröße, der den Eingang „bewacht". Nach einem kühlen Getränk unter den alten Kastanienbäumen zieht es uns dann aber endgültig an den Strand.

Wir folgen dem Weg weiter ins Inselinnere. Vorbei geht's an dem kleinen **Dauercamper-Platz** und wir erreichen nach 300 Metern den Abzweig zur **FKK-Badestelle ④.** Wer gerne nackt ins Wasser springen möchte, tut es uns gleich und wendet sich hier nach links. Unten erwartet uns ein kleiner Sandstrand. Wir lassen uns nicht lange bitten und springen in die kühlen Fluten. Es ist einfach herrlich, durch das karibikblaue Wasser zu gleiten.

Zum **Textilstrand** an der westlichen Spitze der Insel führt der eben beschriebene Pfad weiter geradeaus. Auf dem Weg zum Inselende kommen wir an einem weiteren, nicht öffentlichen **Campinggelände** vorbei. Am Rand des Wurzelpfades wachsen grüne Farne, hier auf dem Großen Werder scheinen die Bäume ein wenig knorriger und eigenwilliger als auf dem Festland. Wir gelangen zur **Badestelle ⑤,** die an einem Hang liegt und einen wunderbaren Blick über den See bietet. Wir lassen uns in einer der Sandkuhlen nieder und schauen den kleinen und großen Wasserratten dabei zu, wie sie sich an Seilen ins Wasser schwingen.

*„Holt über!" Vor weit über 100 Jahren war dies der Ruf an die Fährleute, einen auf die Insel zu bringen. Heute verkehrt die kleine motorisierte **Fähre „Frieda"** von April bis Dezember im Stundentakt. Benannt ist sie nach der ersten Fährmannsfrau Frieda Spengler.*

*Die **Insel Großer Werder** ist 34 Hektar groß und gehört seit 1914 der Stadt Berlin. Mit dem Eigentümerwechsel kamen eine Gastwirtschaft und ein Zeltplatz auf die Insel, welche die frühere landwirtschaftliche Nutzung nach und nach ablösten.*

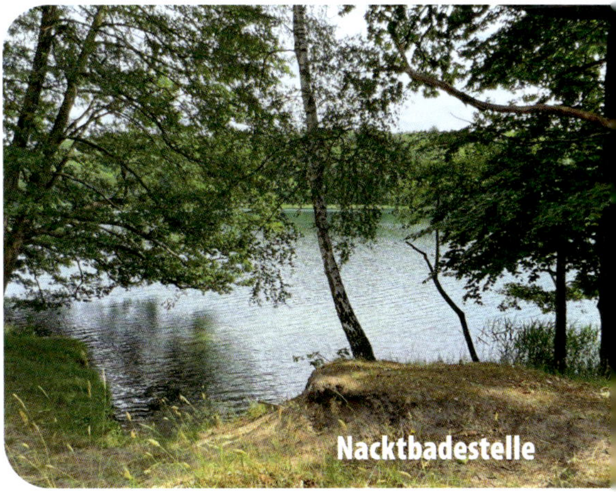
Nacktbadestelle

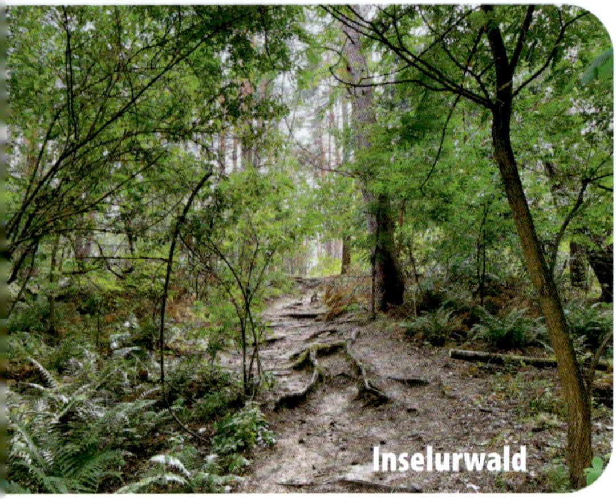
Inselurwald

Um zurück zum Fähranleger zu kommen, entscheiden wir uns für den **Weg am nördlichen Ufer** der Insel. Man kann aber auch einfach den gleichen Rückweg wählen, gerade, wenn man sich die Einkehr im Biergarten für später aufgehoben hat. Es gibt auch in der Inselmitte vom Nordufer einen Querweg, der einen zurück zum Südufer und damit auch vorbei am Insulaner bringt.

Von der westlichen Inselspitze zur Anlegestelle sind es etwa 1,3 Kilometer, wir müssen uns ein wenig sputen, um pünktlich zur Abfahrtszeit an der Fähre zu sein. Diese bringt uns nun ans Südufer des Liepnitzsees. In nur wenigen Minuten

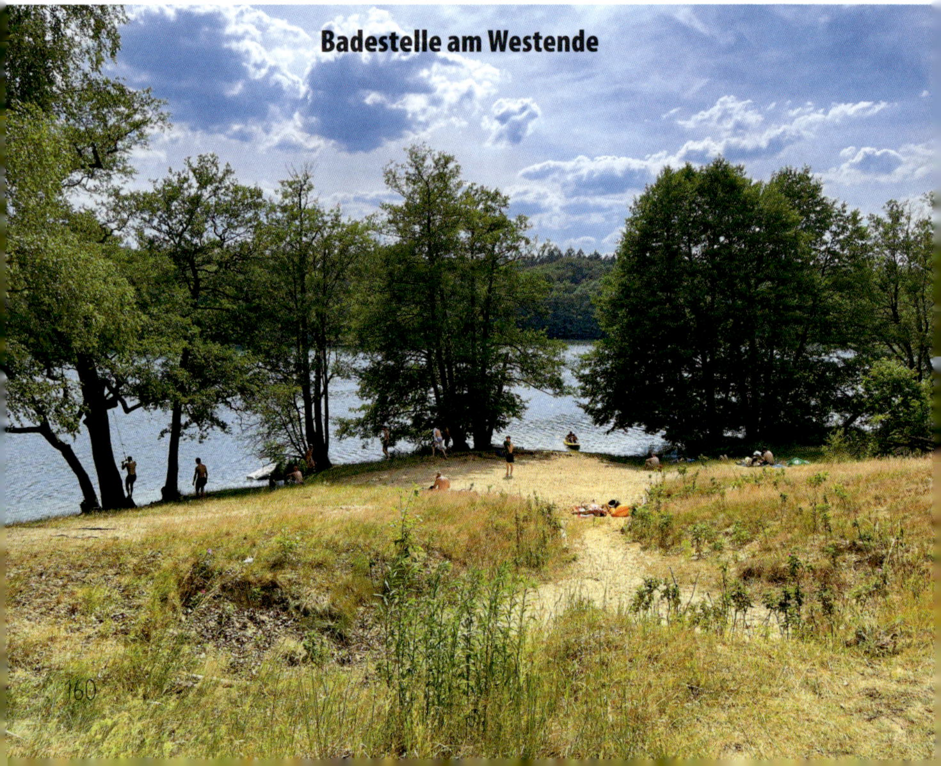
Badestelle am Westende

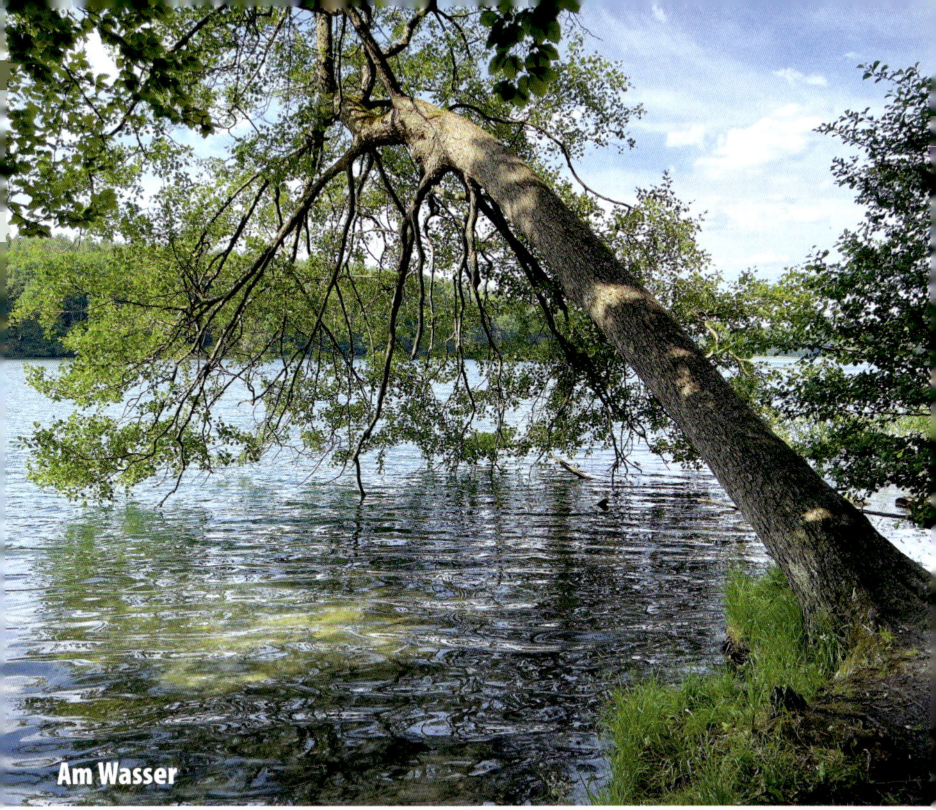

schippert „Frieda“ über das tiefblaue Wasser und erreicht den **Fähranleger Süderufer ⑥,** wo wir uns rechts halten. Hier führt ein schöner **Wurzelweg** direkt am Wasser entlang. Am Ufer wächst zartgrünes Schilf zwischen den Baumriesen, die zum Teil weit in den See hineinragen. Wer mag, findet hier immer wieder kleine Buchten, die noch einmal zu einer Erfrischung im glasklaren Nass einladen, bevor es langsam auf den Heimweg geht.

Nach knapp 2 Kilometern öffnet sich der Wald nach links, wo ein **breiter Weg** nach oben führt. Wir kehren dem Liepnitzsee schweren Herzens den Rücken und treffen nach wenigen Metern auf einen **blau-weiß markierten Weg,** dessen Verlauf wir zunächst nach rechts folgen. Dann schlängeln wir uns links und gleich wieder rechts durch den Wald, bis wir kurze Zeit später auf einen weiteren Weg treffen. Hier kommt ein **roter Punkt** hinzu, dem wir im Prinzip wieder zurück bis zum Bahnhof folgen können.

Nach etwa 1,3 Kilometern durch den lichten Laubwald sehen wir die ersten Häuser von Wandlitz. Am **Waldhotel Wandlitz 7,** wo man sich auf der gemütlichen Sommerterrasse des Restaurants niederlassen kann, treten wir aus dem Grün heraus. Die Zivilisation hat uns wieder. Wir biegen rechts in die **Bernauer Chaussee** und folgen der Straße bis zum Bahnhof Wandlitz. Vor den Schienen biegen wir rechts in die Bahnpromenade ein und folgen den Gleisen circa 1,3 Kilometer zurück zum **Bahnhof Wandlitzsee –** oder wir steigen gleich hier in den Zug zurück nach Berlin, wenn wir nicht mit dem Auto angereist sind.

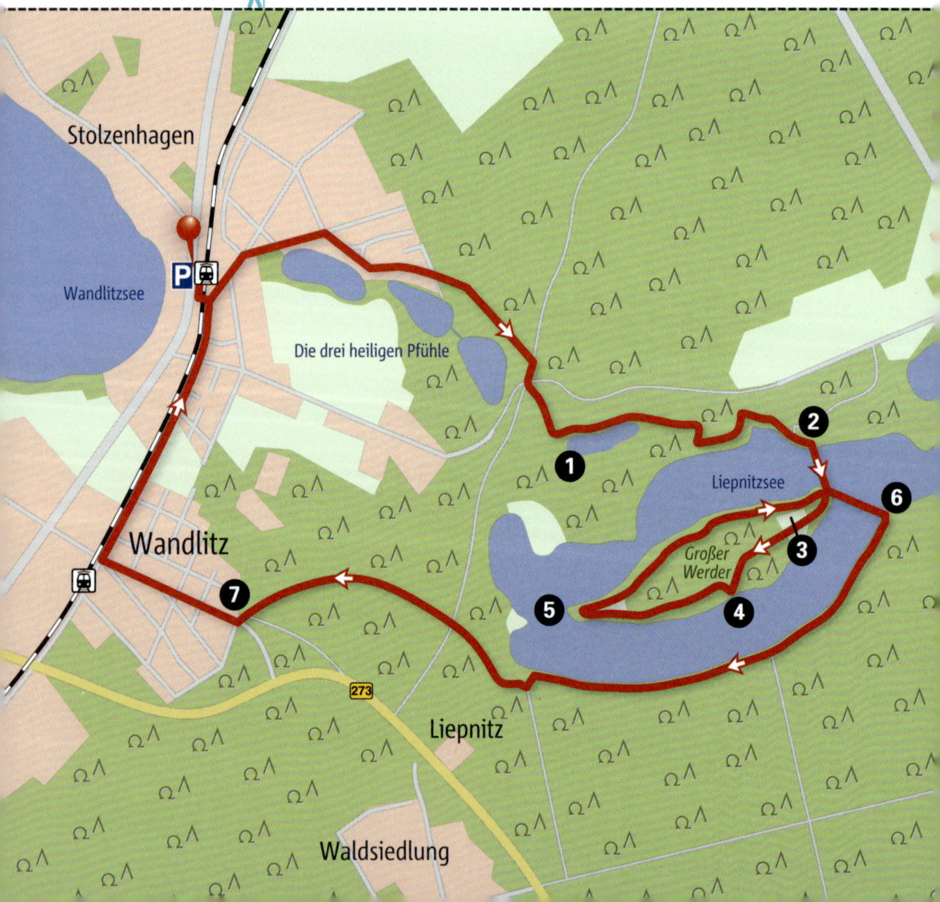

Alles auf einen Blick

WIE & WANN:

Asphaltstraßen, befestigte Waldwege, schmale Wurzelpfade. Im Prinzip ganzjährig zu begehen, allerdings verkehrt die Fähre zur Insel nur von April bis Dezember.

HIN & WEG:

Auto: Parkplatz am Bahnhof Wandlitzsee, 16348 Wandlitz (GPS: 52.755957, 13.472159)
ÖPNV: RB27 bis Bahnhof Wandlitzsee (Rückfahrt auch ab Bahnhof Wandlitz möglich)

ESSEN & ENTSPANNEN:

Gartenlokal Insulanerklause ❸ Liepnitzsee Großer Werder, Am Liepnitzsee 8, 16348 Wandlitz, Tel. (01 72) 3 60 97 75, www.liepnitzinsel.de/insulaner
Waldhotel Wandlitz ❼ Bernauer Chaussee 28, 16348 Wandlitz, Tel. (03 33 97) 66 90, www.waldhotelwandlitz.de

ENTDECKEN & ERLEBEN:

Regenbogensee ❶
Fähranleger Nordufer Liepnitzsee ❷
FKK-Badestelle Großer Werder ❹
Badestelle Großer Werder ❺
Fähranleger Südufer Liepnitzsee ❻

Entspannung ✱✱✱✱✱
Genuss ✱✱✱✱✱
Romantik ✱✱✱✱✱

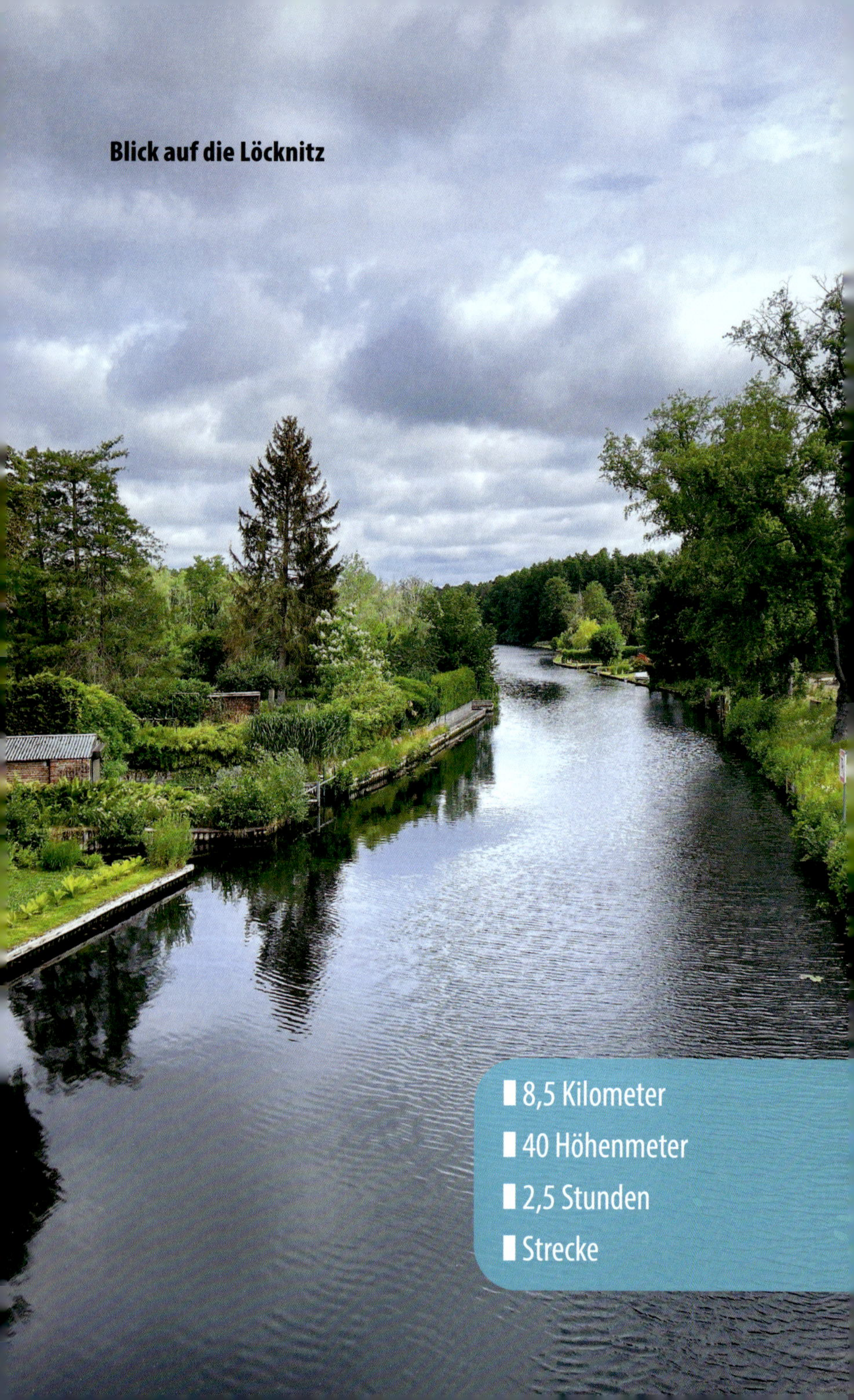

Blick auf die Löcknitz

Unsere Tour beginnt am Bahnhof Erkner. Wir starten auf der **Bahnhofstraße** nach rechts, passieren die Unterführung und halten uns am Kreisverkehr links. An der Tankstelle vorbei geht's über die **Flakenfließbrücke.** Der gleichnamige Wasserlauf verbindet den Dämeritzsee zu unserer Linken mit dem Flakensee östlich von Erkner.

Bei nächster Gelegenheit biegen wir links in die **Beuststraße** ein, auf der wir nach etwa 150 Metern die Bahngleise überqueren und schließlich auf die **Rudolf-Breitscheid-Straße** treffen, wo es für uns nach links weitergeht. Vorbei an hübsch hergerichteten Wohnhäusern mit blühenden Vorgärten spazieren wir 500 Meter bis zur großen **Fürstenwalder Straße,** auf die wir links einbiegen. Schon nach kurzer Zeit kommen wir an eine weitere **Brücke,** die uns über die Löcknitz führt. Dieser 33 Kilometer lange Nebenfluss der Spree wird uns heute über die gesamte Distanz begleiten. Hinter der Brücke überqueren wir die Straße und biegen an einem hölzernen Geländer rechts in den **Leistikowweg** ein. An einem kleinen Parkplatz folgen wir einem Wegweiser geradeaus ins Grün hinein. Hier verlaufen gleich mehrere namhafte Wege parallel. Neben dem weltbekannten Jakobsweg startet an dieser Stelle auch der kindgerechte und hübsch gestaltete **Wupatz' Lehrpfad.** Wir folgen heute aber vor allem dem **blauen Punkt des 66-Seen-Wanderweges,** auf dem wir ganz entspannt das schöne Flusstal der Löcknitz durchwandern. Na, dann mal los!

Nach nur wenigen Metern bietet sich an einem **überdachten Rastplatz** die erste Gelegenheit für ein kur-

*Der freche **Waldwichtel Wupatz** führt auf einem 3,6 Kilometer langen, interaktiven Rundweg durch das idyllische Löcknitztal. Dabei sorgen 16 Rätsel- und Erlebnisstationen besonders bei kleinen Wandersleuten für Spaß und Abwechslung.*

Flussromantik

Von Erkner durchs Löcknitztal

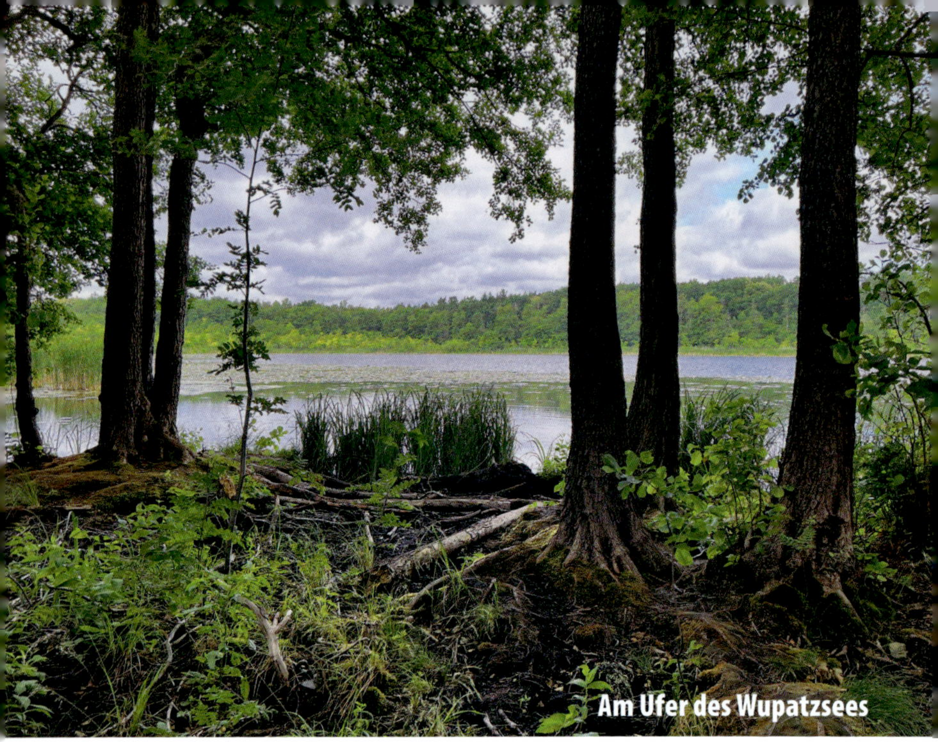
Am Ufer des Wupatzsees

zes Verweilen, um uns an den blühenden Wiesen am Wegesrand zu erfreuen. Es lohnt sich, die Decke des Pavillons näher in Augenschein zu nehmen. Auf Infotafeln berichtet hier der Wichtel Wupatz von den tierischen Bewohnern des uns umgebenden Waldes. Der weitere Weg führt uns immer tiefer in den wunderschönen Mischwald hinein. Wir sind fasziniert von dem Lichtspiel der Sonnenstrahlen, die das dichte Blätterdach durchbrechen und den Waldboden mit leuchtenden Flecken übersäen. In einem weiten Bogen wandern wir um den **Wupatzsee 1**, der sich allerdings anfangs noch hinter dichtem Grün versteckt. Nur ab und an hören wir ein leises Plätschern, wenn sich ein Wasservogel auf dem kleinen Teich niederlässt. Immer wieder laden Bänke an besonders schönen Stellen dazu ein, sich kurz zu setzen, um die Stille der Natur auf sich wirken zu lassen.

Schließlich zeigt sich der Wupatzsee hinter den Bäumen, über wurzelige Stichwege kann man einen vorsichtigen Abstecher zum Seeufer unternehmen, um mit gebührendem Abstand das Leben im Schilf ein wenig zu erkunden. Kurz hinter dem See überqueren wir auf dem **Leistikowsteg** ❷ ein weiteres Mal den Fluss, der sich kurz zuvor in die Neue und die Alte Löcknitz teilt.

Hinter der Brücke gehen wir an einem runden **Rasthäuschen** vorbei und kommen schon kurz darauf zum **Hubertussteg** ❸, der uns nun über die Alte Löcknitz führt. Schon von Weitem strahlt uns eine fast neongrüne Fläche entgegen, die wir erst beim Näherkommen als Gewässer wahrnehmen. Was zunächst recht merkwürdig aussieht, ist nichts anderes als die als „Entengrütze" bekannte Kleine Wasserlinse.

Direkt hinter der Brücke gehen wir weiter geradeaus. Nach kurzer Zeit erreichen wir den breiten **Oberförstereiweg,** dem wir nach links gut 800 Meter folgen. Der Waldboden zu unserer Linken ist übersät mit

__Walter Leistikow__ (1865 bis 1908) war ein deutscher Landschaftsmaler und Mitbegründer der Künstlervereinigung Berliner Secession. Er beschäftigte sich intensiv mit der Freilichtmalerei, um auf diese Weise ein „echtes Stück Natur" auf der Leinwand darzustellen.

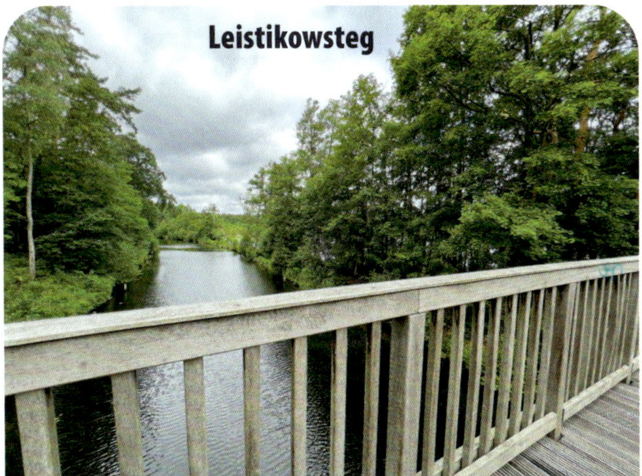

Leistikowsteg

Für die Seele

Diese belebende Wandertour durch das wilde Tal der Alten Löcknitz lässt uns tief in das leuchtende Grün der Flussaue eintauchen.

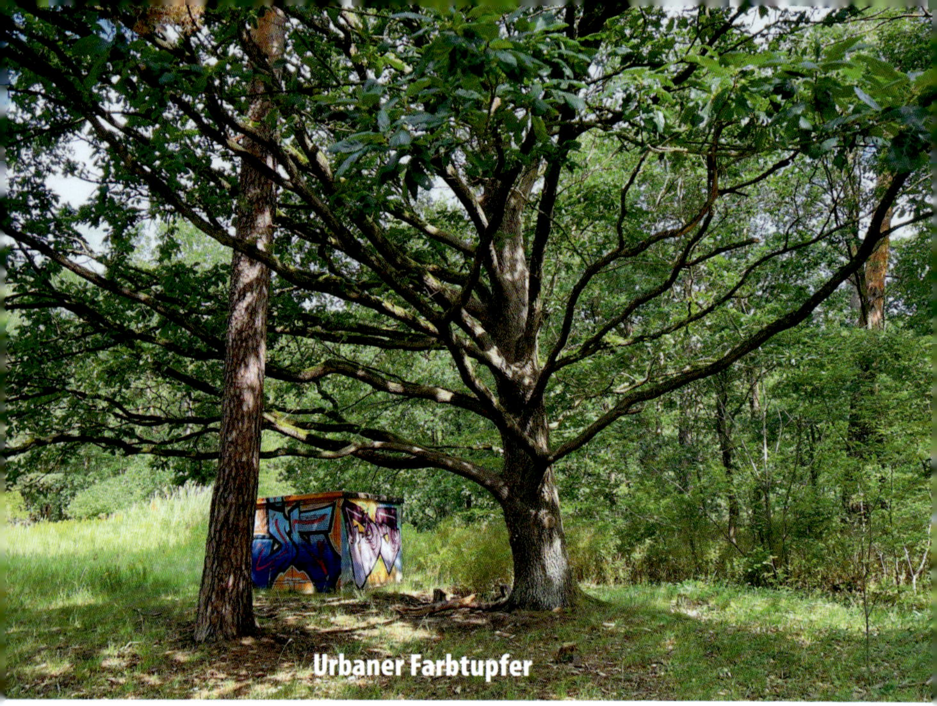

Urbaner Farbtupfer

gelben Blüten. Wir atmen tief ein und schlendern entspannt weiter. Es ist ein angenehmes Gehen auf dem Forstweg: einfach einen Fuß vor den anderen setzen und den Blick über die kleinen Wunder am Wegesrand schweifen lassen. Ein intensiver Farbfleck in Form eines bunt bemalten Stromkastens erinnert uns kurz daran, dass wir gar nicht so weit von der Zivilisation entfernt sind, wie es sich in diesem herrlichen Wald anfühlt. Wir passieren ein weiteres **Rasthäuschen** und kommen bald an einen Wegweiser, der uns jetzt weg vom Forstweg in Richtung **Froschbrücke** ④ führt. Nach 300 Metern kommen wir an die Autobahnunterführung, die von vier steinernen Fröschen flankiert wird. Die Plastiken stellen verschiedene Froscharten dar und wiegen je rund 1,5 Tonnen.

*Die **Wasserlinse** ist nicht schädlich für Gewässer, sondern hält diese sogar frei von Algen. Außerdem dient sie Fischen und Wasservögeln als proteinreiche Nahrung. Auch für Menschen ist sie essbar und schon Hildegard von Bingen stellte daraus Vitalelixiere her.*

Mehr und mehr entfernen sich die Geräusche der A10, unser Weg führt nun nah am von Farnen bewachsenen Ufer der Alten Löcknitz entlang, die ruhig durch ihr grünes Tal fließt. Die Äste der Bäume hängen tief ins Wasser hinein und spiegeln sich auf der glatten Oberfläche. Durch ein uriges **Holztor** betreten wir eine saftige **Schafweide** 5 und gehen auf dem schmalen Pfad weiter, der zwischen Wiese und Fluss verläuft. Ein großer Raubvogel steigt vor uns aus den Bäumen und schwebt davon. Ohne uns von den Schafen ablenken zu lassen, passieren wir ein weiteres **Tor** und treten wieder in den dichten Wald. Nach gut 900 Metern vorbei an Weiden und Wiesen kreuzen wir die kleine **Dorfstraße Gottesbrück** mit dem rosa Häuschen „Alte Liebe", das in einem üppig blühenden Garten steht. Einige Meter weiter touchieren wir kurz unseren bekannten **Oberförstereiweg,** um jedoch sofort wieder links zur Löcknitz abzubiegen.

Auf den nächsten gut 1,5 Kilometern führt der **Löcknitztalweg**

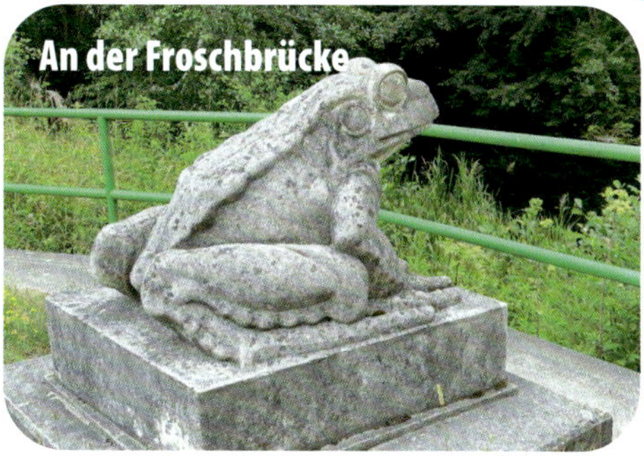
An der Froschbrücke

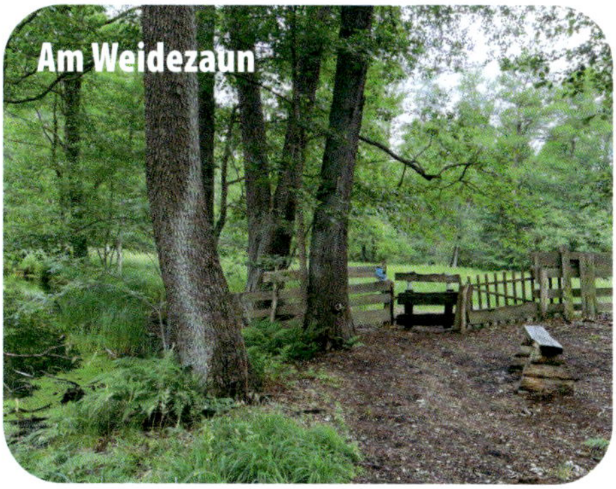
Am Weidezaun

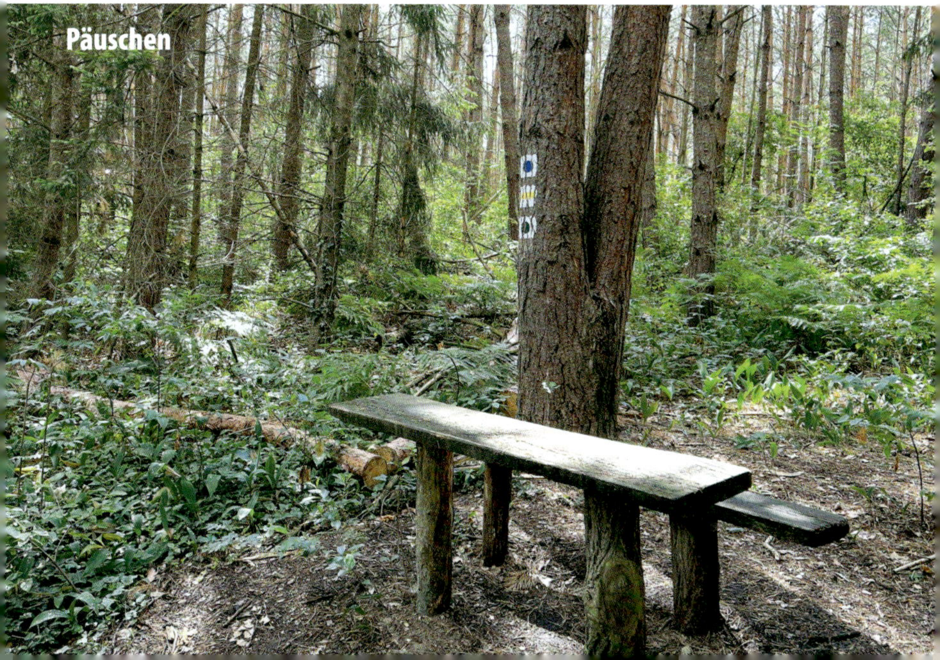
Päuschen

auf schmalen Pfaden am grünen Ortsrand der **Gemeinde Fangschleuse** entlang. Kleine Sitzecken lassen uns immer wieder pausieren und die letzten Momente der Ruhe genießen. Ein emsiges Eichhörnchen schleppt seine Beute auf einen Baum und verschwindet flink in der raschelnden Krone. Etwas unvermittelt treten wir schließlich aus dem fast dschungelartigen Wald auf eine **Landstraße.** Hier biegen wir rechts ab und gehen auf dem Fußweg parallel zur **Chausseestraße,** bis wir nach 500 Metern den **Bahnhof Fangschleuse** erreichen, wo unsere Tour endet. Die Wartezeit bis zur Abfahrt in die Stadt verbringen wir bei einem guten griechischen Essen im **Restaurant Dionysos 6.**

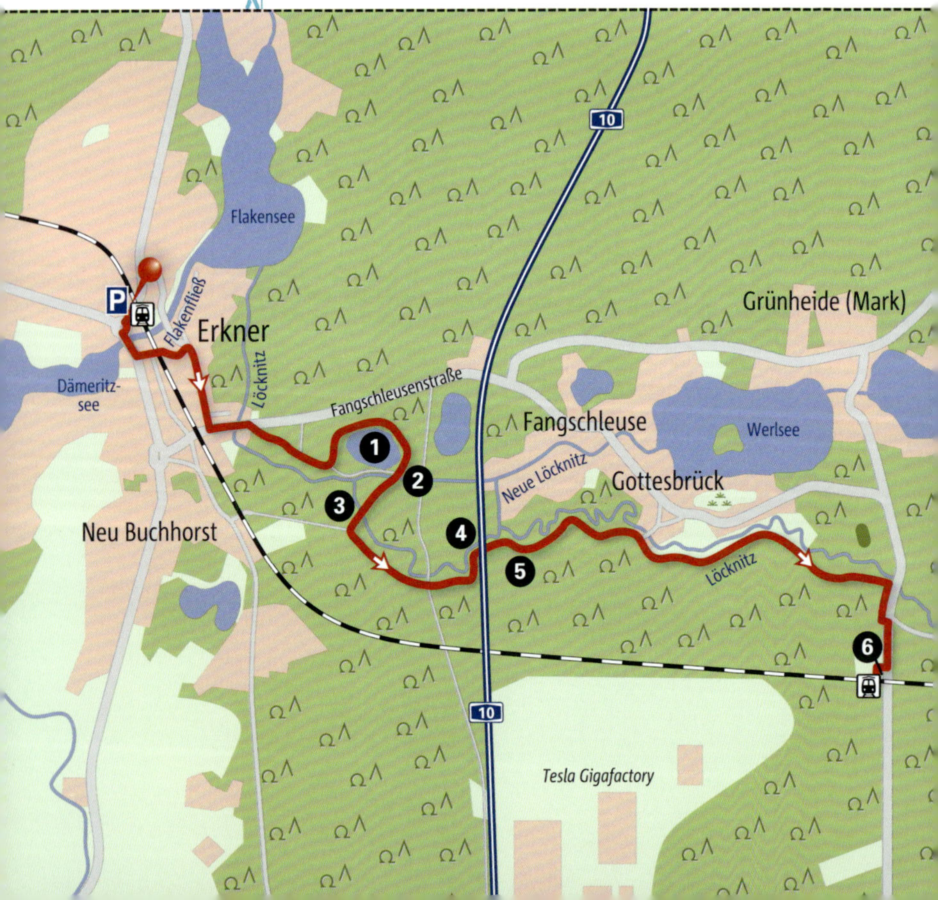

Alles auf einen Blick

WIE & WANN:
Breite Wald- und Wiesenwege, aber auch schmale Pfade. Ganzjährig zu begehen, aber am schönsten in den „grünen" Monaten. An feuchten Sommertagen den Mückenschutz besser nicht vergessen!

HIN & WEG:
Auto: Parkplatz am Bahnhof Erkner, 15537 Erkner (GPS: 52.428595, 13.753069)
ÖPNV: RE1 oder S3 bis Bahnhof Erkner; Rückkehr zum Ausgangspunkt: RE1 ab Bahnhof Fangschleuse

ESSEN & ENTSPANNEN:
Restaurant Dionysos ❻ Am Bahnhof Fangschleuse 3, 15537 Grünheide (Mark), Tel. (0 33 62) 4 07 95 03, www.dionysos-fangschleuse.de

ENTDECKEN & ERLEBEN:
Wupatzsee ❶
Leistikowsteg ❷
Hubertussteg ❸
Froschbrücke ❹
Schafweide ❺

Entspannung ✱✱✱✱✱
Genuss ✱✱✱✱✱
Romantik ✱✱✱✱✱

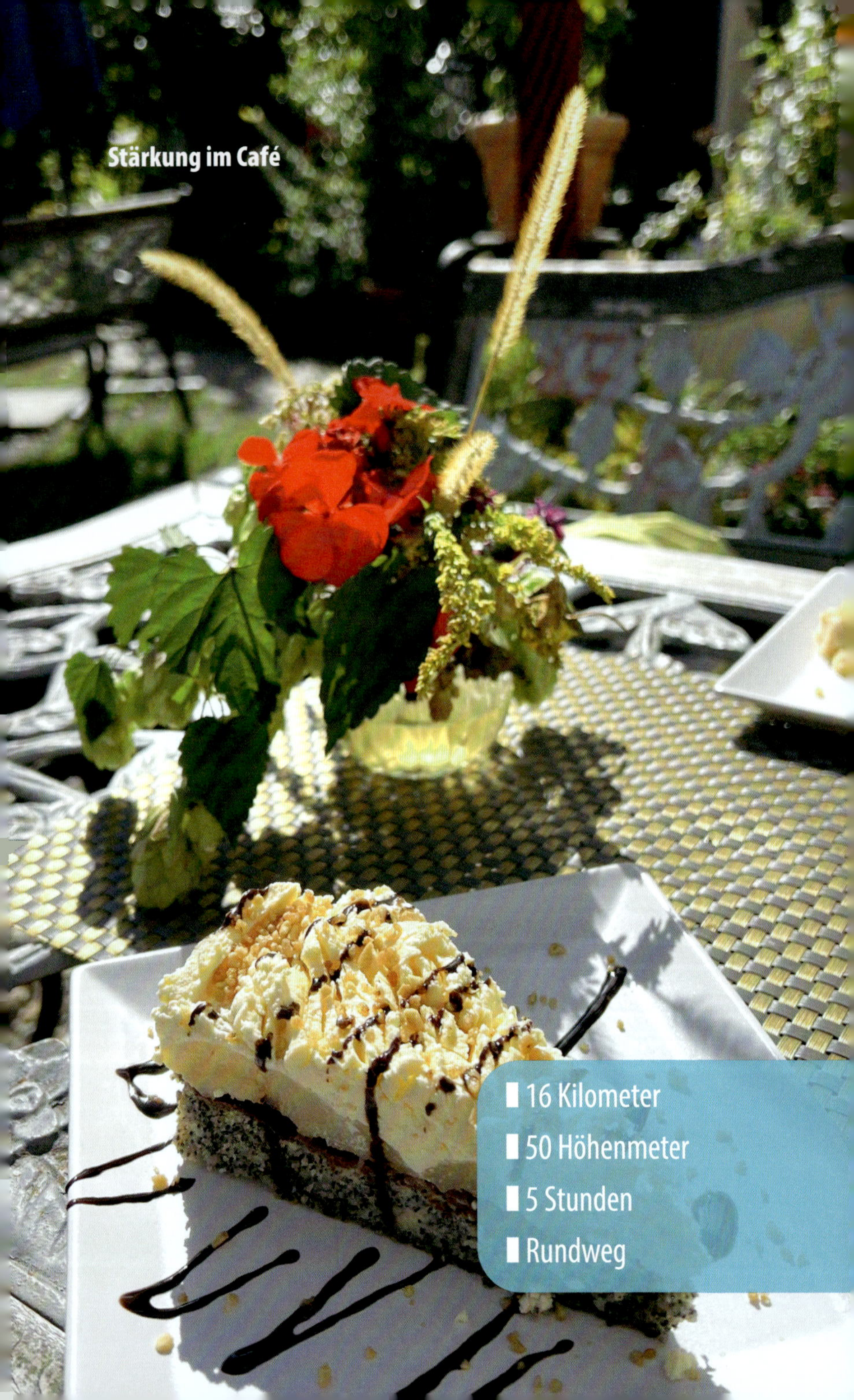

- 16 Kilometer
- 50 Höhenmeter
- 5 Stunden
- Rundweg

Wenn wir aus der S-Bahn-Station Waidmannslust heraustreten, spüren wir noch die Großstadt mit ihren hastenden Bewohnern, Taxiständen und Börekbuden. Doch nicht mehr lange. Wir folgen zunächst dem **Waidmannsluster Damm** und kommen dabei an vielen schicken Stadtvillen und schnuckeligen Mehrfamilienhäusern vorbei. Nach knapp 900 Metern biegen wir rechts ab und sind überrascht, von solch sattem Grün umfangen zu werden. Schon befinden wir uns im **Tegeler Fließtal,** einem weitläufigen Naturschutzgebiet mit-wildromantischer Vegetation mitten in der Hauptstadt.

Auf breiten Waldwegen geht es unter verschiedenen Arten von Laubbäumen weiter bis zum **Marie-Schlei-Platz ①.** Dieser erinnert ein wenig an einen alten Dorfplatz, auf dem mehrere Bänke zum Verweilen einladen. Doch wir wollen weiter, denn gleich hinter dem Platz befindet sich die erste Brücke über das Tegeler Fließ, den **Egidysteg ②.** Über die Brüstung gelehnt beobachten wir ein Entenpärchen, das zwischen den feuchtschimmernden Seerosenblättern umherschwimmt. Die Zweige einer Trauerweide hängen schwer ins Wasser, während ein benachbarter abgestorbener Baum wie ein Schiffsmast in die Höhe ragt. Sein Stamm ist dicht von Efeu bedeckt, am Ufer des Fließes wächst das Gras in dicken Büscheln. Natur pur – obwohl wir nur wenige Schritte vom nächsten Wohngebiet entfernt sind.

Ein Fußweg führt uns immer näher an unsere erste große Attraktion auf diesem Weg. Auf kleinen **Stichpfaden** durch die Büsche und Bäume am Wegesrand

__Fließ__ ist ein altes Wort für Wasserlauf, besonders in Berlin und Brandenburg sind solche Biotope verbreitet. Letztendlich steht der Name „Fließ“ für nichts anderes als „Bach“ oder „Fluss“.

Stille Wasser

Durch das Tegeler Fließtal

Wasserbüffel bestaunen

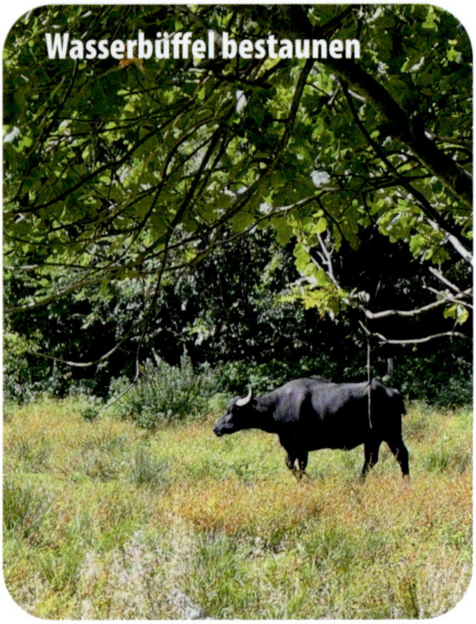

gelangen wir zu einer Weidefläche. Wir suchen und suchen, können jedoch nichts entdecken. Ein wenig enttäuscht ziehen wir weiter bis zum nächsten **Beobachtungspunkt** ③ und plötzlich stehen sie vor uns: drei gemütlich wiederkäuende Wasserbüffel. Die Weide erinnert an Bilder aus der afrikanischen Savanne, nur vereinzelt stehen Bäume und Sträucher zwischen harten Gräsern und umgefallenen Baumstämmen. Friedlich mampfend bewegen sich die gutmütigen schwarzen Riesen mit ihren beeindruckenden Hörnern im feuchten Wiesenreich. Mit ihren spreizfähigen Hufen können sich die exotischen Rinder in sumpfigem Gebiet gut bewegen. Als tierische Landschaftspfleger halten sie im Tegeler Fließtal schon seit 2015 die Feuchtwiesen frei von wuchernden Gehölzen und Gräsern, und helfen somit, den Lebensraum seltener Tier- und

Auenhof-Café

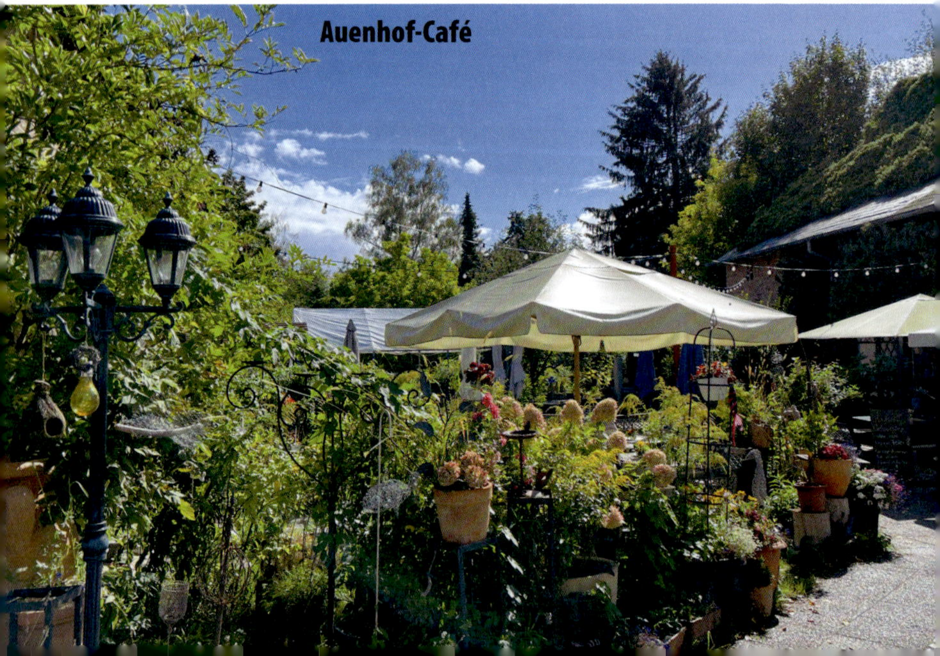

Pflanzenarten zu erhalten. Von Mai bis November kann man die Wasserbüffel bei ihrer Arbeit beobachten, den Winter allerdings verbringen sie lieber im warmen Stall.

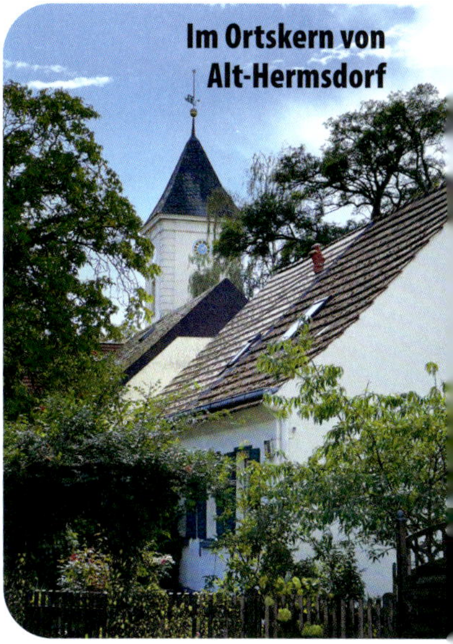

Im Ortskern von Alt-Hermsdorf

Unser Weg führt uns weiter an Gärten und Einfamilienhäusern vorbei. Nach gut 1 Kilometer erreichen wir eine mit Graffiti verzierte Unterführung aus rotem Backstein, die zum **Oraniendamm** führt. Nachdem wir die viel befahrene Straße überquert haben, tauchen wir vollends in die beeindruckende Fließlandschaft ein. Schmale **Schotterwege** schlängeln sich unter tief hängenden Weiden entlang des Fließes, mal dichter, mal weiter von ihm entfernt. Immer wieder führen kleine Pfade direkt ans Wasser. Wo der Weg auf einen Zaun trifft, weist ein Schild nach links zum Auenhof Hermsdorf. Wir biegen ab und kurze Zeit später erreichen wir das bunt-alternative **Auenhof-Café** ④ und die Galerie Aagaard. Hier gibt es Kuchen und Kunst, wenn auch nur am Wochenende. Um die gemütliche Terrasse herum stapeln sich bepflanzte Blumenkübel in allen Größen, wir fühlen uns sofort wohl.

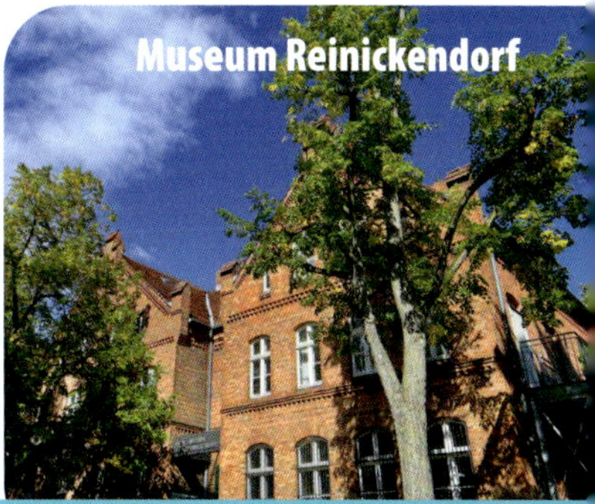

Museum Reinickendorf

Nach der Stärkung erreichen wir den zentralen Platz von **Alt-Hermsdorf** ⑤ mit großen, alten Bäumen, die sicher viele Geschichten erzählen könnten. Hier finden wir auch

Für die Seele

In der naturbelassenen Flusslandschaft mit schilfbewachsenen Teichen und idyllischen Bachauen erleben wir vielleicht die eine oder andere tierische Begegnung.

*Im **Museum Reinickendorf** in der ehemaligen Dorfschule im Berliner Backsteinstil kann man in wechselnden Ausstellungen eine Menge über den ausgedehnten grünen Stadtteil im Norden von Berlin erfahren.*

den Grundriss der alten Hermsdorfer Dorfkirche aus dem frühen 16. Jahrhundert. Viel ist davon nicht mehr übrig, aber nur einen kleinen Abstecher entfernt befindet sich die neue Dorfkirche. Wer diese näher besichtigen möchte, kann einfach dem Kirchturm folgen.

Wir gehen weiter nach links auf der **Seebadstraße,** die hinter der Kurve ihren Namen zu **Alt-Hermsdorf** ändert. Vorbei am **Museum Reinickendorf** 6 schlendern wir durch den alten Dorfkern, der von hübschen Häuschen mit grünen Fensterläden und wild-gepflegten Vorgärten mit Holzzäunen geprägt ist – die perfekte Vorstadtidylle. Auch das ist ein Stück Berlin!

Auf dem Eichwerder Steg

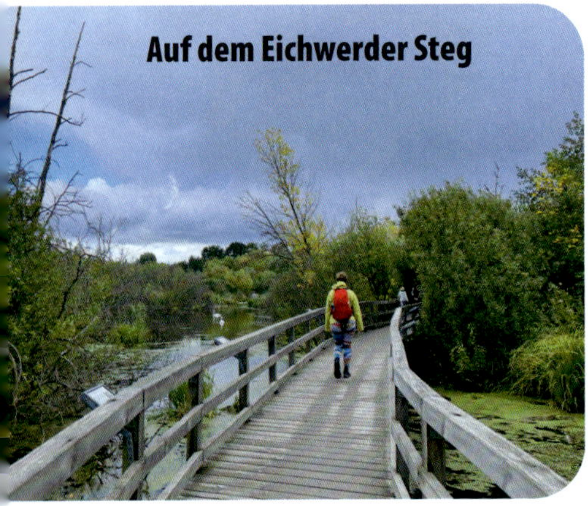

Etwa 100 Meter nach dem Museum biegen wir rechts in einen Fußweg ein und wandern nun die nächsten 2 Kilometer entspannt auf ruhigen Wegen zwischen einem kleinen Wohngebiet und dem Fließ immer weiter der Nase nach. Auf einer der Bänke nehmen wir kurz Platz und beobachten zwei Eichhörnchen, die in einer riesigen Buche herumtollen und in wilden Spiralen um den Stamm jagen. Wir wandern weiter und schon bald biegen wir rechts auf den 150 Meter langen **Eichwerder Steg** 7 ab. Die Holzbrücke ist das Herzstück des Tegeler Fließtales, denn sie verbindet die beiden Ortsteile Hermsdorf und Lübars miteinander und bietet den Bewohnern nun schon seit fast 100 Jahren die Möglichkeit, sich auf kürzestem Wege und trockenen Fußes zu besuchen.

*Warum ist der **Eichwerder Steg** so krumm? Der zunächst aufgeschüttete Damm fand leider keinen rechten Halt im Sumpfgebiet und sackte bald wieder ab. Aus diesem Grund baute man die heutige Holzbrücke in einem weiten Bogen, der über Bereiche führt, die genügend Tragkraft besitzen.*

Vor einigen Jahren hat der NABU Reinickendorf hier einen **Naturlehrpfad** mit 50 Infotafeln angelegt. Wenn wir uns genügend Zeit lassen und genauer hinschauen, können wir die Stars auf den Infotafeln sogar lebend bewundern. Sumpfschwertlilie, Eisvogel, Kra-

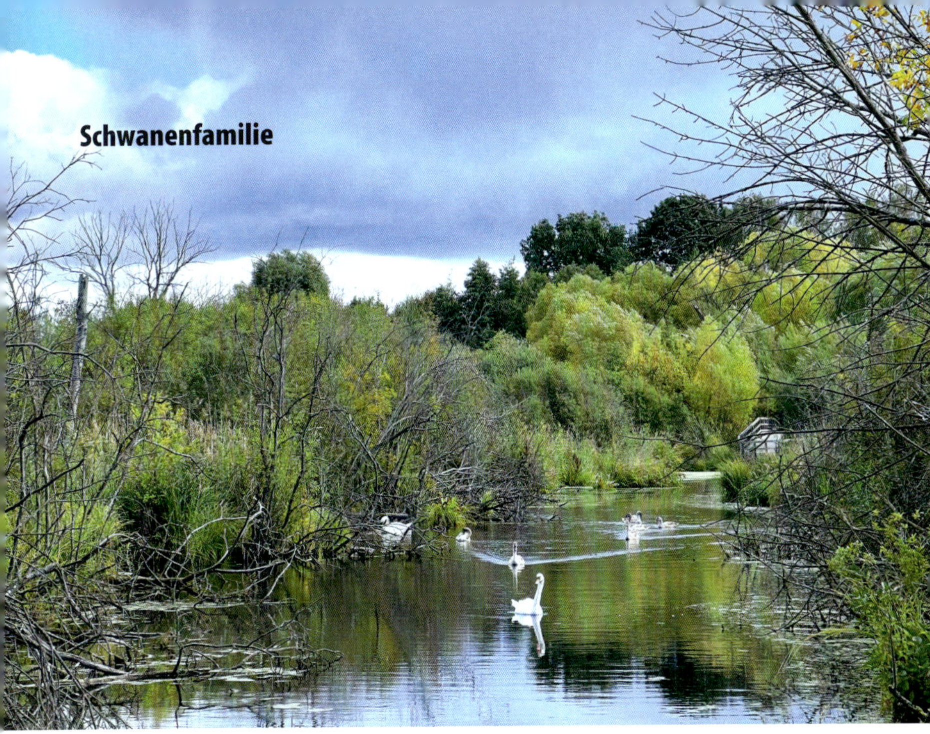

Schwanenfamilie

nich, Ringelnattern, aber auch Schwäne und Enten tummeln sich über, unter und neben dem Steg.

Nach dem Verlassen des Steges wandern wir links noch ein wenig auf **Plankenwegen** weiter, die durch die Moorwiesen führen. Von speziell dafür hergerichteten Sitzecken kann man Vögel beobachten oder auch nur die Stille genießen. Wir folgen nun für eine Weile dem **Barnimer Dörferweg** weiter in Richtung Lübars. Auf Feldwegen wandern wir zwischen saftigen Wiesen und genießen den weiten Blick durch die naturbelassene Flusslandschaft. Vorbei an Pferdekoppeln geht es in leicht hügeligem Auf und Ab durch das Fließtal. Linker Hand sehen wir den von Birken umstandenen **Sprintwiesenteich.** Kurz darauf stoßen wir auf einen Weg, dem wir nach links folgen. Nach weiteren gut 600 Metern verlassen wir den Barnimer Dörferweg nach links und befinden uns nun auf dem Berliner Mauerweg. Wir streifen das **Naturschutzgebiet Niedermoorwiesen am Tegeler Fließ.** Das schilfbewachsene Ufer des **Köppchensees** ⑧, das wir nach einigen Minu-

!

Wer schon etwas müde ist oder die Tour abkürzen möchte, kann am Ende des Steges rechts gehen und dem Wanderweg zurück zum Oraniendamm folgen, der zur S-Bahn führt.

ten erreichen, ist bei Sonnenschein der perfekte Picknickplatz. Man kann dabei seine Füße im Wasser kühlen (Baden ist nicht erlaubt), den Blick über den See genießen und dem Reiherpärchen beim Flirten zusehen.

Wir gehen weiter und erreichen bald eine weitere Pferdekoppel, auf der uns kleine Ponys freundlich begrüßen. Hier ändert sich die Landschaft noch einmal komplett.

Es gibt keine feuchten Wiesen mehr, sondern Sand, Krüppelkiefern, kleine Fichten und ein paar Birken. Nein, wir sind hier nicht an der Ostseeküste, sondern befinden uns auf dem Areal des ehemaligen Todesstreifens der Berliner Mauer. Heute besteht hier glücklicherweise keinerlei Bedrohung mehr. Auf dem Gipfel dieser dünenähnlichen Erhebung steht ein kleines **Rasthäuschen 9**, das bei Regen Unterschlupf und einen schönen Blick über die sandige Landschaft bietet.

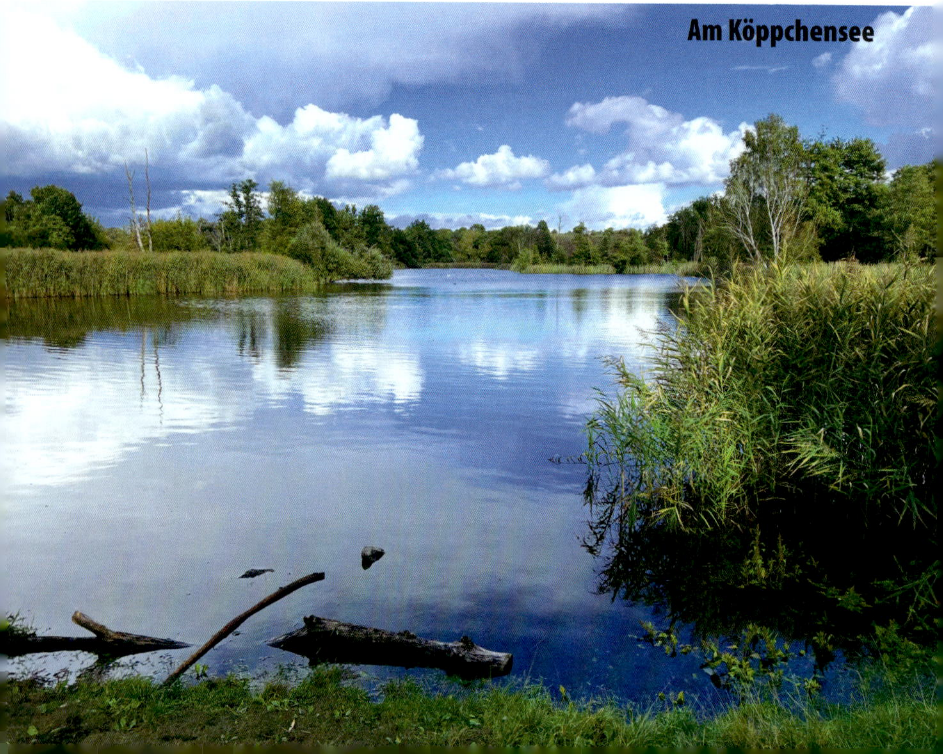

Am Köppchensee

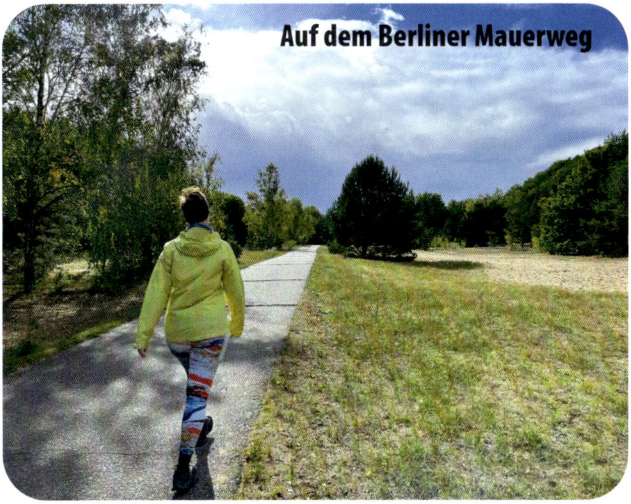

Nach einer kurzen Rast machen wir uns auf die letzten Kilometer unserer Wanderung. Der Pfad stößt wieder auf hölzerne Plankenwege, die uns ein bisschen an Skandinavien erinnern. Wir erreichen ein Schild, das darüber informiert, dass wir uns auf dem Gebiet einer Eselsweide befinden. Genau wie ihre Wasserbüffelkollegen werden hier Esel als Landschaftspfleger gehalten. Ihr Standort wird immer wieder verändert, aber mit etwas Glück kann man einen der grauen gutmütigen Unpaarhufer sehen.

Wir wandern leider ohne Eselsichtung weiter auf dem Mauerweg vorbei an der **Gedenktafel ehemalige Grenzsperre ⑩.** Kurz darauf freuen wir uns auf ein zweites Treffen mit einem „alten Bekannten": dem **Eichwerder Steg.** Der ist einfach so schön, dass man auch zweimal drüberlaufen kann. Dabei haben wir erneut die Chance, das Tierreich und die Pflanzenwelt etwas genauer unter die Lupe zu nehmen, diesmal beobachten wir eine Weile einen stolzen Schwan bei der Federpflege.

Hinter dem Steg biegen wir diesmal nach rechts ab, hier neigt sich unsere Wanderung auch schon dem

*Unterwegs auf dem **Mauerweg** wird man immer wieder an die dunklen Seiten der DDR-Vergangenheit erinnert. Ein Beispiel sind die Stachelmatten (der sogenannte Stalinrasen), die hier ins Fließ gelegt wurden, um eine Flucht zu verhindern.*

Ende zu. Am **Ufer des Hermsdorfer Sees** geht es wieder Richtung Stadt. Doch wir haben keine Eile! Die vielen lauschigen Ecken mit Sitzbänken sind schließlich zum Genießen da. Gerade, wenn sich die Sonne langsam senkt und alles in ein golden-warmes Licht taucht, zeigt sich die Seenlandschaft noch einmal von ihrer romantischen Seite.

Als wir uns endlich losreißen können, erreichen wir nach 1 Kilometer auf uns schon bekannten Pfaden wieder den stark befahrenen **Oraniendamm.** Wir folgen diesem 200 Meter nach links, bevor wir ihn überqueren und parallel dazu auf der ruhigeren **Düsterhauptstraße** bis zum S-Bahnhof Waidmannslust zurücklaufen. Wohl denn, die City hat uns wieder.

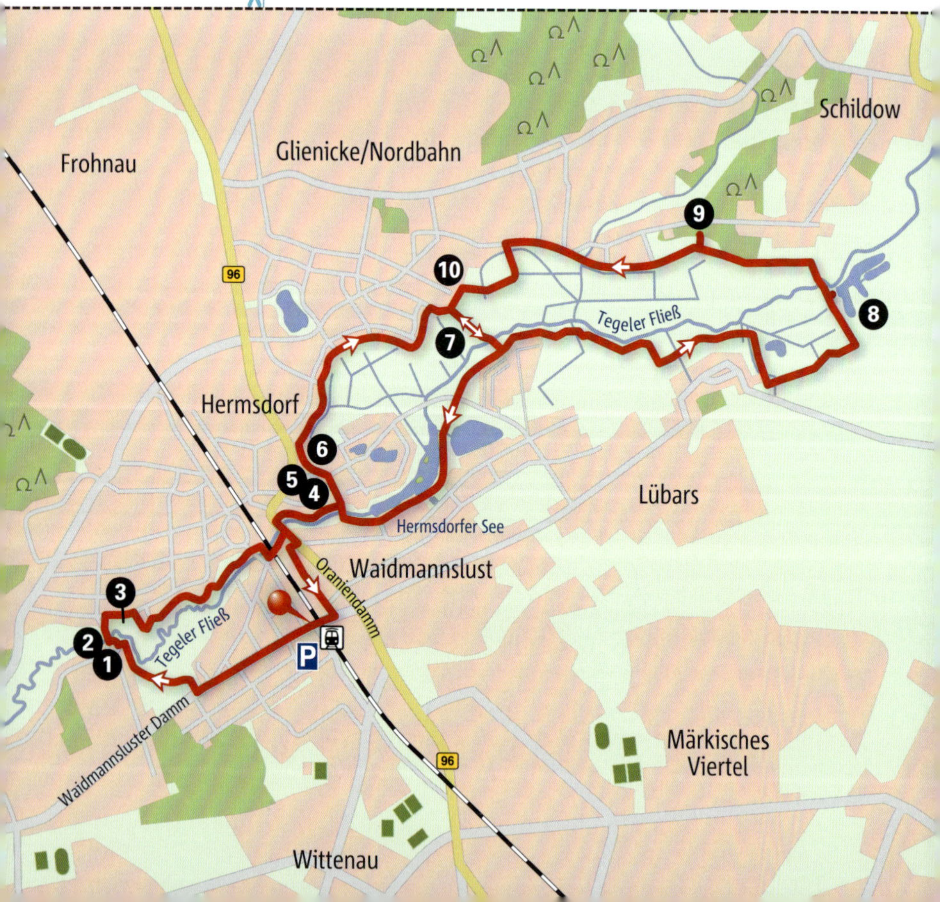

Alles auf einen Blick

WIE & WANN:
Überwiegend befestigte Wald- und Fußwege. Immer wieder führt die Tour auch über Holzplankenwege und -brücken, die bei Feuchtigkeit und Glätte rutschig sein können. Ansonsten ganzjährig begehbar.

HIN & WEG:
Auto: Parkplatz an der S-Bahn-Station Waidmannslust, 13469 Berlin
(GPS: 52.606255, 13.320899)
ÖPNV: S1 oder S26 bis S-Bahn-Station Waidmannslust

ESSEN & ENTSPANNEN:
Auenhof-Café und Galerie Aagaard ❹ Alt-Hermsdorf 11, 13467 Berlin,
Tel. (0 15 75) 1 54 31 41, www.auenhof-hermsdorf.de

ENTDECKEN & ERLEBEN:
Marie-Schlei-Platz ❶
Egidysteg ❷
Beobachtungspunkt Wasserbüffel ❸
Ortskern Alt-Hermsdorf ❺
Museum Reinickendorf ❻ Alt-Hermsdorf 35, 13467 Berlin,
Tel. (0 30) 9 02 94 64 60, www.museum-reinickendorf.de
Eichwerder Steg ❼
Köppchensee ❽
Rasthäuschen ❾
Gedenktafel ehemalige Grenzsperre ❿

Entspannung ✱✱✱✱✱
Genuss ✱✱✱✱✱
Romantik ✱✱✱✱✱

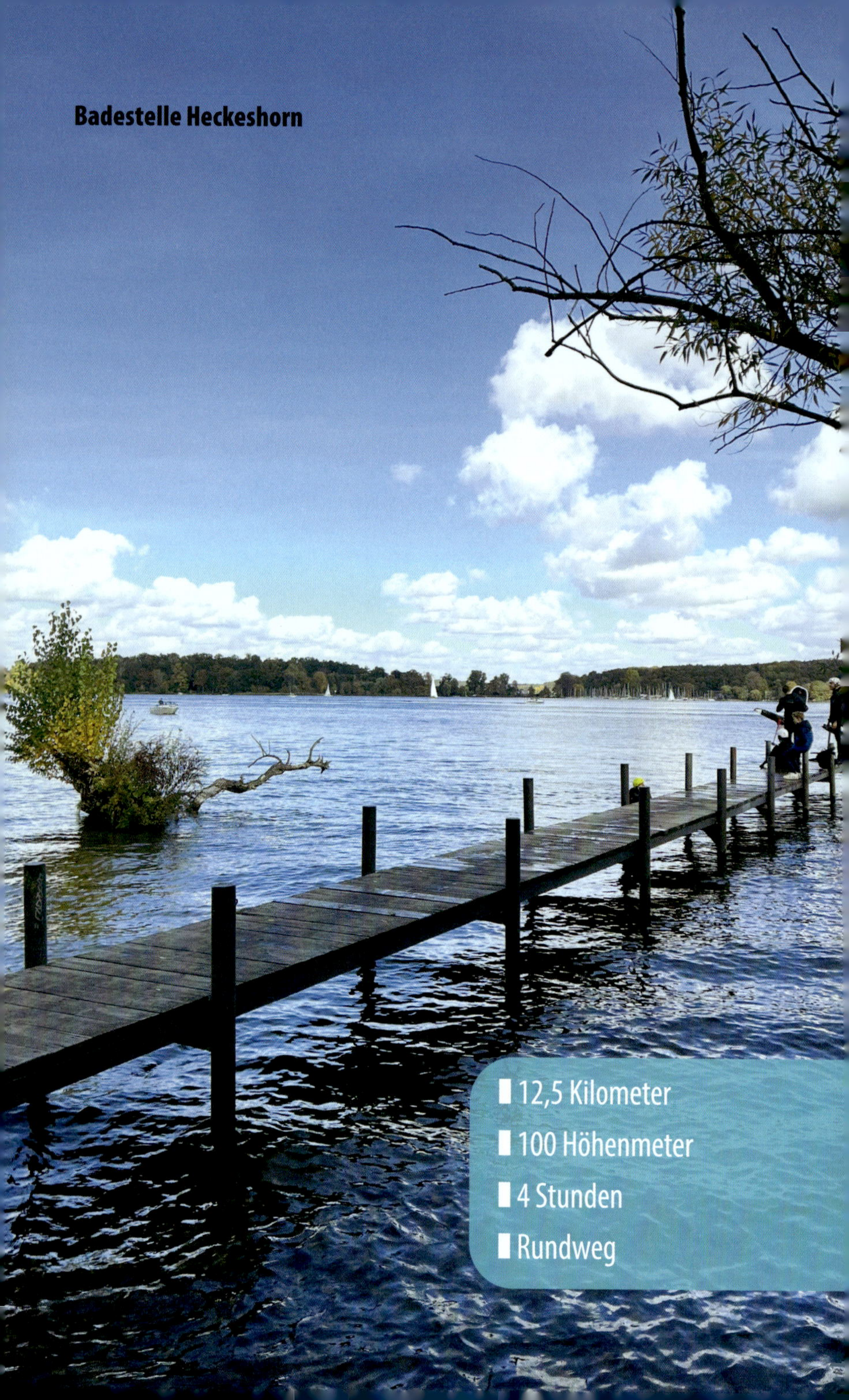

Badestelle Heckeshorn

- 12,5 Kilometer
- 100 Höhenmeter
- 4 Stunden
- Rundweg

Wir treten aus der S-Bahn-Station Wannsee auf den **Kronprinzessinnenweg** und wenden uns nach rechts. Kurz darauf biegen wir erneut nach rechts in einen Park ab. Zwischen den Bäumen taucht links eine **Büste** ① eines der bekanntesten Preußen auf: Ganz in Marmor schaut **Otto von Bismarck** zu uns herüber. Wir lassen ihn jedoch im wahrsten Sinne des Wortes links liegen und genießen von der Parkterrasse aus den ersten Blick auf den **Großen Wannsee,** an dessen Ufern wir heute unterwegs sein werden.

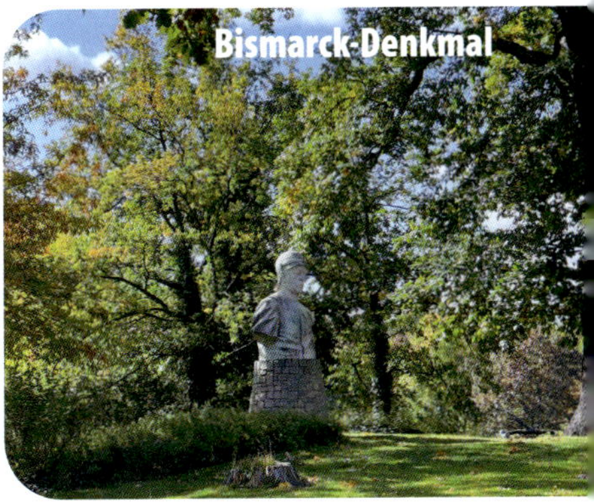

Zunächst gehen wir aber nach links wieder hinunter zur Straße. Bei der nächsten Gelegenheit geht es rechts in Richtung Wasser. Auf der **Ronnebypromenade** wandern wir nach links am Ufer entlang, bis wir nach knapp 150 Metern einer Rampe links nach oben folgen und auf der **Königstraße** den **Prinz-Friedrich-Leopold-Kanal** überqueren. Dieser verbindet den Kleinen mit dem Großen Wannsee und wird von der **Wannseebrücke** überspannt.

Nach knapp 300 Metern auf der Königstraße biegen wir rechts ab in die Straße **Am Großen Wannsee.** An der Ecke informiert uns ein Schild darüber, dass wir gleich die **Villencolonie Alsen** betreten. Gespannt machen wir uns auf den Weg und tatsächlich säumt hier ein stattliches Haus nach dem anderen mit Respekt einflößenden Zaunanlagen die Straße.

*Die **Villencolonie Alsen** wurde vom Berliner Bankier Wilhelm Conrad ab 1863 initiiert, der mehrere Parzellen Land direkt am Wannsee erwarb und diese an bedeutende Berliner weiterverkaufte. So entstand diese einzigartige Kulturlandschaft.*

Villen am See

Wannsee und Düppeler Forst

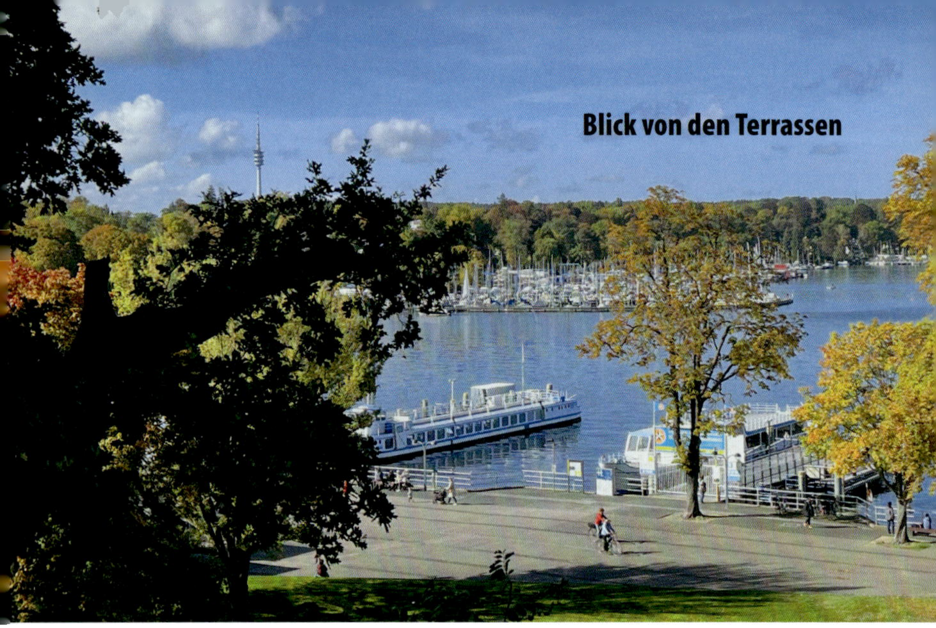

Max Liebermann, der bekannte Maler des deutschen Impressionismus, verbrachte von 1910 bis zu seinem Tod 1935 viel Zeit in der nach seinen Vorstellungen erbauten Villa, deren wunderschönen Garten er in unzähligen Bildern verewigte. Haus und Garten können gegen Eintritt besichtigt werden.

An einer Weggabelung nach gut 100 Metern halten wir uns rechts und bestaunen die attraktiven Architekturen am Straßenrand. Zu unserer Rechten erblicken wir an den Häusern vorbei den Wannsee und schlendern gut gelaunt unter den uralten Alleebäumen weiter. Nach 1 Kilometer erreichen wir eines der bekanntesten Häuser der Siedlung. Gut versteckt hinter Bäumen und Büschen werfen wir über den Gartenzaun einen Blick auf die mit Wein berankte **Liebermann-Villa** ❷.

Wir setzen unseren Weg fort, erreichen jedoch schon 500 Meter weiter ein anderes bedeutendes Anwesen, das während des Zweiten Weltkriegs als Veranstaltungsort für eines der folgenreichsten Treffen der deutschen Geschichte diente. In der **Villa Marlier** ❸ kamen am 20. Januar 1942 hochrangige Vertreter des Nazi-Regimes zur sogenannten Wannsee-Konferenz zusammen, um die systematische Ermordung der europäischen Juden zu planen und zu koordinieren. In den 1950er-Jahren wurde das **Haus der Wannsee-Konferenz** mit seinem weitläufigen Garten als Schullandheim genutzt, seit

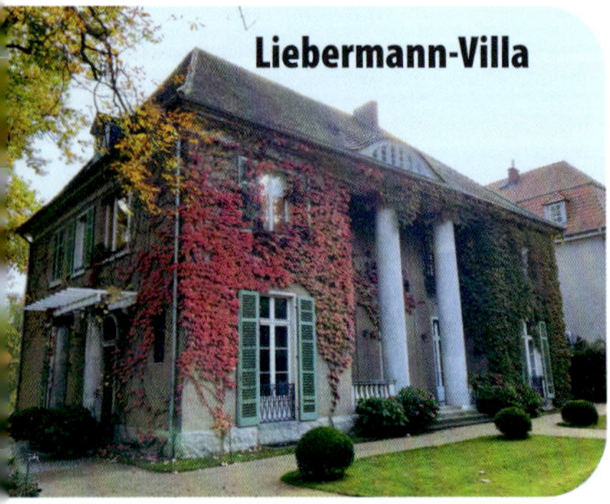

1992 ist es als Gedenkstätte allen Besuchern zugänglich.

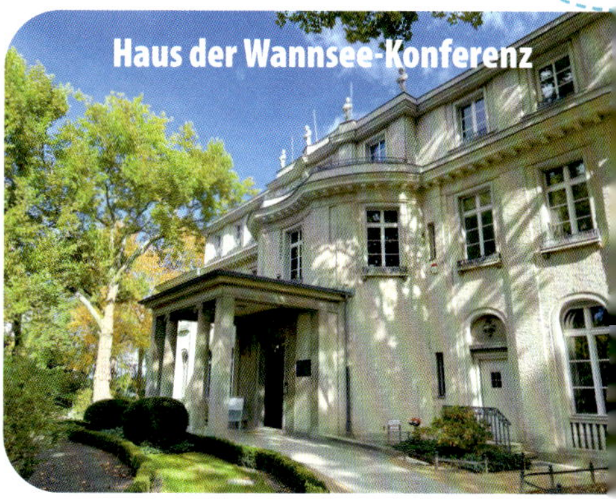

Haus der Wannsee-Konferenz

Unser Weg führt uns weiter rechts am Gelände der Villa Marlier entlang zu einer imposanten Statue, dem **Flensburger Löwen 4**, der seit 1938 auf diesem schönen Aussichtsplateau hockt und über den Wannsee blickt. Neben der Statue gibt es einen kleinen, sehr willkommenen **Imbiss 5**, an dem wir uns eine Currywurst genehmigen. Gut gesättigt tun wir es dem Löwen gleich und genießen die Aussicht aufs Wasser. Wer größeren Hunger hat, kann auch beim **Bootshaus Bolle 6** einkehren und von der Terrasse die Boote im Sporthafen beobachten. Ganz in der Nähe finden sich auch noch andere Einkehrmöglichkeiten.

Weiter geht's. Langsam lassen wir die Bebauung hinter uns und wandern nun an der grünen Uferpromenade entlang. Rechts liegt die **Badestelle Heckeshorn 7** mit ihrem langen Steg, von dem man prima ins Wasser springen kann. Doch uns zieht es erst mal weiter. Die nächsten gut 4 Kilometer müssen wir uns um die Orientierung keine Sorgen machen, denn unser Wanderweg verläuft mehr oder weniger immer direkt am Wasser ent-

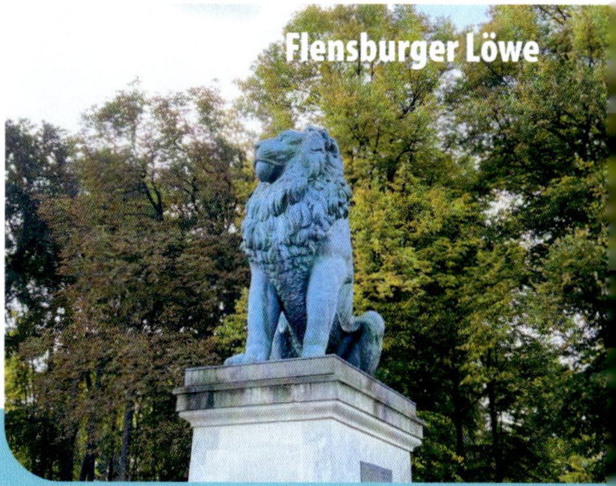

Flensburger Löwe

Für die Seele

Elegante Villen begleiten uns zu den beruhigenden Wellen des Wannsees und den lichtdurchfluteten Wäldern oberhalb der Pfaueninsel.

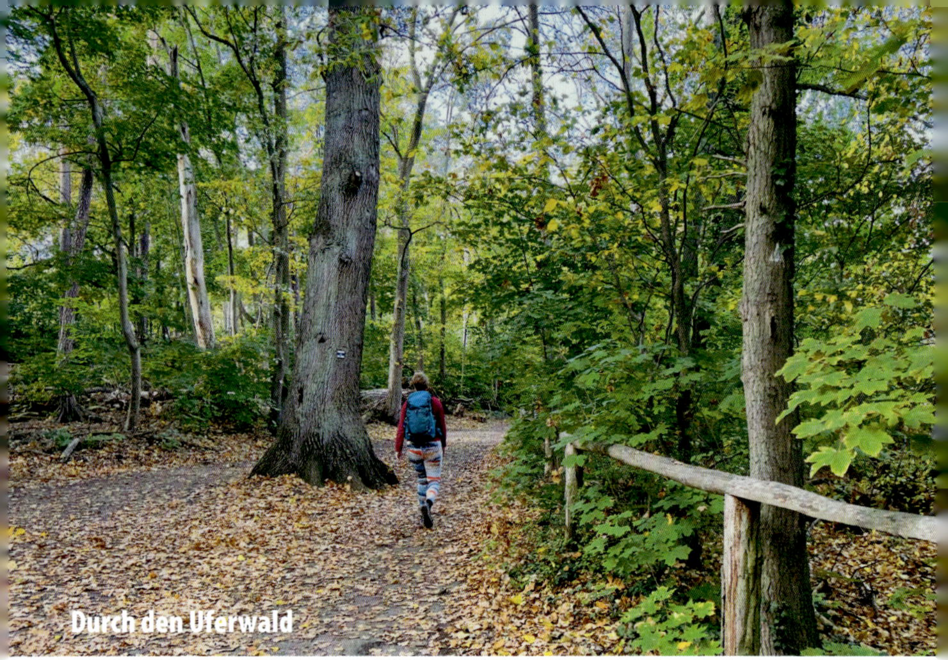
Durch den Uferwald

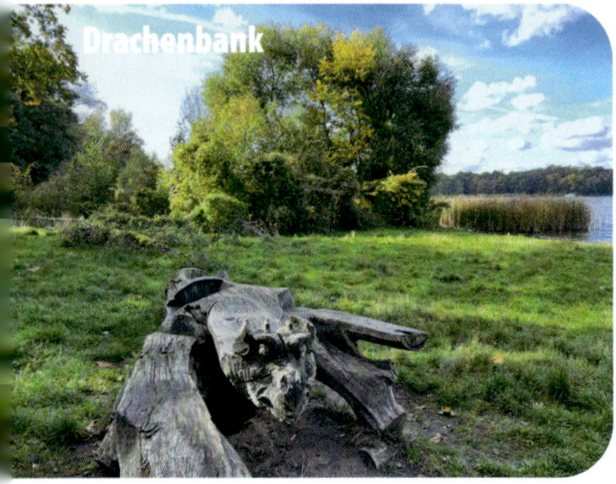
Drachenbank

lang. Dabei kommen wir ab und zu an lauschigen **Badebuchten** vorbei, in denen die kühlen Fluten des Wannsees besonders an heißen Wandertagen verführerisch locken.

Nach etwa 2 Kilometern durch den lichten Uferwald erreichen wir die **Badestelle Alter Hof ⑧.** Hier empfangen uns nicht nur eine große Liegewiese mit Toilettenhäuschen, sondern auch einige rustikale Sitz-Baumstämme mit urigen Schnitzereien. Mit den Füßen im Wasser blicken wir hinüber zur **Pfaueninsel,** der wir immer näher kommen. Etwa 1 Kilometer weiter gelangen wir auch schon an die gleichnamige **Badestelle Pfaueninsel ⑨.** Von hier haben wir einen schönen Blick auf das malerische Eiland und die kleine Fähre, die zwischen den beiden Anlegern hin und her pendelt.

Nur 500 Meter weiter kommen wir an die **Anlegestelle der Fähre ⑩.** Im herrlich gelegenen **Wirtshaus zur Pfaueninsel ⑪** bestellen wir uns ein Käffchen und beob-

!

*Wer Zeit hat, sollte unbedingt einen **Abstecher auf die wunderschöne Pfaueninsel** unternehmen. Wie der Name schon verrät, sind die stattlichen Vögel die Stars des kleinen Eilands, man begegnet ihnen bei einem Spaziergang durch den romantischen Schlosspark.*

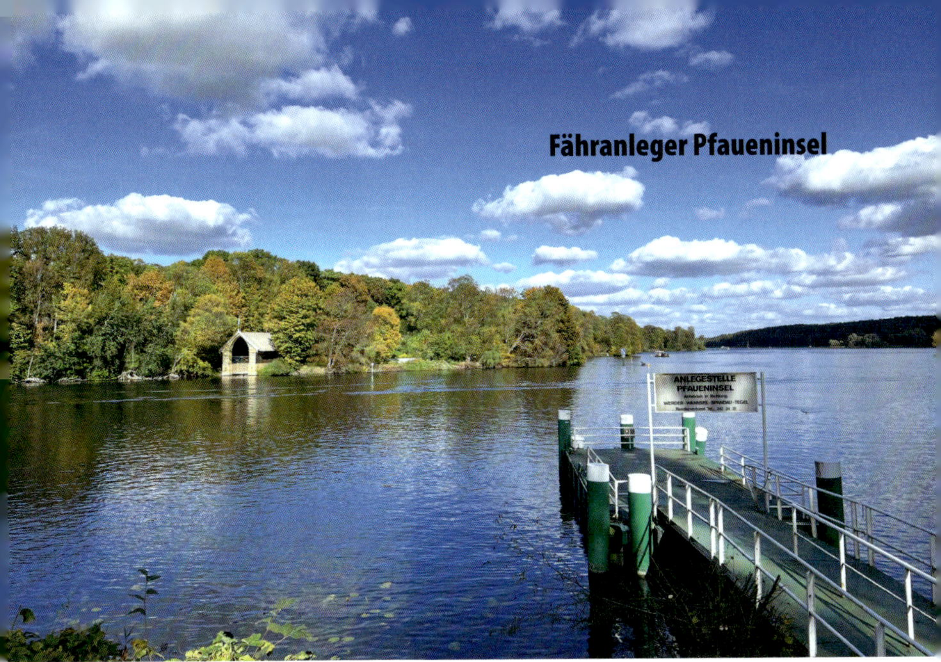

Fähranleger Pfaueninsel

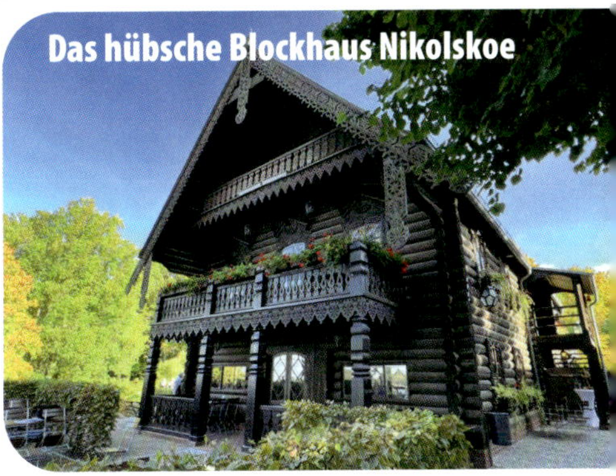
Das hübsche Blockhaus Nikolskoe

achten das geschäftige Treiben rund um den Bootsanleger.

Ruhiger geht es dann auf unserem weiteren Weg zu, der uns links vorbei am Restaurant wieder direkt an den See führt. Wir schauen am Waldhang zu unserer Linken nach oben und entdecken zwischen den Bäumen ein leuchtendes Zwiebeltürmchen. Das wollen wir uns genauer ansehen und so nehmen wir nach rund 700 Metern einen Abzweig, der uns an einem Holzgeländer entlang in den Wald hinaufführt. Wir folgen den Schildern, die uns den Weg zum **Restaurant Blockhaus Nikolskoe ⑫** weisen. Über steile Stufen erreichen wir schließlich die Terrasse des Gasthauses mit einer tollen Aussicht auf den Großen Wannsee und die Pfaueninsel. Wir sind fasziniert von dem im russischen Stil erbauten Blockhaus mit seinen reichen Verzierungen.

Ein schmaler Weg bringt uns schließlich zur **evangelischen Kirche St. Peter und Paul ⑬**, die wir schon von

*Friedrich Wilhelm III., von 1797 bis 1840 König von Preußen, ließ das **Blockhaus Nikolskoe** zu Ehren der Vermählung seiner Tochter mit dem Zarensohn Großfürst Nikolai im Jahr 1817 errichten. Der Name bedeutet so viel wie „dem Nikolai gehörig".*

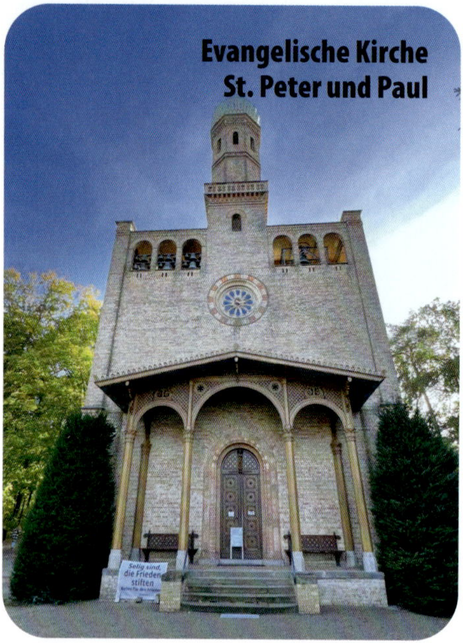
Evangelische Kirche St. Peter und Paul

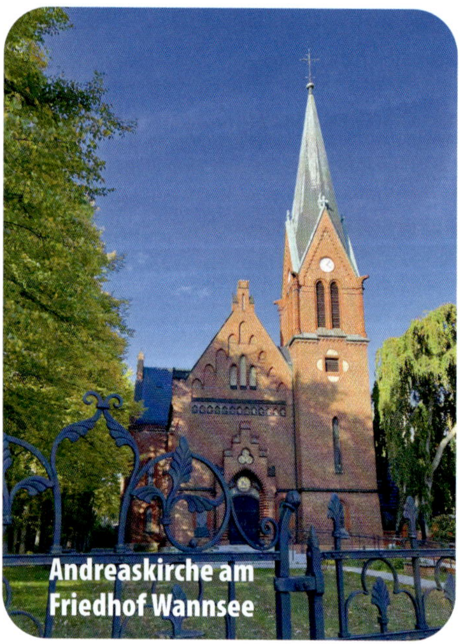
Andreaskirche am Friedhof Wannsee

unten haben durchblitzen sehen. Der helle Ziegelbau mit seinem verspielten Turm wurde für die Bewohner der Pfaueninsel erbaut und 1837 eingeweiht.

Wir setzen unsere Wanderung links an der Kirche vorbei fort und stoßen bald auf eine schmale asphaltierte Straße, die wir überqueren. Der Weg teilt sich und wir gehen halb links in den Wald hinein. Durch einen lichten Mischwald geht es im Wesentlichen immer geradeaus. Wir genießen nach der doch recht belebten Wanderung am Wannsee die Ruhe des Düppeler Forstes, in den wir immer tiefer eintauchen. Nach etwa 600 Metern halten wir uns an einer **Weggabelung** rechts und treffen wenig später auf einen größeren Weg, dem wir nach links leicht bergauf folgen. Für circa 1,5 Kilometer geht es nun geradeaus durch den Wald. Immer wieder laden am Wegesrand Bänke oder auch mal ein großer Baumstamm zum Verweilen ein.

Am Ende des Weges kommen wir an einen Zaun, der den **Neuen Friedhof Wannsee** umgibt. Hier biegen wir rechts ab und nähern uns langsam wieder den städtischen Straßenzügen. Wir stoßen auf die **Lindenstraße** und gehen links weiter am Friedhof entlang, vorbei an der **Andreaskirche ⓮.** Wir biegen rechts in die **Bergstraße** ein und folgen deren Verlauf in einer weiten Kurve,

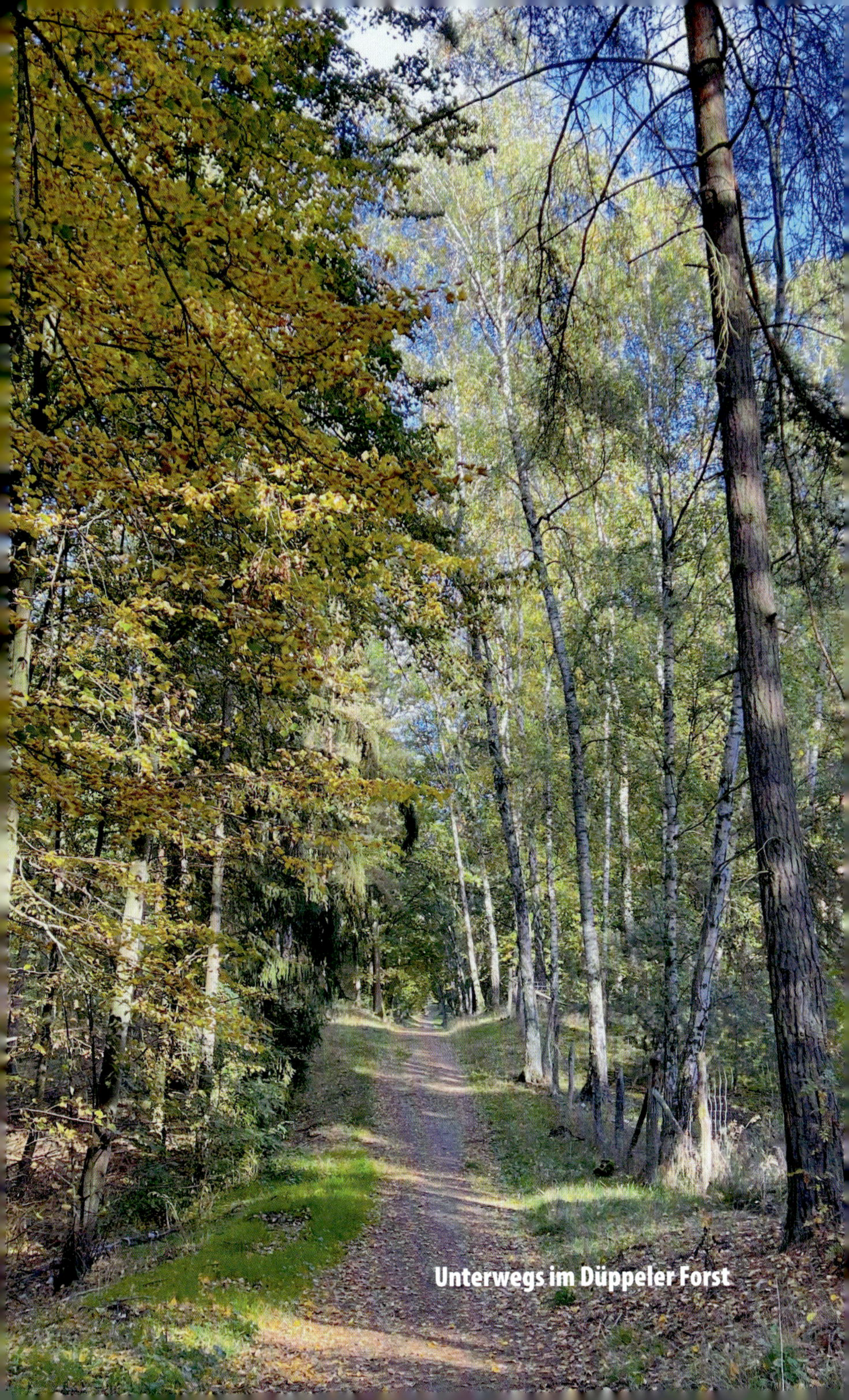

Unterwegs im Düppeler Forst

Erfrischungstour 20

bis wir auf die **Hermannstraße** treffen, der wir nach rechts folgen und die im Weiteren den Namen **Bergstraße** trägt. Diese stößt schließlich auf die **Straße zum Löwen,** der wir nur für wenige Meter folgen und bald halb links in die **Kaiserstraße** abbiegen. Bei nächster Gelegenheit gehen wir noch einmal links und befinden uns wieder auf der uns schon bekannten Straße **Am Großen Wannsee,** die uns rechts zurück zur **Königstraße** bringt. So wie wir gekommen sind, gehen wir auch zurück zur S-Bahn. Hinter der Brücke halten wir uns links und spazieren die letzten Meter am See entlang, bis wir wieder auf den **Kronprinzessinnenweg** treffen, an dem sich die S-Bahn-Station Wannsee befindet, wo unsere Tour begann und jetzt endet.

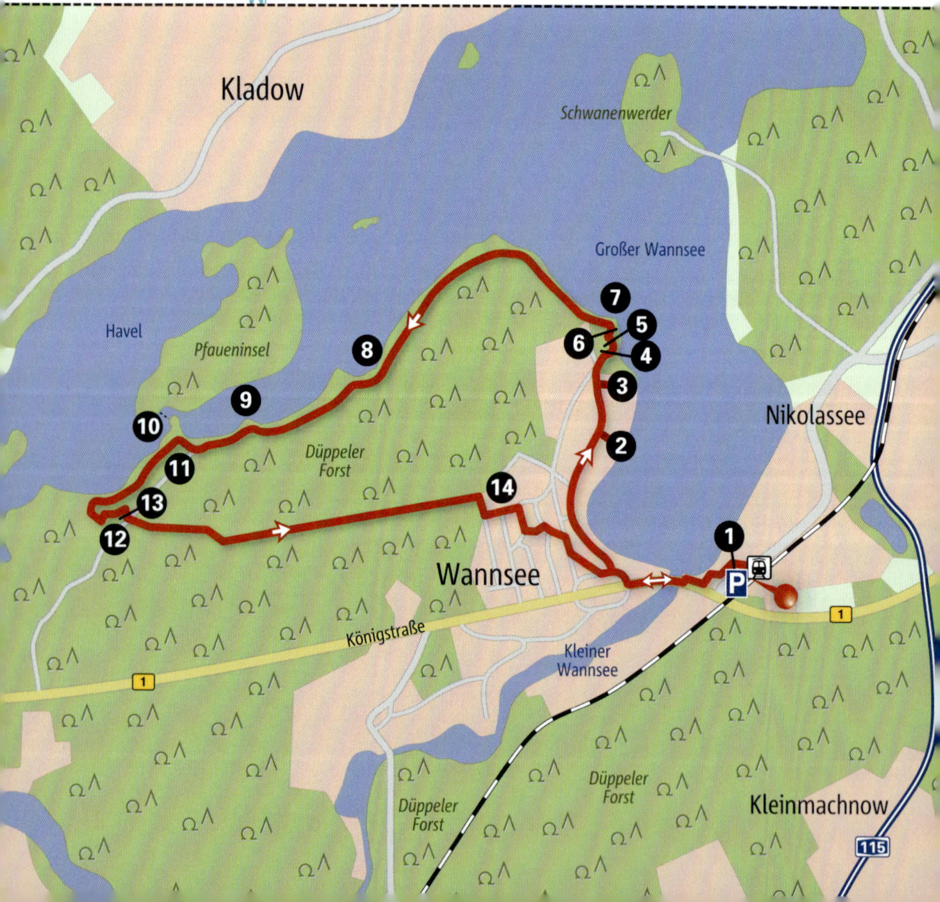

Alles auf einen Blick

WIE & WANN:

Befestigte Wege und Straßen, wenige schmale Waldpfade, zum Teil steile Treppen hinauf zum Blockhaus Nikolskoe. Ganzjährig begehbar.

HIN & WEG:

Auto: Wenige Parkplätze an der S-Bahn-Station Wannsee, 14109 Berlin (GPS: 52.421235, 13.178323)
ÖPNV: S1 oder S7 sowie verschiedene Regionalzüge (unter anderem RE1 und RE7) bis S-Bahn-Station Wannsee

ESSEN & ENTSPANNEN:

Imbiss am Flensburger Löwen ❺ Am Großen Wannsee, 14109 Berlin
Restaurant Bootshaus Bolle ❻ Am Großen Wannsee 60, 14109 Berlin, Tel. (0 30) 28 83 30 22, www.bootshaus-bolle.de
Wirtshaus zur Pfaueninsel ⓫ Pfaueninselchaussee 100, 14109 Berlin, Tel. (0 30) 8 05 22 25, www.pfaueninsel.de
Restaurant Blockhaus Nikolskoe ⓬ Nikolskoer Weg 15, 14109 Berlin, Tel. (0 30) 8 05 29 14, www.blockhaus-nikolskoe.de

ENTDECKEN & ERLEBEN:

Bismarck-Denkmal ❶ **Liebermann-Villa** ❷ Colomierstraße 3, 14109 Berlin, Tel. (0 30) 80 58 59 00, www.liebermann-villa.de
Haus der Wannsee-Konferenz / Villa Marlier ❸ Am Großen Wannsee 56–58, 14109 Berlin, Tel. (0 30) 2 17 99 86 00, www.ghwk.de
Flensburger Löwe ❹ **Badestelle Heckeshorn** ❼
Badestelle Alter Hof ❽ **Badestelle Pfaueninsel** ❾
Fähranleger Pfaueninsel ❿ **Evangelische Kirche Sankt Peter und Paul** ⓭
Andreaskirche am Friedhof Wannsee ⓮

Entspannung ✱✱✱✱✱
Genuss ✱✱✱✱✱
Romantik ✱✱✱✱✱

Die GPS-Daten zu jeder Tour gibt es auf
www.droste-verlag.de

Konzeption/Satz: Droste Verlag, Düsseldorf
Einbandgestaltung: Britta Rungwerth, Düsseldorf, unter Verwendung von Bildern von © Fotolia.com: Andrey Kuzmin, undrey, dabost, niroworld; © Shutterstock/Boris Stroujko
Fotos: Anne Abendroth, außer: S. 31: stock.adobe.com/gebut
Textlektorat: Lektorat Baer & Wendel, Berlin
Karten: Angelika Solibieda, Karlsruhe
Druck und Bindung: LUC GmbH, Greven

FSC
www.fsc.org
MIX
Papier aus verantwortungsvollen Quellen
FSC® C011279

ISBN 978-3-7700-2414-8
www.droste-verlag.de